KB271712

변화를 겁내는 95%에서 벗어나라

변화를 겁내는 95% 에서 벗어나라

책을 읽기 전에

모든 사람이 인생의 정상에 오르는 것은 '나는 할 수 있다!' 라는 이 말을
완전히 믿을 수 있느냐에 달려 있다.

- 벤 스위트랜드

겁내는
변화를

95%에서 벗어나라

매력적인 사람이 되기 위하여   Ⅱ

행복한 사람이 되기 위하여…

너 자신을 알라

내가 가진 능력의 끝은 없다

나는 이 책을 펼친 여러분에게 줄 것이 있다. 여태까지 경험해보지 못했던 그리고 누구도 예측할 수 없었던 '커다란 기회'라는 선물이 바로 그것이다. 이 책은 모험을 즐기는 사람들을 위한 책이지만, 책을 읽기 전 선입견이나 막연한 의심 혹은 편견을 마음에 담고 있었다면 털어 버리는 것이 좋다. 그리고 여러분의 남은 인생을 계획하듯이 깊이 생각하면서 이 책을 받아들여라. 분명 이 책은 여러분에게 그 만큼의 가치를 선사할 것이다.

그렇다고 해서 나는 여러분에게 나의 생각이나 의견에 찬성하라고 요구하지도 그리고 반대하라고 떠밀지도 않을 것이다.

고(故) 죤 워너메이커는 그 시대의 상업왕으로 불리던 사람이다. 그는 바쁜 일정 속에서도 세일즈맨과의 만남을 꾸준히 가졌으며, 그들과의 만남을 통해 새로운 마케팅 정보를 얻을 수 있다고 이야기하곤 했다. 그런가하면 그는 세일즈맨들의 물건 파는 능력을 가만히 감상하기도 했다. 나는 이 책을 펼친 독자들이 워너메이커와 같은 마인드를 가지고 책을 감상하기를 바란다. 무언가를 얻을 수 있다는 확신과 진지한 관찰. 그렇게 한다면 이 책을 덮는 순간 여러분의 마음속에는 치솟는 열정과 샘솟는 영감으로 가득차게 될 것이고 결국은 여러분 스스로가 이루어놓은 성공으로 기뻐하게 될 것이다.

세계적으로 유명한 저서 〈다이아몬드의 땅〉의 저자인 러셀 콘웰은 인간이라는 존재가 항상 자신이 원하는 것을 다른 곳에서 찾곤 한다고 역설했다. 그는 여러 가지 예를 들어서 결과적으로 그렇게도 가지고 싶어하던 모든 것들은 정작 자기 발 밑에 있었으며 자기 손에 쥐고 있었음을 강조하였다. 그의 이야기는 시사하는바가 크다. 그가 직접 언급한 것은 아니지만 리더십, 건강, 통제력, 행복 등을 갖게 하는 것도 역시 자기 자신에게 달려있다는 것을 알 수 있는 것이다.

뛰어난 지도자일수록 자신의 권력과 지위를 오래 유지할 수 있는 이유도 자신의 내부에 자신을 다스릴 수 있는 힘을 가지고 있기 때문이다. 여러분이 산의 정상에 오를 수 있는 것도 여러분이 가지고 있는 힘을 발휘했기 때문이다.

여러분은 여러분의 인생을 만들어 가는 결정적인 주체임에도 불구하고, 아직도 여러분 자신에 대해 자세히 그리고 깊이 알지 못하고 있다.

자동차 운전자의 95%는 자동차 본 네트 밑에 무엇이 있는지 제대로 알지 못한 채 운전대를 잡는다고 한다. 그들은 자동차 연료인 오일과 가솔린을 주입시켜서 핸들과 페달을 조정하기만 하면 자동차가 저절로 움직이는 것으로 알고 있다고 한다. 사실 차의 구조는 굉장히 복잡하며 그 구조를 제대로 알고 있는 운전자는 그렇지 않은 사람들 보다 훨씬 효율적이고 안정적으로 운전을 할 수가 있다. 같은 양의 가솔린으로 더 멀리 갈 수 있으며 타이어의 사용 기간도 연장할 수 있다. 결국 같은 연도의 자동차를 구입하더라도 자동차 박사는 다른 사람들 보다 자동차 사용 기간을 늘일 수 있으며 폐차장 구경하는 일이 드물게 된다.

우리는 인생의 대부분을 먹고, 마시고, 잠자는 것으로 할애하고 있다. 그러나 우리가 인간에 대하여 좀 더 연구를 하고 인간이라는 존재를 더 깊이 알고 있다면, 우리가 이룰 수 있는 것은 먹고, 마시고, 자는 것 이상일 것이며 그 한계를 정할 수 없다. 특히 우리가 알아야 할 것은 인간의 행동을 결정짓고 조정, 통제하는 능력을 지닌 인간의 정신세계이다. 지난 번 나는 세계적으로 권위 있는 연구소를 방문한 적이 있다. 연구소내의 각 방마다 우리가 흔히 알고 있는 것부터 이름조차 들어보지 못한 수많은 화학약품들이 가득 차있었다. 또 어떤 방에는, 연구 장비들이 가득했다. 그 어마어마한 화학 재료와 과학 장비들이 어디에 쓰이는지 그 목적이 무엇인지에 대한 설명을 듣고 나서야 막연히 이해가 갈 정도였다. 연구소 견학을 마치고 나서도 놀라움에 감탄사를 연발하고 있을 때, 견학을 도와주던 그 과학자는 마지막으로 그 날 견학 내용보다 더 놀랄만한 말을 남겼다.

"세계에서 가장 뛰어난 과학자들이 흘린 피와 땀의 결정체인 이 훌륭하고 방대한 실험장치들과 비교할 수 없을 정도의 정밀한 연구소가 있습니다." 나는 궁금하지 않을 수 없었다. "그것은 바로 인간 내부의 연구소입니다." 그리고 그는 계속해서 말을 이었다. "지금도 여러분 몸 속에 있는 작지만 위대한 연구소는 좀 전에 먹은 점심식사를 소화하고, 섭취물 중 이로운 것과 해로운 것을 나누어 몸 안의 이곳저곳으로 보내는 분주한 작업을 하고 있습니다. 그로서 인간의 혈액과 뼈가 생성, 발전하고 세포조직이 성장할 수 있는 것이지요. 인간이 만들어 낸 세상의 어떠한 다른 연구소도 이와 같은 정밀하고 엄청난 일을 해내기 위한 기술과 장비를 갖춘 곳은 결코 없습니다."

영상 분야에서 사물을 찍은 후 현상하고 인화하여 사진으로 옮겨지는데 까지 1분밖에 걸리지 않는 사진기가 발명되었다. 놀라운 일이 아닐 수 없다. 그러나 인간의 눈에 비하면 1분 안에 사진을 감상할 수 있는 그 카메라는 아무것도 아니다. 우리가 가지고 있는 인간 카메라는 받아들인 영상을 1초도 채 되지 않는 시간에 뇌에 전달하고 있다.

녹음 기술의 발달 또한 이야기하지 않을 수 없다. 소리는 일렉트로닉스(electronics)를 통하여 테이프나 음반 등 여러 가지 매체에 녹음할 수 있게 되어있다. 이러한 사실은 매우 흥미롭고 획기적인 일임에는 틀림이 없으나 결과적으로 우리 인간이 지닌 인간 녹음 시스템, 즉 귀에 비하면 아무것도 아니다. 우리들의 마이크로 폰, 귀는 외부 음성을 진동으로 받아서 두뇌의 회백질에 전달하여 두뇌에 녹음시키는 기능을 한다. 녹음된 내용은 기억을 되살리기만 한다면 언제든지 음성을 통하여 재생이 가능하기도 한 것이다.

중요한 것은 자기 자신이다. 그리고 또 중요한 것은 마음가짐이다.

지금쯤 여러분의 마음속에 약간의 의문과 회의가 들지도 모르겠다. 어쩌면 "무슨 얘기를 하려는 거지? 내가 심리학자라도 된다면 좀 알 만도 하겠지만 말이야."라며 푸념을 하고 있을지도. 아니면 '말처럼 쉬우면 좋겠지만, 그 모든 것을 알게 되기까지 시간 깨나 걸리겠는걸…' 하는 생각을 하고 있을지도 모른다. 하지만 이런 생각들은 인생에 전혀 도움이 되지 않는 생각들이다. 생활 속에 배어있는 습관을 알고 있는 것만으로도 이미 배우기 시작한 것이며 시작은 반이다. 성공과 행복 그리고 경제적인 여유와 마음의 넉넉함을 가져다주는 것은 힘든 노동을 통해서가 아니다. 단지 나쁜 습관을 고치고 좋은 습관을 만들어 감으로서 얻어지는 것이다. 이러한 이유로 제 1장은 여러분이 좋은 습관을 만들어갈 수 있도록 바람직한 사고방식의 일부분을 맛볼 수 있게 도와줄 것이다.

건물을 새로 짓기 위해 일하고 있는 사람들과 수많은 기계들을 본적이 있는가? 나는 인간의 힘으로는 도저히 상상도 못할만한 일들을 해내는 거대한 굴착기를 보고 눈이 휘둥그레지곤 한다. 굴착기의 팔이라 할 수 있는 커다란 삽을 밑으로 수그려서 수 십 톤의 흙을 퍼 올린다. 그리고는 팔을 슬쩍 들어올려 기다리고 있는 트럭 위에 쏟아 붓는다. 굴착기의 운전대로 시선을 옮기면 수많은 레버에 둘러 싸여있는 굴착기 조종사를 볼 수 있다. 조종사를 둘러싸고 있는 레버 중 하나는 굴착기의 팔을 밑으로 내리는 레버이다. 또 어떤 것은 삽을 구부려서 흙을 떠올리고 밀어내어 다시 팔을 들어올리는 레버도 있다. 떠올린 상태의 흙이나 커다란 돌덩어리들을 가까운 곳에 옮겨놓는 역할을 하는 레버도 있다. 이러한 시스템은 굉장히 놀라우며, 마치 살아있는 듯한 착각을 불러일으킨다. 그렇다면 이러한 굴착기의 원리는 우리 몸의 어느 부분에서 착안된 것일까? 인간이 무언가를 집어 들려고 상체를 앞으로 구부릴 때 사용되는 조직과 근육의 상호 네트워크를 상상해보면 그 해답은 금방 얻을 수 있을 것이다.

예전에 어떤 사람이 나를 찾아온 일이 있었다. 그는 이 세상에 자기만큼 가난한 사람은 없을 것이라고 한탄하며, 이제 자기 소유의 돈 될 만한 것이 아무것도 남아있지 않다고 이야기했다. 그런데 나는 그 날 아침, 어느 지역 신문에서 사고로 한 쪽 눈을 잃은 한 사람이 자기에게 눈을 기증하면 1만 달러를 사례하겠다는 기사를 읽은 기억을 떠올렸다. 그래서 나는 그에게 눈을 팔면 되지 않겠냐는 말을 건넸다. 그랬더니 그는 벌컥 화를 내면서 그런 일은 돈을 준다고 해도 할 수 없다며 딱 잘라 말했다. 나는 웃으며 말했다. "방금 전에 당신 자기에게는 돈 될 만한 것이 전혀 없다고 하지 않으셨던가요?"

지금까지 나는 인간의 육체에 관한 이야기를 했다. 사람들은 이미 가진 것의 소중함을 종종 잊고 살기 때문에 그 가치를 되새기고 싶었다. 실례를 들어서 이야기했듯이 활용 가능한 멋있는 자원이 바로 내 안에 있으며 나 자신임을 인정한다면, 인간의 능력을 배가시키는데 크게 도움이 될 것이다.

이제부터는 인간의 정신적인 측면에 대한 연구를 시작해보자. 주변에서 흔히 볼 수 있으며 인간에게 도움을 주는 기계들은 사실 인간의 손 이전에 최초로는 인간의 정신에 의해 만들어져 온 것이라 해도 과언이 아니다. 예를 들어 우리들 곁에는 더하기, 빼기, 곱하기, 나누기를 할 때 사용하는 계산기가 우리의 생활을 돕고 있으며, 대량의 작업들을 빠르고 정확하게 처리하는 자동 기계장치들이 노동을 편리하게 한다. 그러나 이들 모두는 인간 정신의 끊임없는 충돌과 교류, 그리고 운동의 산물인 것이다. 인간보다 월등한 일을 수행하고, 힘도 세 보이는 기계란 존재는 결국 인간의 정신이라 불리는 마음에 의해서 움직일 수 있는 것이다. 인간의 마음은 이 모든 것을 가능하게 하는 보다 위대한 능력을 소유하고 있는 것이다.

지금 여러분의 상태는 어떠한가? 지금까지 읽었던 내용들이 여러분의 생각을 어디로 몰고 가는가? 차츰 생각이 깊어지고, 자기가 가진 육체가 매우 소중하다는 것을 느낄 수 있는가? 아마 여러분은 이렇게 훌륭하고 소중한 신체를 가지고 있다는 것에 감사하며 인간이 지닌 것에 내포된 모든 것을 이해하려면 더욱 열심히 연구해야겠다는 생각을 하게 될 지도 모른다. 또한 '그런데 말이지…'라는 의구심이 들지도 모른다. '그런데 말이지… 과연 내가 이렇게 번듯한 신체를 가지고 있다고 해서 나에게 직접적으로 어떤 도움이 될 수 있을까?' 하는.

이러한 의문을 속삭이고 있다면, 그것은 오히려 여러분에게 좋은 징후이다. 결과적으로 여러분은 이 책을 읽어감에 따라 그 동안의 소심함과 패배감 그리고 무기력증에서 탈피하여 자기 자신이 경제적 자유를 보장하는 풍요로운 재산이나 삶 자체를 결정짓는 건강, 그리고 이 모든 것을 가졌을 때 느낄 수 있는 행복을 누리는데 필요한 조건을 모두 갖추고 있다는 것을 알게 될 것이다. 이것이 진실이다.

평범한 달걀을 황금알로 바꿀 수 있는 비결

여러분은 때로 여러분이 가지고 있지 못한 것을 여유 있게 가지고 있는 다른 사람들을 보면서 부럽다는 생각을 한 적이 있을 것이다. 그 것은 지극히 당연한 일이며 평범한 마인드이다. 자기보다 좋은 직업을 가진 사람, 버젓이 자기 사업을 하는 친구, 멋있는 집을 소유하고 있는 후배 녀석, 거액이 든 통장을 가진 동료 직원… 많기도 많다. 좋다. 어디 한번 들어보기라도 하자. 그렇게 함으로서 크게 성공한 사람들의 공통점을 알 수 있다면 그리고 성공하지 못한 사람들과의 차이점을 발견할 수 있는 기회가 된다면 어디 한번 들어보자.

성공한 사람과 그렇지 않은 사람들의 차이는 신체적인 것인가? 아마 모두가 하나같이 '아뇨' 라는 대답을 할 것이다. 그렇다. 아니다. 신체적 결점을 딛고 성공의 대열에 오른 사람들을 주변에서 쉽게 찾아 볼 수 있기 때문이다.

그렇다면 교육의 정도가 그 차이점을 결정짓는 것일까? 언뜻 여러분은 그렇게 생각했을지도 모른다. 하지만 깊이 생각해보면 사회적으로도 훌륭하다고 인정받는 대학을 나왔다고 해도 인생을 모두 성공으로 이끈 것이 아니며, 교육다운 교육을 받지 못했어도 성공에 골인한 사람이 있다는 점을 간과할 수 없을 것이다.

한 가지 제안을 하자면 성공한 사람들과 실패한 사람들을 비교하는 과정에서 정확한 차이점이 과연 무엇인지 외부에서 찾기보다는 자기 자신에게서 찾으라는 것이다. 자기 자신에게 끊임없는 질문을 하라. 과연 성공한 사람에게는 실패한 사람이 갖추고 있지 못한 뭔가 특별한 것이 있는 것일까? 앞서 이야기했듯이 양쪽 모두 육체적 조건은 동등하며 모두 소중한 몸을 가지고 있다. 그리고 둘 다 평범한 사람이라면 정신적 조건도 같다고 할 수 있다. 둘 간의 차이점을 낳는 결정적 요소는 **〈평범한 인생을 황금같이 귀중한 인생으로 바꾸는 비결〉**에 있다고 할 수 있다. 그 비결이 무엇인지는 이 책을 끝까지 주의 깊게 읽어감에 따라 알게 될 것이다.

몇 년 전 나는 잘 나가는 친구와 함께 규모가 큰 백화점에 간 적이 있었다. 그 친구가 무언가 살 것이 있다는 말에 함께 가게 된 것이다. 나는 고급 백화점에 들어서서 이곳저곳을 둘러보면서 살 것을 고르는 그 친구가 약간 부러웠다. 친구는 스포츠 웨어를 파는 매장에 멈춰 서서 가격은 묻지도 않은 채 휙 둘러보며 이렇게 말했다. "이것하고 저것, 그리고 저것도 좋군요. 각각 세 벌씩 줘요." 스웨터를 파는 곳에 가서도 마찬가지였다. 넥타이 매장에서는 흡사 꽃밭에서 꽃을 꺾듯이 이것저것 되는 대로 집어 드는 것이 아닌가? 결국 그는 넥타이 값으로 백 달러를 지불했으며 그 뒤로도 양말이며 속옷까지 셀 수 없는 물건을 샀다. 그 친구는 단 10분 동안 수 백 달러를 소비했다. 마치 담배 가게에서 담배 두세 갑을 아무렇지도 않게 사는 것 같았다. 당시 나의 경제 사정으로서는 내 친구의 그런 소비 생활은 꿈도 꿀 수 없는 상태였으며 셔츠 한두 장을 사는데도 주머니 사정을 면밀히 고려해봐야 했었는데 말이다. 경제적 자유를 맘껏 누리며 낭비도 서슴지 않던 친구와 나와의 차이는 실로 엄청난 충격을 가져다주었으며, 사실 그 때 나는 그 친구 같은 신분이 될 수 있다는 생각 자체를 할 수가 없었다.

예전에 여러분은 감쪽같은 트릭을 통해 여러 사람들을 속이는 마술사를 본 적이 있을 것이다. 마술사의 능력은 대단해 보인다. 그리고 신비스럽다. 그러나 그러한 감탄을 하기엔 너무 이르다. 마술사가 행하는 마술의 베일이 조금이라도 벗겨진다면 너무 단순한 원리이기에 속아 넘어갔던 것이 후회될 때가 있을 테니.

지금 같아서는 내 친구처럼 할 수만 있다면 나도 한번 해보고 싶은 것이 사실이다. 이제는 가능한 상황이니 말이다. 결과적으로 나는 그 친구 이상의 능력을 소유하게 되었고 그러한 변화의 원인이 된 것은 매우 단순한 것이었다. 지금 생각해보면 그 시절, 주머니 동전 개수까지 헤아리며 생계를 꾸리던 그 시절이 꿈만 같을 뿐이다.

어느 날 스무 살 안팎으로 보이는 한 아가씨가 나를 찾아온 적이 있다. 그녀는 고민 끝에 나를 찾은 것이었다. 그녀는 옥구슬 같은 목소리를 지니고 있었다. 그리고 그녀는 자기가 노래를 잘 한다는 사실을 이미 알고 있었다. 그러나 그녀는 재능은 있으되 어떻게 해볼 도리가 없다고만 생각했다. 유명한 가수에 대한 이야기를 하자 그녀는 수심이 가득 찬 얼굴로, 그 가수처럼 유명해지는 일은 자기에게는 절대 일어날 수 없을 것이라고 이야기했다. 나는 조금 전까지 이 책을 통해 여러분에게 이야기했던 방식으로 그녀를 설득했다. 그녀는 오랜 시간 동안 나의 말을 진지하게 들은 후 자신감을 갖기 시작했다. 결국 그 젊은 여성은 자신이 부러워하고 있는 유명한 가수와 그녀 사이에 별 다른 차이가 없다는 것을 인정했다. 지금 그녀는 거의 모든 대도시를 순회하며 음악회 무대에서 당당하게 공연을 하고 있다.

불면증에 시달려 본 적이 있는가? 불면증에 시달리던 어느 날 밤, 한 남자는 생각을 바꿈으로서 인생의 대 역전을 이루어냈다. 그는 매일 같이 밤마다 찾아오는 불청객인 불면증에 고통스러워하고 있었다. 그도 그럴만한 것이 그에게는 갚아야 할 날이 얼마 남지 않은 부채가 있었는데, 당시 그의 경제 사정으로는 도저히 그 부채를 해결할 방법이 없었다. 그러니 밤에 잠을 이루지 못하는 것이 당연하지 않은가? 그렇게 힘든 나날을 보내던 어느 날 밤, 그는 마음속으로 자기 자신에게 한 가지 질문을 했다. '나 말고 다른 사람들은 빚도 갚고 잘들 사는데, 나는 왜 그러지 못하는 것일까?' 그 날 밤 그는 또 다른 이유로 밤을 지새웠다. 자기 자신과 인간이라는 존재에 대한 심리를 분석하는데 열중해 있었던 것이다. 그리고 그는 사람은 누구나 같은 조건을 가지고 있다는 결론에 도달하게 되었다. 그는 그동안의 사고방식을 그날 밤 완전히 바꿔 버렸다. 자기보다 생활 형편이 좋은 사람들과의 비교 속에서도 그는 어떠한 차이점도 발견할 수 없었던 것이다. 다만, 그가 인정할 수밖에 없었던 유일한 차이점은 그들에게는 **'나는 할 수 있다!!'**라는 의지가 있었다는 것이었다.

밤을 지새운 아침, 여느 때와는 다르게 그의 눈앞에는 화려하게 제 빛을 자랑하는 태양이 빛나고 있었다. 구름이 황금빛으로 물들면서 온 대지에 그 빛을 옮겨놓고 있었다. 그 빛은 그의 마음 깊은 곳에 와 닿았다. 불면증에 아침이면 느림보 거북이 같은 몸을 허우적거렸던 그는 그 날 아침 크리스마스를 맞으려고 일어나는 어린아이처럼 상쾌한 기분으로 몸을 벌떡 일으켰다. 도대체 그에게 어떤 일이 벌어졌을까? 1년 후, 그는 부채를 모두 처리했을 뿐만 아니라 짭짤한 수입을 올리며 자기가 설계를 한 멋진 새 집에서 살고 있었다. 휴가 때는 가족들과 함께 유럽여행을 떠날 정도로 그의 인생은 대 역전승을 거둔 것이다.

이 책을 어떻게 활용하느냐에 따라 여러분의 인생이 소설 속의 주인공처럼 될 수도 있지만, 그렇다고 해서 이 책 자체를 소설책 읽듯이 읽어서는 안 된다. 이 책을 올바르게 읽는 방법은 신중하게 그리고 문장과 문장사이에 간격을 두어가며 천천히 생각하며 읽는 것이다. 그렇게 한다면 여러분은 이 책의 진짜 주인이 될 수 있을 것이며, 꿈꾸던 인생의 길목에 다다르게 될 것이다.

이제 첫 번째 장의 나머지 부분은 12분에서 20분 사이에 다 읽을 수 있을 것이다. 그러나 나는 적어도 이 책의 첫 장만은 한 시간이 걸려서 읽었기를 바란다. 여유 있는 자세로, 그리고 부드럽고 진지한 마음으로. 눈의 피로를 덜게 하기 위해서 전등의 불빛은 밝게 하고, 구절 구절마다 충분히 쉬어가며 읽도록 하라. 한 구절을 읽은 뒤 그 구절에 담겨진 뜻을 정확히 이해하려고 노력하라. 실제 있었던 일들을 바탕으로 예를 들어 설명한 곳을 읽을 때에는 그 성공 사례들의 주인공이 바로 여러분이 될 것이라고 굳게 믿어라. 이 책을 통해 여러분은 행복을 얻게 될 것이다.

첫 번째 장을 마무리하기 전에 일러두고 싶은 실례가 하나 더 있다. 내가 교편을 잡고 있는 어느 대학의 심리학 강의를 듣던 한 학생이 수업이 끝난 뒤 나에게 면담을 요청해왔다. 나는 흔쾌히 승낙하였다. 그 학생은 잠시 머뭇거리다가 이야기를 꺼냈다. "스위트랜드 교수님. 저는 교수님이 강의를 통해 말씀하셨던 이야기들이 모두 진실이라고 생각합니다. 또한 자신이 할 수 있는 최선을 다하고 올바른 원칙을 따른다면 성공은 결코 불가능 한 것이 아니라는 것도 사실이라 생각합니다. 하지만 제 경우에는 그러한 진리가 통하지 않을 것만 같습니다." 나는 그에게 왜 안 되는지 물었다. 그는 처음에, 자기의 개인적인 고민거리들을 털어놓는 것을 상당히 두려워하는 눈치였다. 그러나 시간이 조금 지나자 용기를 얻은 눈빛으로 말문을 열어놓기 시작했다. "저는 참 못된 인간입니다. 여태껏 나쁜 짓을 많이 했지요. 저는 제가 다른 사람들과 동등하다는 생각을 할 수가 없습니다. '나' 라는 인간은 그럴 가치가 없다는 생각을 하게 됩니다. 저보다 착한 수많은 사람들도 더 나은 인생을 살기 위해, 그리고 더 나은 자신을 만들기 위해 고군분투하고 있는데, 저 같은 인간이 성공한다는 것은 세상이 공평하지 못하다는 증거가 될 것 아니겠습니까?"

생각 끝에 나는 그에게 물었다. "만약 자네가 과거의 잘못을 뉘우치고 새로운 삶을 살기 위해 노력한다면 자네가 성공하는 일이 불공평한 일이 아니지 않나?" 그의 얼굴에 생기가 돌더니 망설임 없이 대답했다. "네, 분명히 그렇습니다." 그의 반응을 보고 나는 한 가지를 더 물었다. "자네가 보기에 세상이 살기 좋은 곳이 못된다고 하더라도 자네가 가장 잘 할 수 있는 무언가를 이용하여 성공을 이룰 수도 있지 않겠나?" 그 젊은이는 이 질문에 대해서도 긍정적인 대답을 했다. 그가 다시 자신감을 되찾은 듯 보였다.

사람들이 인생에서 진정한 패배를 맛보게 되는 이유 중 하나가 바로 자신감의 상실이다. 그런 사람들은 마음 깊은 곳에 자기와 성공은 관계가 없다고 생각한다. 이것은 분명 잘못된 생각이다. 이런 생각을 바로 잡아줄 때, 그들은 비로소 올바른 마인드를 가지고 살아가게 될 것이다. 결국 그들은 다시는 자신감을 잃지 않을 것이며 세상에 대한 비난을 거두어들이게 될 것이다.

나는 앞으로 책의 각 장마다 "나는 할 수 있다"라는 생각을 더욱 강력하게 불어 넣어줄 수 있는 주제들을 가지고 여러분들에게 다가갈 것이다. 각 장의 내용들을 충분히 이해하고 넘어가는 것이 이 책을 읽는 올바른 방법임을 명심하라.

이 책을 읽기 전에 우선 이번 장의 주제가 무엇이었는지 자문하기 바란다. 지금까지 읽었던 내용을 진지하게 되새겨본다면, 주제를 금방 알 수 있을 것이다.

"나는 할 수 있다. 결국 나는 성공 할 것이다!"

이것이 바로 이번 장의 주제이다. 자신감을 가지고 모든 일에 임한다면 못할 일 없다는 것. 내가 이런 조언을 하는 이유는 앞으로 이 책을 읽으면서 단 한 줄의 문장을 마음속에 깊이 간직하기를 바라기 때문이다. 그리고 기억이 날 때마다 자신에게 말하라. "나는 성공할 수 있어!!"라고. 아침에 일어나자마자 외치고, 낮에도 틈나는 대로 속삭여라. 밤에 잠을 자기 전에도 끊임없이 되풀이하도록 하라. 외칠 때는 정말 그렇게 될 것을 믿으며, 열정과 기쁨을 담아서 되도록 힘차게 외치는 것이 좋다.

그 옛날 여러분이 꼬맹이 어린아이였을 때, 도저히 갈 수 없을 것만 같이 느껴지던 놀이동산이나 특별한 곳에 결국 갈 수 있게 되었을 때 느꼈던 희열을 기억하라! "세상에. 내가 그곳에 갈 수 있다니!" 아마 여러분은 즐거운 목소리로 크게 외쳤을 것이다. **"나는 성공 할 수 있다! 반드시!"** 어린 시절을 추억하며 그 때와 같은 기분으로 이 말을 반복해야 한다.

내가 여러분에게 마지막으로 부탁하고 싶은 것은 2~3일정도 후에 2장을 펼쳐들기를 바란다는 것이다. 2~3일 동안 끊임없이 되풀이하는 것이다. "나는 성공할 수 있다. 나는 할 수 있다."는 말을 생활의 일부로 꼭 만들 수 있도록.

성공한 사람들은 자신과의 약속을 한 번도 어긴 적이 없다

자신의 단점을 가장 쉽게 고치는 방법

지금 이야기 한 것을 문서화합시다! 두 사람 혹은 그 이상이 비즈니스에 관한 중요한 결정을 할 때 대개 위와 같은 말을 하며 계약서를 작성한다. 비즈니스에서 계약서를 작성하는 이유는 서로의 의무 사항을 기록해두기 위함인 동시에 명시한 의무사항을 지키도록 하기 위함이다. 한 마디로 약속을 지키겠다는 의지의 표현이라 할 수 있다.

그렇다면 자기 자신과의 약속은 어떤 방법으로 할 수 있을까? 여러분 자신과의 약속을 명시해 두기 위해 변호사를 찾아가 계약서를 작성해달라고 한다면, 그 변호사는 아마 여러분을 이상하다는 듯이 바라볼 것이다. 사실 여러분조차 자신과의 계약서를 만든다는 것이 뭔가 좀 어색하게 느껴질 것이다. 하지만 어떤 방법이든 자기 자신과의 약속을 지키기 위해 특별한 방법으로 강제성을 부여하는 일은 꼭 필요하다.

생각해보라. 만약 아이들이 자기 자신과의 약속을 지키는 정도로 가볍게 부모의 지시에 반응한다면 얼마나 가슴 아픈 광경이 연출될런지. 아이들이 여러분의 명령을 어기고 약속을 지키지 않았다면 여러분은 아마 약속을 어기고 부모의 말을 무시한 대가로 벌을 줄지도 모를 일이다. 여러분 또한 자신과의 약속은 쉽게 생각하는 경향이 없지는 않은지 곰곰이 생각해보기를 바란다. 나쁜 습관을 고치겠다고 마음을 먹어놓고 지키지 못한 일이 허다할 것이다. 새해 초에 하는 신년 다짐도 자신과의 약속 중 하나인데 과연 여러분은 새해 다짐대로 생활한 날이 며칠이나 되는가?

나쁜 생활 습관 때문에 건강이 나빠진 사람들도 많다. 그들 또한 자신이 가진 안 좋은 습관을 알고 있었을 것이고 고치겠다는 자신과의 약속을 숱하게 했을 것이다. 하지만 약속을 지켰을까? 대부분의 사람들은 그러지 못했을 것이다. 대개 사람들은 자신과의 약속을 우습게 보는 경향이 있기 때문이다. 사실 가장 중요한 약속인데도 말이다.

우리가 자신과의 약속을 지키지 않는 이유는 아주 분명하다. 자신과의 약속은 대부분 자기 자신이외의 사람은 모르는 일이라 지키지 않아도 누가 뭐라고 하지 않기 때문이다. 강제성을 부여받지 못한 약속이라 사람들은 쉽게 잊는 것이다.

　앞서 이야기했듯이 나는 다른 사람과의 약속을 지키는 것만큼, 아니 그 이상으로 자신과의 약속을 지키는 것이 중요하다고 생각한다. 우리는 늘 자기 자신과 함께 살고 있기 때문이다. 떼려야 뗄 수 없는 관계라 할 수 있다. 또한 자신과의 약속을 어기는 일이 반복되면서 자신에 대한 믿음 그리고 자신에 대한 존경심, 즉 자존심에 커다란 상처를 받게 된다. 자신에 대한 존경심이 없으면서 다른 사람에게 존경받으려 하는 것은 옳지 못한 생각이다.

　나 또한 나와 했던 수백, 수천 가지의 약속들 중에 지키지 못한 약속을 생각하면, 나 자신이 부끄러워질 때가 있다. 돌이켜보면, 그 때의 나는 그만큼 나 자신을 소중하게 생각하지 않았던 것 같다. 나와 안면이 있는 사람들이 못 보던 사이에 크게 발전한 모습을 보여줄 때마다, 나 또한 미래에는 다른 사람들보다 더 발전된 모습이 되리라는 나와의 약속을 하곤 했던 것이 기억난다.

　어느 월요일 밤이었다. 잠자리에 들기 위해 뒷정리를 마치고 침대에 올라서려는데 나의 머리 속에 그 날 내가 했던 일들이 떠올랐다. 뭔가 하긴 했는데 어제와 달라진 것 없이 오늘을 보내고 또 내일을 맞아야만 한다는 생각이 나를 당황하게 했다. 지난 주말 나는 나와 약속을 했었다. 다음 주부터는 책상 정리를 깨끗이 하고, 한 주 계획을 세우는 일부터 시작할 것. 해야할 일 중 가장 어렵다고 생각되는 일을 먼저 해결할 것. 나의 단점을 고치고, 나를 발전시킬 수 있는 시간을 꼭 가질 것. 기타 등등…. 하지만 결과적으로 내가 했던 약속들은 단순한 바램으로 끝나버렸으며, 아무런 발전 없이 또 다시 새로운 주를 맞이하게 된 것이다. 지켜지지 않은 약속은 허공 속으로 증발해버렸다. 잠을 이룰 수 없을 정도로 나의 마음은 복잡하게 뒤엉켰다. 나에 대해 혐오감마저 들기 시작했다. 나 자신이 너무나도 믿음직스럽지 못한 사람이라는 생각이 들었다. 그러던 중 기발한 생각이 떠올랐다. '만약 내 아이가 내 말을 듣지 않고 나와 한 약속을 계속 지키지 않는다면 나는 어떻게 했을까? 아마 별의별 방법을 다 동원해서 약속을 지키도록 만들었을 거야. 그런데 나에 대해서는 너무 관대하게만 살아왔어. 내 자신이 나에게 복종을 안 하는데, 그것을 고치기 위한 노력은 아무것도 한 것이 없잖아.'

나는 그 자리에서 결심했다. 일단 그 날 이후 일주일간은 어떠한 일이 있어도 꼭 나와의 약속을 지키겠다고 다짐했다. 그리고 그 전에 나와의 약속을 지키겠다는 맹세를 잊지 않고 꼭 지켜내겠다는 굳은 결심을 했다. 밤새워 다짐하고 또 다짐했다. 처음에는 나의 결심을 그대로 이행하는 일이 쉽지 않았다. 인간은 마흔이 넘으면 자기의 습관과 결혼을 한다는 말이 있다. 습관은 끈질기게 생활의 구석구석에 찾아와 자신과의 약속을 점잖게 물리쳐 버린다. 하지만 나는 내 마음속에 가득 차있는 자신과의 약속을 지키겠다는 결의대로 일주일을 생활해냈다. 결과적으로 그 주가 끝날 무렵 전과는 다른, 좀더 발전된 나의 모습을 발견할 수 있었다. 그 주의 생활은 나에게 기분 좋은 만족감을 가져다주었으며, 나는 그 기분을 잃고 싶지 않아서 앞으로도 계속 결의대로 밀고 나가기로 했다.

생각해보니 나와의 약속을 지키며 살았다고 해서 전보다 훨씬 더 힘들게 일한 것은 아니었다. 오히려 전 보다 일하는 게 더 편하게 느껴질 정도였다. 한 가지 예를 들어보겠다. 책상 정리는 나에게 늘 커다란 일이었다. 우편물이 오면 나는 그것을 읽어보고는 나중에 다시 읽어봐야겠다는 생각으로 그대로 책상 위에 던져둔다. 그리고 그 위에 다른 서류나 기타 잡동사니가 쌓이게 된다. 그러다 보면 우편물이 어디에 있는지 알 길이 없어진다. 우편물뿐만이 아니라 서류의 경우도 마찬가지이다. 여기저기 쌓여 가는 서류들 속에서 결국 내 책상은 쓰레기 더미가 된다. 결국 어느 순간 만신창이가 되어버린 책상을 바라보며 나의 마음은 좀처럼 편할 날이 없었다. 책상 위에 아무렇게나 놓여있는 서류나 우편물들이 '이렇게 우리들을 내버려두었다가는 중요한 것을 깜박하게 될 거야!' 라며 나를 비난하고 있는 것처럼 느껴져서 맘 편히 일할 수 없었던 것이다.

굳은 결의를 했던 월요일 밤. 나 자신과 했던 가장 첫 번째 약속이 바로 책상 정리를 깨끗이 하는 것이었다. 책상 정리는 분명히 해야 하는 일인데도 나중으로 미루기 쉬운 일이다. 막상 책상정리를 시작하려고 하면 '이것보다 더 중요한 일이 많이 남아있는데…. 책상정리는 나중에 하자.' 라는 구실을 만들어 미뤄 버리곤 한다. 하지만 나는 기어이 약속을 지켰다.

나는 책상 위에 있던 모든 것을 다른 곳에 옮겨놓고 말끔하게 닦아낸 후 다시 정리해 갔다. 결코 쉬운 일은 아니었는데도 뭐가 그렇게 즐거운지 콧노래가 절로 나왔다. 책상 정리를 마치고 난 후 나는 또한 가지 나와의 약속을 마음에 새겨두었다. 항상 책상 위를 깔끔히 정리 해두자는 것이었다.

책상이 늘 깔끔하게 유지되자 내가 하는 일에서도 능률이 올랐다. 깨끗한 책상 위에서 작업을 하자니 내 마음이 전보다 훨씬 편해졌기 때문이다. 결과적으로 나는 나와의 약속을 지키고 나서부터 마음의 불안과 완벽한 굿바이 인사를 나눌 수 있었다.

언젠가 나는 우리 인간에게 공통적으로 나타나고 있는 단점을 발견했다. 이제 그것에 대한 이야기를 할 것이다. 우리는 대개 어떤 일을 시작하기 전에 많은 시간동안 앉아서 생각을 한다. 과연 내가 그 일을 시작했을 때 어떤 종류의 그리고 얼마만큼의 노력이 필요한지에 대해서. 그리고 생각하는 시간이 길어질수록 그 일은 점점 어려운 일이 되어버리기 마련이다. 우리는 일을 불가능하게 만드는 마법을 가진 것이 아닐까?

우리들의 이런 모습 속에서 나는 그 옛날 해변에서 차가운 물 속에 들어가기를 두려워하던 나의 모습과 일치하는 부분이 있다는 생각을 했다. 나는 늘 바닷가에 놀러 가면 물 속에 뛰어들지는 못하고 머뭇거리곤 했다. 물 속은 굉장히 차가울 거라고 생각하며. 다가오는 파도에 발을 담가보고는 이내 그 차가움에 발을 빼버린다. 별것도 아닌 일을 두려워하고 있는 나의 모습이 한심스럽기까지 한데도, 끝까지 물 속에 몸을 담그면 어떤 기분일까에 대해서 생각만 하고 있는 것이다.

나는 나와의 약속을 지킴으로서 생각만 하고 실천에 옮기지 않았던 이전의 소극적인 자세에서 벗어날 수 있었다. 이것저것 재가며 일을 시작하곤 했던 습관을 고치고, 새로운 일을 시작한다는 것 자체에 대한 두려움을 없애버렸다. 그렇게 하고 나니 주말마다 내가 한 일을 되돌아보며 나에 대한 만족감을 즐길 수 있었다.

지금까지의 내용을 읽고 여러분은 어쩌면 이런 생각을 할지도 모른다. '나더러 아침부터 잠자기 전까지 쭉 일만 하는 기계처럼 살라는 말인가?' 당연히 아니다. 나는 휴식을 취하는 것과 여가 생활을 즐기는 것을 일하는 것만큼 중요하게 생각한다. 어느 정도의 휴식은 균형 잡힌 생활을 만들어준다. 자신과의 약속 목록에 긴장을 풀고 하루를 정리 할만한 휴식 시간을 꼭 포함시키기 바란다. 이제 자신이 계획했던 모든 일들을 어기지 않고 그대로 지키기만 한다면 여러분은 충분히 휴식을 취하고 여가 생활을 즐길 수 있을 것이다. 결국 여러분의 마음은 평화로워질 것이다.

지금까지 나는 자신과의 약속에 대한 일반적인 이야기들을 해왔다. 그러면 이제 나는 지금 이 순간 여러분의 손에 들려진 이 책과 관련하여 여러분이 꼭 지켜야만 하는 약속에 대해 이야기하겠다.

의심할 여지없이 여러분은 이 책을 좋은 의도로 구입했을 것이다. 아마 여러분은 책을 소개하는 광고를 통해서 아니면 다른 사람의 추천으로 여러분에게 도움이 되리라는 확신을 가지고 이 책을 선택했을 것이다. 그리고 다짐할 것이다. '책을 읽고 나서 작가가 한 조언을 실천해야지.' 라고.

그렇다. 나는 예전에 현명한 인생 선배가 일러준 충고를 아직도 잊지 않고 살고 있다. 그와 한참 이야기를 나누고 헤어지면서 나는 "충고 정말 감사합니다. 가르쳐 주신대로 행하겠습니다."라는 말로 고마움을 표현했다. 나의 말을 듣고 그는 또 한 가지 커다란 진리를 일러주었다. "하겠다는 말은 아무나 할 수 있어. 그 말보다 중요한 것은 '지금 당장 시작하는 것' 이라는 것을 잊지 말게."

대부분의 사람들은 어렸을 때부터 평범하고 순탄하게 살아가는 방법을 익혀왔다. 그것은 '습관' 으로 우리의 몸과 마음에 깊이 뿌리내리고 있는 것이다. 우리의 생활은 많은 부분이 습관에 의지해서 행해지곤 한다. 그래서 아무리 조그마한 변화일지라도 그것은 새로운 습관의 형성에 영향을 끼치기 마련이다.

변화하라. 오늘 할 일을 내일로 미루는 습관을 고치려는 노력을 지금 당장 시작하라. 그러한 실천은 여러분이 일 처리를 제때하고 늘 자신과의 약속을 지켜내는 습관을 여러분에게 선물할 것이다.

이 책에 실린 여러가지 성공의 원리들은 모두 수천 년이라는 시간동안 아주 다양한 사람들에 의해 현실 속에서 검증된 것이다. 그들은 남녀노소를 불문하고 이 책에 실린 간단한 원리들을 삶 속에 적용시킴으로서 믿을 수 없을 정도로 크게 성공하였으며, 건강과 행복을 얻을 수 있었다. 여러분 또한 여러분이 가진 능력으로 이 책에서 서술하고 있는 성공의 원리들을 완벽하게 이해하기만 한다면 그리고 그대로 해보기만 한다면 충분히 성공할 수 있다.

한 청년이 지혜를 얻기 위해 현명하다고 알려진 노인을 찾아갔다. "날 따라오게." 노인은 청년에게 이 말을 던지고는 근처의 호숫가로 걸어갔다. 호숫가에 다다르자 그 노인은 그대로 호수 안으로 들어가는 것이었다. 들어갈수록 노인의 몸은 점점 깊이 호수로 빠져들었다. 따라온 청년도 노인을 따라 호수 가운데로 들어갔다. 걸어 들어갈수록 호수는 점점 더 깊어 졌으며 결국엔 청년의 목까지 물이 차 올랐다. 그런데도 노인은 청년의 반응에 개의치 않고 그대로 더 들어가는 것이 아닌가. 청년도 따라들어 갔으며 이제는 온 몸이 다 물 속으로 들어가게 되었다. 그제야 노인은 뒤돌아서 호수를 빠져나왔다.

노인은 물 밖으로 나와서 겁에 질린 청년을 지그시 바라보며 물었다. "자네 몸이 물 속에 완전히 잠겼을 때, 물 속을 빠져나가고 싶다는 생각 외의 다른 생각이 더 들던가?" 질문이 끝나자마자 청년은 대답했다. "물 속에서 내 머릿속에는 온통 산소가 필요하다는 생각들로만 가득 차 있었어요."

노인은 미소지으며 마지막 말을 남겼다. "바로 그걸세. 지혜는 누가 준다고 해서 얻어지는 것이 아니라, 물 속에서 산소를 강렬하게 원했던 것처럼 자기 자신이 미치도록 원해야 얻어지는 것이지. 문제는 내 자신에게 있었던 거야. 알겠나?"

다음 장으로 넘어가기 전에 다시 한번 자신의 다짐이 굳건한지를 확인하기 바란다. 오랜 시간이 걸리더라도 그리고 어떠한 어려움이 닥치더라도 반드시 자신과의 약속을 지키겠다는 신념을 세우는 일이다. 굉장히 비장하게 들릴지는 모르겠으나, 사실 이것은 아주 간단한 것이다. 앞서 이야기했듯이 '나와의 약속을 지킨다' 라는 새로운 일을 미루지 말고 지금 당장 시작하면 되는 것이다.

자신과의 약속을 지켜 가는 과정에서 또 한 가지 해두면 좋은 것이 있다. 여러분의 마음속에 열정의 불길을 늘 담아놓아라. 그것은 여러분과의 약속을 제대로 지켜내도록 하는데 커다란 도움을 줄 것이다. 의무적으로 해야 해서 한 일과 정열적으로 하고 싶어서 한 일에는 질적으로 분명 큰 차이가 있는 것이다. 열정은 모든 일을 신나게 만들어주기 마련이다.

이 책을 읽는 것도 마찬가지이다. 이 책을 읽는 것만으로도 나름대로 도움이 되긴 할 것이다. 하지만 어떻게 읽느냐에 따라 여러분의 인생에 가져올 변화의 정도는 분명 차이가 있지 않을까? 무한한 열정을 가지고 적극적인 자세로 이 책을 받아들인다면, 여러분은 여러분이 상상한 것보다 더 훌륭한 인생의 변화를 맛 볼 수 있을 것이다.

값이 비싸고 고급스러운 가구의 경우를 생각해보자. 니스 칠만 잘 한다고 깔끔하고 고급스러운 가구가 탄생되는 것이 아니다. 그 전에 더 많은 준비작업을 거치게 된다. 마지막으로 광택제를 윤기 있게 바르기 위해서는 샌드페이퍼로 목재를 잘 다듬고, 홈을 메우고, 바탕을 칠하는 등 여러 가지 작업을 정성스럽게 선행하여야 하는 것이다.

이 책의 첫 번째와 두 번째 장을 가구 공정에 비유하자면 준비 단계 라 할 수 있다. 좋은 목재를 골라 잘 다듬는 과정이라고나 할까? 여러 분이 인생을 황금보다도 더 값지게 살 수 있는 비결을 받아들이기 위 한 숨쉬기 운동 단계라고 보면 된다.

나는 이제 예순 중반으로 들어서는 노인이다. 이런 책을 쓴다고 해 서 내가 인생의 전반전부터 성공을 거머쥐었던 것은 아니다. 이 책을 쓰기까지 즉, 성공의 원리를 깨닫기까지 나는 50년이라는 세월을 투 자했다. 성공의 원리를 알게 된 50대에 나는 손에 쥔 돈도 없었을 뿐 더러 산더미 같은 빚까지 지고 있었다. 하지만 그 때부터 지금까지 내 가 체득한 수많은 성공원리들을 정열적으로 실천해나가면서 인생을 변화, 발전 시켰다. 결국 10년이 조금 넘는 세월동안 나는 50년 간 하 지 못했던 많은 일들을 이뤄낼 수 있었다.

예순이 넘어서도 나는 쉰 살 때 보다 더 많은 수입을 벌어들이고 있 다. 지금 내 마음속에 있는 성공의 원리들을 잊지 않기만 한다면 나는 노인이 된 지금도 어디서든 성공할 수 있다. 설사 내가 친구도 돈도 없는 미지의 땅에 버려진다 하더라도 말이다. 나는 절대 두렵지 않다. 이제 나는 정당한 나의 노력으로 경제적인 안정과 사회적인 지위를 얻을 수 있는 방법을 누구보다도 완벽하게 알고 있기 때문이다.

오해는 말라. 나는 내가 하고 있는 일을 자랑하려고 하는 것은 아니다. 그렇다고 나 자신을 자랑하려고 하는 것은 더더욱 아니다. 나는 여러분이 할 수 없는 일을 해 왔던 것이 아니며, 앞으로도 그런 일을 할 생각은 없다. 단지 여러분에게 자신감을 심어주기 위함이다. 그리고 노인이 된 지금의 나에게까지 끊임없는 자신감과 동기를 부여해주는 그 성공의 원리를 여러분에게 설명하기 위함이다. 이 책을 읽고 실천하면 결국 여러분은 경제적인 안정과 마음 깊은 곳의 편안함을 얻게 될 것이다. 상상의 날개를 펼쳐라. 여러분이 원하고 있는 미래의 모습을 마음속에 구체적으로 그려보아라. 여러분은 분명 여러분이 원하는 모습 그대로 될 수 있다. 믿고 실천하라. 행하라.

내가 제 1장에서 마지막에 했던 조언들을 기억해 보라. 끊임없이 "나는 성공할 수 있다!"라고 외침으로서 여러분의 의식 깊은 곳에 '나도 정말 성공할 수 있다' 는 믿음이 뿌리내릴 수 있을 것이다. 시도 때도 없이 외쳐라.

이렇게 한 번 해 보라. 가스레인지 위에 올려놓은 물이 100 라는 절정에 다다르면 부글부글 끓는 것처럼 책을 잠깐 접어두고 '나는 성공할 수 있다' 고 끊임없이 외쳐 보라. 흥분해서 어쩔 줄 모르겠다는 심정으로 방안에서 왔다 갔다 하며 말이다. 어깨는 쫙 펴고 양 주먹을 불끈 쥐고 계속 외쳐라. "나는 반드시 성공할 수 있다!"

마지막으로 한 가지 당부의 말을 전하고 싶다. 하루나 이틀정도 책을 읽지 말고 자신의 생각을 정리 할 수 있는 시간적 여유를 갖기 바란다. 여러분의 마음속에 굳건한 결의와 다짐들을 확실히 자리 잡게 하라.

생각해보라. 여러분이 늘 갖고 싶어하던 물건을 얻게 되거나, 오랜 세월동안 원하던 일이 이루어지게 된다면 기분이 어떨까? 마치 구름 위를 걷는 듯이 행복할 것이다. 마찬가지다. 지금 여러분의 마음속에 내가 알려준 성공의 비결을 새겨 넣음으로서 여러분이 원하던 성공을 이룰 수 있다는 확신을 갖는다면 그것은 구름 위를 걷는 듯 가슴 벅찬 일일 것이다. 그리고 그것은 여러분의 인생에 새로운 활력소가 되어 열정을 선물하고 성공을 기약할 것이다.

나는 감히 확신한다!! 여러분이 마음속에 '나는 성공할 수 있다. 반드시' 라는 의식을 확실하게 새겨 넣고 나서 24시간 후 거울 앞에 서면 종전과는 전혀 다른 자신을 발견할 수 있을 것이리라. 뿐만 아니라 여러분의 주변사람들도 여러분의 새로운 면모에 감동하여 변화할 수 있었던 이유를 묻게 될 것이다.

나는 '성공' 이라는 단어가 한 단어라고 해서 뜻까지 한 가지라고 생각하지 않는다. '성공' 은 경제적인 자유만을 의미하는 것이 아니라

연애의 성공, 마음 깊은 곳의 평화 그리고 인생 자체의 성공 등 다양한 의미를 내포하고 있다. 진정한 '성공'의 의미를 잊지 말고 기억하기 바란다. 그리고 자기만의 성공의 상을 정립했으면 그것을 위해 앞으로 나아가기를 바란다. 도중에 포기하거나 해보지도 않고 실패를 자인하는 오류는 범하지 않기를 바란다. 이 책은 그 길에 충분한 도움을 줄 것이다.

내 인생은
내가 만들어 가는 것

뜻대로 살아라

여러분이 살아가는 동안 겪는 모든 문제는 여러분의 몸과 마음에서 기인한다. 따라서 문제 해결의 열쇠는 여러분의 몸과 마음이 쥐고 있는 것이다. 부자가 되고 싶은가? 여러분은 부자가 되는 방법을 분명히 알고 있다. 단지 그것을 실천하고 있지 않을 뿐이다. 많은 사람들을 사귀고 그들 사이에서 영향력 있는 사람이 되고 싶은가? 여러분의 정신세계에 깊이 들어가 보면 바로 여러분 자신에게 사람의 마음을 움직이게 하는 매력이 분명히 숨쉬고 있다. 문제는 그 비결을 발견하고 활용하는 것이다. 지금보다 건강해지고 싶은가? 여러분이 가진 육체와 정신 자체가 생명을 부여해주는 원천과 직접적인 관련이 있다는 것을 알고 있을 것이다. 행복한 삶을 살고 싶은가? 진정한 행복은 오직 한 곳에 있다. 그것은 여러분의 마음 어딘가에 자리 잡고 있으며 여러분이 무언가를 위해 힘차게 앞으로 전진 할 때마다 다양한 맛의 행복을 체험할 수 있게 해줄 것이다.

여러분은 여러분자신에 대해 '나는 이러하다' 아니면 '나는 저러하다' 라고 표현한 적이 있을 것이다. 예를 들어 '나는 음악을 좋아한다' 라든가 '나는 음악을 싫어한다' 라든가. 아니면 '나는 지금 행복하다' 라든가 '난 정말 불행하다' 라든가.

자신의 현재 상태에 대해 이런 저런 정의를 내리는 진정한 원인은 무엇일까? 여러분은 결과적으로 자신에 대한 이런 저런 이야기를 하지만 음악을 좋아하고 행복하지 못한 원인은 모두 여러분 자신에게 있다. 여러분이 그렇게 되기로 결정했기 때문이다. 믿기 어려운 사람들도 있을 것이다. 내 이야기에 반대하는 사람들도 있을 것이다. 여러분이 인생에 실패한 사람이라면, 이런 말을 할지도 모른다. "그러면 내가 나 자신을 실패자라고 생각이라도 했단 말인가? 세상에 그런 사람이 어디 있겠는가?" 그러나 아주 천천히 마음 깊은 곳을 쳐다 보라. 내 말이 사실이라는 것을 알게 될 것이다.

언젠가 시카고에서 뉴욕까지 기차여행을 한 적이 있었다. 나는 점심 때가 되어 식당 칸으로 갔다. 그 곳에서 어딘가 불편해 보이는 한 남자와 마주앉게 되었다. 그는 어쩔줄 몰라 하며 자기는 기차 식당 칸에서 식사를 한 적이 없어서 주문을 어떻게 하는지 모른다고 했다. 그리고 나에게 도움을 요청했다.

그는 오랜 세월동안 우편배달부로 일해 왔다고 했다. 여름의 찌는 듯한 햇볕에도 겨울의 차가운 바람 속에서도 그는 한결같이 우편베낭을 메고 우편배달 일을 해왔다. 그의 배달구역 안에는 매일같이 현금 주문을 통해서 커다란 우편물을 받는 통신 판매점이 있었다. 어느 날 그는 이런 생각이 들었다. '나는 왜 매일 다른 사람들을 위해서 우편배달 일을 하는 것인가? 내가 장사를 하면 다른 누군가가 나에게 중요한 우편물을 배달해줄 수 도 있지 않은가?' 그는 자신에게 대답했다. '지금 이 순간까지 나는 내 자신을 '사업가' 라고 생각한 적인 단 한번도 없었군. 그것이 내가 사업가가 될 수 없었던 이유야' 그는 마음을 단단히 먹고 그 날부터 매일 밤 사업을 하기 위한 자신만의 공부를 시작했다. 결국 그는 자기 사업을 갖게 되었고 그 사업이 성장해서 상품 구매를 위해 뉴욕으로 여행을 떠나고 있는 중이었던 것이었다.

이 남자는 지금 틀림없이 사업가이다. 그러나 사업가가 되기 전까지는 자신을 우편배달부라고 생각하고 있었기 때문에 그 일을 했던 것이다. 그는 자신에 대한 고정 관념을 과감히 없애고 새로운 자신의 모습을 그 자리에 대신 집어넣음으로서 진정한 자신으로 거듭날 수 있었던 것이다. 마찬가지로, 여러분은 누구인가? 결론은 여러분이 생각한 그대로의 모습이 바로 여러분이다. 여러분이 생각하고 있는 여러분의 모습이 바로 여러분이다.

미국 중서부 지방에 사고로 남편을 잃은 한 부인이 어린 두 딸과 함께 살고 있었다. 그녀는 다른 집의 집안 일을 하루 4시간씩 해서 받은 돈으로 겨우 생계를 이어나가고 있었다. 남편의 죽음으로 지나치게 내성적이 된 그녀는 이웃의 부인들이 자랑삼아 하는 집안이야기를 듣고 자신의 처지를 더욱 비관하게 되었다. 고달픈 일상 속에서 그녀는 매일 새로운 절망을 맛보게 되었다. 그러던 어느 날 그녀는 길가에서 카드 한 장을 우연히 주웠다. 그 카드에는 다음과 같이 쓰여 있었다. **"할 수 있다는 생각만 한다면, 당신은 어떤 일이든지 할 수 있다."** 그녀는 자신의 불행한 삶을 생각하면서 '정말 그럴까?' 하는 의심을 하지 않을 수 없었다. 그녀는 그 때부터 진지하게 생각하기 시작했다. 생각 끝에 그녀는 그녀 자신도 놀랄만한 이야기를 혼자말로 중얼거리고 있었다. '그동안 나는 왜 할 수 있다는 생각을 하지 못한 것일까?' 그 대답은 분명하게 그녀의 마음속으로부터 들려왔다. 그녀가 자신의 처지에 절망만 하며 살아왔던 이유는 지금까지 자신을 당연히 그렇게 밖에 살 수 없는 존재로 생각해왔기 때문이었던 것을 그녀는 알 수 있었다. 그때부터 그녀는 자신이 이미 가지고 있던 무한한 능력을 활용하기 시작했다. 카드를 발견한 후 3년도 채 안돼서 남 캘리포니아에 이사를 가게 되었다. 그녀는 이제 어엿한 사업가가 되어서 두 딸과 여가를 즐겁게 보낼 수 있을 정도로 여유 있는 생활을 즐기고 있다.

그 미망인은 그동안 자신을 단지 남편을 잃고 생활고에 허덕이는 파출부로만 바라보고 있었던 것이다. 그러나 한 장의 카드가 그녀의 인생을 바꿔놓았다. 그녀는 자신이 충분히 성공할 수 있다는 생각을 하기 시작하면서 그녀의 생각대로 인생을 만들어갈 수 있었다. 생각해보라. 결국 자신이 생각하는 자신에 대한 모습이 바로 자신인 것이다. 모든 사람들에게는 자신이 생각하는 대로 자신의 모습을 만들어갈 능력이 분명히 있는 것이다.

자신의 운명을 한탄하는 한 세일즈맨이 있었다. 그는 다리품을 팔아 물건을 팔았는데 판매량도 적고 매상도 그저 그랬다. 생활하기조차 빠듯한 수입으로 살아가던 그는 가끔씩 주문량이 많아 굉장한 실적을 올리고 있는 그야말로 잘 나가는 세일즈맨의 이야기를 들을 때마다 자신의 인생에 더욱 불만스러웠다. 한번은 A씨(그를 이렇게 부르기로 약속하자)가 도심의 한 레스토랑에서 샌드위치를 먹고 있었다. 옆 테이블을 보니 잘 나가는 세일즈맨 한 사람(그는 B씨라고 부르자)이 그의 고객과 보기에도 먹음직스럽게 두꺼운 등심 스테이크를 먹으며 이야기를 나누고 있는 것이 보였다. A씨는 혹시 자기가 갖고 있지 않은 무언가가 잘 나가는 B씨에게 있는가 싶어서 B씨를 주의 깊게 관찰하였다. 이야기를 조심스럽게 듣다보니 B씨가 자기와 같은 대학을 나왔다는 사실을 알게 되었다. 결국 A씨는 B씨와 자기 사이에 학벌차이가 없을 뿐만 아니라, 특별한 차이점이 없음을 금방 알 수 있었다. 하지만 B씨에게는 자신감이 있었다. B씨는 자신을 늘 왕성한 실적과 판매능력을 자랑하는 톱 세일즈맨으로 생각하고 있었던 것이다.

A씨는 깨달을 수 있었다. '내가 지금까지 큰 실적을 올리지 못했던 이유는 한번도 그렇게 되었을 때의 내 모습을 상상한 적이 없었기 때문에 그런 거야. 다른 사람들의 성공은 당연하게 생각하면서 나의 성공을 꿈꾸는 데는 왜 그렇게 궁색했을까?' 그 후 A씨는 자기의 마음에 높게 올라와 있던 불가능의 벽을 단숨에 무너뜨려 버렸다. 그리고 자신을 매우 잘나가는 유능한 세일즈맨이라고 생각하기 시작했다. A씨의 판매수완은 빛을 발했으며 그의 실적은 지속적으로 늘어났다. 1년 후 그의 수입은 3배가 뛰었으며 인생의 진정한 성공을 맛볼 수 있었다.

"여러분이 바라보고 있는 여러분의 모습이 바로 여러분의 진짜 모습이다." 이 말은 현재 여러분의 모습에 안주해서 살아가라는 뜻은 결코 아니다. 여러분의 인생이 만족스럽지 않다면 그것을 개선시키고자 하는 모습이 진짜 자신의 모습임을 알아야 한다는 것이다.

그것을 깨닫는 것은 참 어려워 보인다. 습관처럼 뒤 따라다니는 지금까지의 고정관념을 바꾸기란 하늘의 별 따기보다 어려울지도 모른다. 하지만 정말로 삶은 생각하는 그대로 흘러간다. 여러분은 지금보다 건강해지지 않을 것이다. 왜냐하면 여러분 자신이 튼튼하고 건강한 자신의 모습을 상상한 적이 없기 때문이다. 결코 나이를 먹어서가 아니다. 또한 여러분은 여러분이 원하는 성공을 이룰 수 없을 것이다. 왜냐하면 여러분의 간절하게 자신의 성공을 원한 적이 없으며 한번도 성공한 자신의 모습을 그려본 적이 없기 때문이다. 여러분은 넘쳐나는 행복에 미칠 지경이 될 수 없을 것이다. 왜냐하면 정말로 왜 그러냐 하면 완벽한 행복의 경지에 올랐을 때 여러분의 모습을 모르고 있으며, 단 한번도 그런 적이 없기 때문이다.

새로운 내가 되어 …

목적지 없이 여행을 떠나는 사람은 없을 것이다. 분명 여행을 떠나기 전에 지도를 찾아서 가는 길을 충분히 봐둘 것이다. 마찬가지로 여러분이 가고자 하는 인생의 목적지가 황금 같은 인생을 사는 것, 성공이라고 한다면 내가 하는 이야기들은 여러분이 목적지까지 실패하지 않고 갈 수 있는 성공의 비결이라고 할 수 있다. 다양한 사람들의 생각 속에 분명 자기가 바라는 성공의 모습도 가지각색일텐데, 정말로 자신이 바라고 있는 목적지가 어디인지를 아는 사람은 얼마나 될까? 유감스럽게도 자기가 원하는 바를 완전하게 알고 있는 사람은 아주 드물다. 사람들은 누구나 자신이 처한 현실을 불만족스러워한다. 하지만 그런 우리에게 "그러면 여러분이 정말로 바라고 있는 것이 구체적으로 무엇인가요?"라는 질문을 한다면 똑 부러지게 대답할 수 있는 사람은 거의 없다.

이제 여러분은 '보다 건강한 몸과 누가 봐도 당당한 성공 그리고 무한한 행복' 이라는 목적지에 도착하기 위한 새로운 인생 설계도를 제작할 것이다. 그것은 여러분만의 '인생지도' 가 될 것이다. 지도를 펼치기 전에 나침반을 꺼내서 인생이라는 배의 항해 방향을 결정해야 한다.

반복해서 말하지만 여러분은 여러분이 보고 있는 그대로의 모습이 바로 여러분이라는 사실을 잊지 않기 바란다. 따라서 여러분은 여러분이 가고자 하는 방향으로 몸을 틀고 자세를 고쳐 앉도록 하라. 자신을 바라보는 눈과 자신을 바라보는 방법을 바꿔야 한다. 결국 여러분은 자신을 '새로운 나' 로 보기 시작해야 하는 것이다. 사람을 끌어들이는 매력이 철철 넘치는 사람, 튼튼한 건강의 소유자, 인생을 완벽하게 성공으로 이끈 사람, 세상의 모든 행복을 짊어지고 있는 사람. 이제부터 이러한 모든 것이 여러분이 알고 있는 '새로운 나' 인 것이다.

내가 바라는 인생이 곧 나의 인생이 된다.

여러분이 원하는 것을 아무런 어려움 없이 모두 이룰 수 있다면 여러분은 무엇을 이야기하겠는가? 세상에 깔려있는 모든 물건들? 멋진 집? 새 차? 크고 화려한 가구? 돈이 많이 들어있는 예금통장? 만족스러운 직업? 자신이 경영하는 회사? 세상 누구도 부럽지 않은 권력? 사회적 존경심? 명예? 튼튼한 육체? 아니면 매력적인 사람이 되어 새로운 친구를 많이 사귀고 싶은가?

여러분은 내가 열거한 것들 중에 몇몇이 아니면 전부가 여러분이 원하는 것이라고 대답할 것이다. 그런데 내가 그것을 이룰 수 있는 일은 전혀 어려운 일이 아니라고 한다면 여러분의 표정은 어떨까? 여러분은 아마 믿을 수 없다는 표정을 지으며 그런 일은 '알라딘과 마법램프' 라는 동화 속에서나 나오는 이야기라고 할 것이다. 어쩌면 정말로 동화 속에서나 가능한 일인지도 모른다. 하지만 가끔은 동화보다 더 환상적이고 희귀한 일들이 현실 속에서 벌어지기도 한다. 성공한 인생으로 사는 것은 맘만 먹으면 굉장히 쉬운 일이라는 것을 이해하지 못한다면 내가 하는 말은 듣기 좋으라고 만들어낸 말처럼 들릴 것이다.

어떤 여자가 미국의 샌프란시스코에 있는 커다랗고 멋진 집으로 이사를 가게 되었다. 집으로 계량기를 연결하러 온 전기 기술자가 부러워하는 듯한 말투로 말했다. "부자가 되어서 이렇게 멋지고 화려한 집에 사시게 되었으니 정말 좋으시겠군요." 이사 온 새집 주인은 흡족해서 미소를 지으며 말했다. "전 부자는 아니에요. 불과 2년 전까지만 해도 생활비가 없어 생활고에 찌들어 살았었지요. 하지만 결국 성공의 비결에 눈을 뜨게 되어서 지금에 이르게 된 거죠."

공상에 빠지는 것은 자칫 실망만을 안겨주는 일이 많아서 별로 권해주고 싶지는 않지만, 잠깐 동안만 여러분의 미래에 대한 공상에 빠져보길 바란다. 여러분이 정말로 원하는 인생을 마음속에 그려보는 것이다. 공상이 커지는 것을 두려워할 것 없다. 앞서 이야기했듯이 여러분은 여러분이 생각하는 것 이상의 인생을 살수는 없는 것이므로 가장 높은 목표를 공상 속에서 찾아내라. 여러분이 무언가를 간절히 원하는 마음은 마법램프가 되어 정말 그렇게 되도록 만들어줄 것이다.

이 책을 시작하면서 나는 여러분이 편견이나 막연한 의심을 떨쳐버리고 열린 마음으로 책을 받아들이라고 이야기했었다. 그 마음을 변함 없이 열어두기 바란다. 앞으로도 여러분은 다양한 성공의 원칙을 배우게 될 것이고 그것을 활용하여 많은 성과를 얻을 수 있을 것이기 때문이다. 기억하라. 여러분이 원하는 것은 분명 가질 수 있을 것이고, 여러분이 원하지 않거나 기대조차 하지 않는 것은 분명 가질 수 없을 것이다. 따라서 세심하게 살펴서 여러분이 원하는 것을 빠뜨리지 않고 여러분의 마음속에 전달할 수 있도록 노력하라.

생각이 발전함에 따라, 그리고 원칙의 중요성을 이해함에 따라 결국 여러분만의 패러다임이 만든 의구심은 저절로 없어질 것이다. 한 가지 중요하게 이야기 할 것이 있다. 내가 말하려는 인생을 성공으로 이끄는 원칙들은 사실 내가 처음 발견해낸 것이 아니다. 나는 단지 세상이 탄생함과 동시에 우리 곁에 있었던 기본적인 원리, 원칙들을 여러분에게 전달하는 매개체의 역할을 할 뿐이다. 그것을 이해하고 현실 속에서 직접 활용하는 것은 바로 여러분의 몫이다.

누구나 커다란 수송용 비행기를 보고 놀란 적이 있을 것이다. 그리고 크기뿐만 아니라 그 비행기가 사람을 태우고 심지어 몇 톤이 넘는 무거운 짐을 싣고도 무리 없이 하늘에 떠오르는 것을 보고 눈이 휘둥그레진 적이 있을 것이다. 하지만 생각을 조금만 바꾸어 보면 비행기는 전혀 색다를 게 없는 물건이 된다. 비행기의 주재료인 금속(알루미늄)은 가늠조차 할 수 없을 정도의 과거부터 땅속에 파묻혀서 사람과 그 운명을 함께 해왔다. 그리고 비행기가 움직일 수 있도록 하는 연료 또한 땅속에서 채취한 것이다. 단지 새로운 것이 있다면 비행기를 하늘로 떠오르게 했다는 것인데, 이것은 있는 재료를 연결하고 무거운 것을 떠오르게 하는 인간의 지식에서 나온 것이다. 아주 기본적인 원리이다. 이러한 원리는 인간에게는 정말 기본적인 것이어서 누구에게나 적용되는 것이다. 물론 여러분에게도 이런 기본적이 원리는 적용이 되며 그것은 진리로 다가서게 될 것이다. 단지 새로운 것은 앞서 이야기했듯이 인간이 어떻게 활용함에 따라 그 모습이 변할 뿐이라는 것이다. 자신의 능력을 활용하라. 세상도 변화시키는 것이 인간인데 여러분의 인생쯤은 쉽게 변화시킬 수 있을 것이다.

원하는 인생으로 인도하는 성공의 길

여행을 하기 전, 우리는 어디로 향할지를 정한다. 때로 출발하고 나서 길을 헤매거나, 가는 방법을 바꾸더라도 목적지를 정하지 않고 여행을 떠나는 사람은 없을 것이다. 하지만 방법을 달리 하더라도 목적지는 잊지 말아야 한다.

명확한 목적지를 선정하듯이 자신만의 분명한 인생 목표를 정립하고 난 후 이 책을 읽어야 진정한 도움을 얻을 수 있을 것이다. 자신의 인생을 황금으로 만들기 위해서 그런 과정은 꼭 필요하다. 마음 깊은 곳에 있는 목소리에 귀를 기울여 자신이 진정으로 원하는 것이 무엇인지 명확히 파악하라. 그리고 인생의 목표를 반드시 세워라. 적어도 내 책을 읽음으로써 더 나은 인생을 얻고자 한다면 그런 노력을 선행해야 한다.

우선 자신의 인생 설계도를 그리기 위한 노트 한 권을 준비하라. 그 노트에는 앞으로 그렇게 되고자 하는 여러분의 모습들이 그려질 것이다.

노트를 펼치기 전에 진지하게 여러분 자신에게 질문을 던지기 바란다. "만일 내가 원하는 것이 무엇이든, 나의 꿈이 어떤 것이든 상관없이 뭐든 이루어질 수 있다면 나는 이 노트의 첫줄에 무엇을 쓰게 될까?" 인생의 목표와도 같은 그것. 굉장히 신중하고 깊이 생각해볼 일이다. 하지만 생각하는 동안에는 돈과 자신의 능력, 시간 등 모든 주변 상황의 제약을 받지 않아야 한다. 커다란 집, 평생 쓰고도 남을 만큼의 돈이 들어있는 예금 통장, 멋진 자동차, 지금보다 나은 직장, 그리고 자신의 꿈을 맘껏 펼칠 수 있는 자기 사업 등. 그 어떤 것도 우리가 원하는 대로 할 수 있다는 생각을 해보자. 이루고자 하는 모든 것들 중 여러분이 가장 먼저 선택한 것이 무엇인가? 그것이 바로 여러분이 진정으로 원해왔던 것이 아닐까?

지금 여러분의 건강은 어떠한가? 어떤 일을 하더라도 쉽게 피로해지지 않을 정도로 몸 상태가 만족스러운가? 육체적 건강이 좋지 않은 사람은 만사 제쳐두고 튼튼한 몸 상태를 유지하는 것이 첫 번째 소원일 것이다.

그렇다면 이제 준비했던 노트를 펼치고 자신의 구체적인 욕구와 소망을 써 내려가도록 하자. 체계적이고 꼼꼼하게 쓰는 것이 좋다.

맨 첫 장에는 "신체적인 나의 목표", 그리고 다음 페이지에는 "내가 소유하고 싶은 것들에 관한 목표" 마지막 페이지에는 "사업과 성취에 관한 나의 목표"를 적어라. 그리고 각각의 커다란 목표와 관련해서 되도록 구체적으로 자신이 원하는 바를 적어 내려가는 것이다.

몇 가지 예를 들어보자. 신체적 목표를 위한 공간에는 자기가 가지고 있는 안 좋은 습관들을 고치고 아팠던 곳을 회복시키기 위한 구체적 목표를 적을 수 있다.

예를 들어

몸무게를 줄인다.

내 나이에 맞는 건강상태를 유지하기 위한 운동을 한다.

젊고 탱탱한 피부를 위해 지속적인 관리를 한다.

정력을 보강한다.

소극적인 성격을 보다 적극적으로 고친다.

다리를 떠는 안 좋은 습관을 오늘부터 없앤다.

기타 등등.

갖고 싶은 것을 적을 수 있도록 비워둔 두 번째 장에는 여러분이 그동안 소유하고 싶었던 모든 사항을 기입하는 것이다. '이것만 가지면 나는 정말 행복하게 잘 살 수 있을 텐데…' 라고 생각했던 것들을 말이다.

예를 들어

현대식으로 지어진 깨끗한 자가 주택.

멋있는 새 차.

화려한 장롱.

더 이상 일하지 않고도 넉넉히 살 수 있는 예금 통장.

얼마 전에 보았던 커다란 가스 오븐 레인지.

최신형 세탁기.

100인치 짜리 완전평면 텔레비전과 홈 씨어터.

가족들의 모습을 생생하게 담을 수 있는 디지털 캠코더.

또 여러분이 성취하고 싶었던 것, 그리고 사업의 내용 등을 적을 수 있는 공간에는 이런 것들을 적을 수 있을 것이다.

지금 보다 더 나은 직장을 다니는 일.

나만의 사업을 갖는 것.

진실하게 서로를 위할 수 있는 많은 친구들.

내가 좋은 남편이 되었으면 - 혹은 아내가 되었으면.

단 한가지 분야에서 전문적인 지식이 풍부했으면. - 예) 글재주, 악기 연주, 회화, 법률, 의학 등등

지금 내가 하는 이야기가 여러분들에게 약간은 들뜬 기분을 느끼게 해줄지도 모른다. 만일 그렇다 하더라도 나의 진실한 조언에 따라주기를 바란다. 내가 왜 여러분들에게 인생 목표 리스트를 적게 하고 현실적 제약을 받지 말 것을 당부했는지, 그렇게 하는 것이 여러분에게 정말 도움이 되는 일인지 곧 알게 될 것이다.

한 변호사가 찾아와서 먼 친척의 죽음을 알리며 그 사람이 여러분에게 굉장한 재산을 남겼다는 말을 들었을 때 기분이 어떨까? 커다란 빌딩과 가구, 자동차 등이 여러분의 소유가 될 재산 목록에 올라있는 것을 보게된다면 말이다. 어쩌면 여러분의 눈을 의심하는 사람도 있을 것이다. 그리고 그 리스트를 보면서 여러분의 가족들이 짓게될 표정과 반응을 생각하면 몸이 쑤셔 견딜 수 없을지도 모른다.

지금까지 여러분이 노트 안에 적어놓은 여러 가지 항목들을 볼 때에도 이런 느낌을 가져주기 바란다. 그것들을 분명히 갖게 될 것이라는 믿음을 불어넣어야 한다. 여러분의 미래와 꿈이 담겨있는 그 노트를 항상 곁에 두어라. 아침에 일어나자마자 그리고 점심을 먹고 나서 밤에 잠자리에 들기 전, 적어도 하루에 3번은 이 노트에 적혀있는 내용을 꼼꼼히 훑어보아야 한다. 자신이 적어놓은 물건을 소유했을 때의 모습, 자신이 정해놓은 인생 목표를 이루었을 때의 모습을 상상하며, 분명히 그렇게 될 수 있다는 기대로 가슴을 뛰게 해야 한다.

이렇게 하는 것은 심리학적으로도 사람의 성취감에 영향을 준다고 한다. 앞으로 계속 책을 읽는다면 여러분도 여러분의 목표를 실현시키는데 도움이 되는 자연의 힘이 실제 움직이기 시작하는 것을 알 수 있을 것이다.

하지만 여러분이 진심으로 바라지 않는 일을 마음속에 그리고 있는 것은 곤란하다. 내가 여러분들에게 이야기하고 있는 이 방법들은 여러분이 마음 깊은 곳에서부터 진심으로 원하는 일을 생각하도록 하는 훈련인 것이다. 이미 유명한 심리학자들도, 이런 방법을 통해 사람들이 원하는 것을 성취할 수 있도록 돕고 있다.

실제로 한 지역의 조합 간부가 이 방법을 통해 자신이 원하는 바를 대부분 이룰 수 있었다. 그는 자기의 노트에 72개의 목표 항목을 적어놓았다. 그가 적어놓은 목표들은 모두 그가 정말로 원하는 것들이었고, 결국 그는 노트를 작성하기 시작한지 1년도 채 되지 않았는데 그 중 40여 개가 넘는 목표를 실현시켰다. 그의 노트에 적혀있던 항목 중 하나는 사람들 앞에서 자신감 있게 이야기했으면 좋겠다는 것이었다. 지금 그는 그가 일하고 있는 조합에서 조합원들에게 강연 활동을 하며 자신의 성공기를 멋있게 이야기하고 있다. 이 얼마나 즐거운 일인가?

한 여성은 자신의 소극적인 성격을 고치기 위해 이 방법을 배워 실천함으로서 보험계의 여왕이 된 사례도 있다. 그녀는 자신이 원하는 것이 많았기 때문에 꽤 긴 리스트를 작성하였다고 한다. 그녀는 나에게 이런 말을 했다. "노트를 만들고 제 목표들을 적는데 어떤 목표들은 제가 절대로 이룰 수 없을 것만 같았어요. 노트에 적는 것조차 망설여질 정도였으니까요. 하지만 일단 마음을 먹고 내가 그 목표들을 이루었을 때의 내 모습을 상상하자, 처음부터 그렇게 되도록 결정되어 있었던 것처럼 일이 잘 풀리고 목표를 실현시킬 수 있었어요."

지금까지 여러분에게 이야기했던 목표 작성법을 반드시 실천해주기 바란다. 그것도 아주 열심히. 여러분이 이 방법을 사용함으로서 나타나게 되는 결과는 이 책의 가치를 증명하게 될 것이다. 바라건대 다음 장으로 넘어가기 전에 최소한 3일간의 여유를 두도록 하라. 그리고 이 책을 덮어두고 있는 3일 동안 여러분 자신의 목표를 작성한 노트를 항상 여러분의 곁에 두도록 하라. 손만 닿으면 펼쳐서 볼 수 있는 곳에 두어야 한다.

휴식의 미

휴식의 비밀

사람에게 휴식은 일하는 것만큼 필요한 것이다. 적당한 휴식을 통해 육체와 정신을 더욱 맑고 편안하게 해줄 수 있으며 일의 능률도 높일 수 있기 때문이다. 그러므로 이제부터 서술할 내용에 주의를 기울일 것을 당부한다. 그리고 앞으로는 늘 새로운 장에 들어가기 전에 휴식을 취할 것을 권한다. 그렇게 하면 여러분은 이 책을 읽는 일이 보다 즐겁게 될 것이며, 또 보다 많은 것을 손에 넣을 수 있을 것이다.

휴식도 하나의 예술과정이자 미이다. 휴식의 가치를 알고 있는 사람은 많으나 완전히 휴식할 수 있는 사람은 그렇게 많지 않다.

먼저, 다음의 진리를 명심해 두어야 한다. 우리의 신체가 긴장할 때는 에너지를 소모하지만, 휴식을 취하고 있을 때는 소모된 에너지를 회복한다는 사실을 항상 마음에 새겨두어야 한다.

물론 우리는 일을 하면서 에너지를 소비하기 마련이다. 따라서 우리 몸은 누가 시키지 않아도 항상 우리가 먹는 음식물의 대부분을 에너지로 바꾸고 있다. 그러나 일을 하면서 긴장을 많이 하게되면, 긴장을 덜할 때 보다 공급하는 에너지에 비해 소모되는 에너지가 많아지게 된다. 이것은 우리 몸이 만약을 위해 저장시켜두었던 에너지까지 끌어다 쓴다는 이야기가 된다. 교통사고가 났을 때 만약을 위해 모아두었던 통장을 해약하는 것처럼. 만약 우리가 올바른 생활을 영위하며 적당한 휴식을 취하게 되면, 다음 휴식시간까지 유지할 만한 충분한 양의 에너지를 저장하게 될 것이다. 그러나 충분한 휴식을 취해두지 않으면 하루의 일과가 끝나기도 전에 우리는 피로 때문에 지치기 시작할 것이다.

올바른 휴식 방법을 배운 사람들은 일을 한 뒤에도 기력이 많이 손상되는 일을 막을 수 있다. 앉아있는 것이나 누워있는 것을 반드시 휴식이라고 말할 수는 없다. 의자에 앉아 있거나 침대에 누워 있다 할지라도 일하고 있을 때처럼 긴장하게 되면 진정한 휴식을 취하고 있는 것이라 할 수 없는 것이다. 결과적으로 양쪽 모두 에너지를 저장하는 것이 아니고 소모하게 된다.

휴식할 줄 아는 사람이 극히 드문 것은 사실이지만, 올바른 휴식 방법을 배우는 일은 어렵지 않다. 음악의 기초를 배우기는 어렵지 않지만, 훌륭한 음악가가 되려면 훈련이 필요한 것과 같다. 이번 장에서 나는 여러분에게 올바른 휴식 방법을 이야기해 줄 것이다. 하지만 더 중요한 것은 내가 알려주는 것이 전부가 아니라는 점이다. 여러분은 기회가 있으면 언제든지 효율적으로 휴식을 취하는 습관이 들 때까지는 꾸준한 연습을 해야한다.

올바른 휴식 방법을 배우기 위하여 미리 알아두어야 할 것이 있다. 그것은 모름지기 사람의 정신에 육체가 종속되어 있는 것이지 육체에 정신이 종속되어 있는 것이 아니라는 사실이다. "집을 가지고 있는 사람"이라는 말은 있을 수 있어도 "사람을 가지고 있는 집"이라는 말은 있을 수 없다. 육체가 정신의 종속물임을 안다면, 정신은 주인이고 육체는 심부름꾼이라는 사실을 이해할 수 있을 것이다. 즉, 모든 것이 마음먹기에 달려있다는 것이다.

휴식은 생리적인 것인 동시에 심리적인 것이다. 실험을 한번 해보자. 잠시 책에서 눈을 떼고 안락한 의자에 앉아 5분 동안만 휴식하도록 해보자.

5분 동안 휴식을 취하고 났더니 기분이 좋아졌는가? 대부분 별로 좋아지지 않았다고 대답할 것이다. 사람에 따라서는 오히려 조금 나빠졌다고 말하는 사람도 있을지 모른다. 여러분은 왜 휴식을 취했는데도 기분이 나아지지 않았는가? 그 이유는 간단하다. 여러분이 진정한 휴식을 모르기 때문에 휴식할 수 없었던 것이다. 아니, 그보다 쉴 마음이 없었기 때문에 그런 것이다. 이상하게 들릴지도 모르겠지만, 여러분은 편안한 마음으로 휴식을 취하는 대신 쓸데없는 긴장만 더 하게 됐을 것이다. 즉 휴식하려던 5분 동안 조금도 쉬고 있지 않았던 것이다.

간단하게나마 휴식의 법칙을 알 수 있었을 것이다. 휴식을 취할 때만큼은 정신적인 긴장은 독과 같음을 알 수 있었을 것이다. 정신적으로 긴장하고 있다는 것은 육체로 보자면 근육을 이용해 힘을 쓰는 것과 같다. 우리의 육체는 단지 우리가 시키는 대로 움직이는 심부름꾼이므로 언제든 기꺼이 우리에게 봉사하려고 기다리고 있는 것이다. 또 하나의 실험을 해보자. 여러분의 오른팔을 내밀고 몇 차례 그 손을 오므렸다 폈다 해보자. 그리고 손가락을 흔들흔들 해보자. 한두 번 팔을 위 아래로 올렸다 내렸다 해보자. 이런 일을 하는데 있어서 여러분은 조금도 거북함은 느끼지 않을 것이다. 여러분이 이런 운동을 아주 쉽게 할 수 있는 이유는 무엇인가? 정신적인 긴장상태 혹은 의식적인 힘을 이용해서 인가? 아니다! 그것은 신념을 바탕으로 한 자연스러운 욕구 때문이다. "나는 할 수 있다"는 신념이 뒷받침된 욕구가 여러분의 손과 팔이 움직이는 것을 가능하게 하였다는 것이다. 의식의 힘은 쓸 필요가 없었다. 정신적으로 전혀 긴장할 필요가 없었다. 왜냐하면 여러분은 이미 손과 팔의 운동을 컨트롤할 수 있다는 것을 알고 있었으며, 손과 팔이 여러분 자신의 정신적인 욕구에 응할 것이라는 것 또

한 알고 있었기 때문이다.

만약 우리의 생각만으로 신체의 이런 저런 운동을 컨트롤할 수 있다면, 우리가 휴식을 하고 싶다는 생각만 한다면 신체의 근육도 마음의 욕구에 응하여 휴식할 것은 당연한 논리가 아니겠는가? 이것은 틀림없는 사실이다.

이 원리를 이해하고 있다면 곧 여러분도 쉬기 위해 의자에 앉거나 침대에 눕는 그 순간부터 편안한 휴식 상태에 이를 수 있을 것이다. 그러나 그 상태에 이르기까지는 내가 이번 장에서 전수하는 간단한 방법을 더 익혀야 한다.

아마 여러분은 '고양이 잠'(역주-선잠)이라는 표현을 들은 적이 있을 것이다. 고양이는 자려고 자세를 취한 그 순간부터 잠이 들고는 겨우 몇 분 동안 잠자는 것만으로도 완전히 기력을 회복한다고 한다. 왜 그럴까? 고양이는 잠을 잘 때 코끝에서 꼬리끝까지 완전히 휴식하기 때문이다. 완전한 휴식은 잠자는데 대단히 도움이 된다. 적은 시간을 자더라도 완전한 휴식 상태로 잠을 자게되면 긴장상태에서 긴 잠을 잔 것보다 기력을 회복하는데는 효과가 있는 것이다.

다음에 서술한 것은 휴식을 위한 구체적 방법이다. 적어도 하루 한 번 더 많게는 두 번이나 세 번을 이 방법을 사용할 것을 권한다.

먼저 편안한 자세를 취하라. 침대에 누워도 좋고, 의자에 앉아도 좋다. 그 다음에는 정신적인 긴장상태를 늦추고 신체의 모든 부분에 최

면을 걸기 시작하는 것이다. 쉬고있다는 생각을 몸 구석구석에 보내 보자. 그리고 조금 전에 여러분의 손과 팔이 한 것처럼 근육이 여러분의 생각에 응답하고 있다는 생각을 해보자.

왼발부터 발가락이 쉬고있다고 생각하며 휴식할 것을 암시한다. 그 다음은 발목, 종아리, 무릎 그리고 계속하여 몸통까지 같은 생각을 한다. 그리고 팔은 손가락으로부터 시작하여 손 그리고 손목을 거슬러 올라가서 몸에 이르기까지 계속 휴식에 대한 암시를 준다. 다음에는 머리, 얼굴 그리고 목을 쉬게 한다. 실제로 몸의 각 부위를 향하여 이렇게 말한다.

"목구멍 쉬어라! 턱도 쉬어라! 목도 쉬어라!"

자, 이번에는 몸통을 쉬게 한다. 가슴으로부터 시작하여 장(腸)으로 거슬러 내려간다. 처음에는 몸 전체가 완전히 쉴 수 있는 때까지 3분에서 5분까지 걸릴 것이다. 그러나 이 순서를 몇 차례하고 나면 언제든지 완전히 쉬게 되어 늘 가뿐한 몸 상태를 유지할 수 있을 것이다. 바로 지금부터 휴식하는 일을 염두에 두도록 한다. 앉았을 때는 언제든지 편안한 휴식 상태를 떠올려라. 만약 여러분의 손이나 손가락이 움직이고 있다면, 그것은 아직 쉬고 있지 않다는 뜻이다. 다리나 발이 움직이는 것도 완전한 휴식상태가 아니라는 것을 말해주는 것이다. 여러분의 몸에게 말을 걸어 보라. 여러분의 신체는 바로 여러분 스스로의 소유물이므로 여러분의 말을 잘 들을 것이다.

만약 우리의 마음이 휴식하고 있다면 어느 때라도 휴식에 이를 수 있다. 버스나 전차 안에서도 휴식할 수 있다. 억지로 쉬지 않아도 진정한 휴식을 취할 수 있게된다. 일단 "휴식의 미"를 알고 나면 피로함을 줄일 수 있으며 일을 능률적으로 할 수 있다. 뿐만 아니라 진정한 휴식을 취할 줄 아는 것만으로도 전보다 기쁘고 즐거운 생활을 영위할 수 있을 것이다. 그만큼 휴식은 아름다운 것이다.

지금까지 우리는 신체적 측면의 휴식에 대해 알아보았다. 이번에는 휴식의 심리적 측면에 대하여 생각하여 보기로 하자.

편안한 마음이 진정한 휴식을 가져다준다

여러분을 포함한 대부분의 사람들은 늘 "나는 쉴 수가 없어." 혹은 "내겐 정말 쉴 틈이 없어."라고 이야기한다. 이렇게 말하고 생각하는 것은 여러분의 마음에 영향을 주게 된다. 결과적으로 정신, 즉 마음의 지배를 받는 우리들의 신체는 정말로 늘 쉴 수 없는 긴장상태에 빠지게 되는 것이다.

앞으로는 이런 훈련을 하도록 하자. '나는 완전히 휴식하고 있다' 또는 '나는 내 육체를 완전히 컨트롤하고 있다. 내가 마음 편히 하고 있을 때, 내 몸은 휴식한다' 라는 생각과 마음가짐을 갖는 것이 이 훈련의 기본이다.

휴식에 대하여 심리학적으로 고찰한다면 이렇게 말할 수도 있을 것이다. - 우리에게는 신체적인 휴식이 필요하듯이 심리적으로도 휴식이 필요하다고. 사실 정신적으로 쉬지 않는다면, 육체적으로 쉰다는 것은 불가능하다. 쉴 때만이라도 여러분이 안고 있던 걱정을 잠깐 잊어버리고 휴식에 전념하도록 해야한다. 여러분은 그렇게 할 수 있다. 흥미로운 사실은 여러분이 휴식을 끝내고 나서 예전에 골치 아프게 생각했던 걱정거리들을 되돌아봤을 때는 그 문제들이 전과 같이 크게 보이지 않을 것이라는 점이다. 쉬는 동안에 여러분이 놓치고 있었던 넓은 혜안과 올바른 판단력, 그리고 역경을 헤쳐 나갈 줄 아는 강한 추진력을 갖추게 되었기 때문이다.

휴식은 에너지의 축적이다

"나는 잠은 잘 자는데, 자고 일어나도 피로가 영 가시지가 않아."

주변에서 흔히 이런 말을 들은 적이 있을 것이다. 늘 피로를 떠안고 살아가는 이유는 늘 완전한 휴식을 하지 않고 있기 때문이다. 실제로 우리는 휴식을 위해 잠을 청하더라도 밤새도록 긴장하고 있어서, 몸과 마음에 내일을 위한 에너지를 저장할 수 없기 때문에 아침에 일어날 때에도 잠자리에 들 때와 거의 다름없는 피로를 느끼게 된다. 일찍 잠들고, 편히 자며, 상쾌한 기분으로 일어날 수 있는 간단한 규칙 몇 가지를 제시하면 다음과 같다.

첫째, 억지로 잠자려고 해서는 안 된다.

잠자려고 하면 할수록 오히려 눈이 말똥말똥해지는 경험을 누구든지 해봤을 것이다. 잠자리에 들면서, "가벼운 옷으로 갈아입고 푹신한 침대에서 잔다는 것"은 그 자체만으로도 매우 기분 좋은 일이라고 생각해야 한다. 그리고 잠을 잘 수 있다던가, 잠을 잘 수 없다는 데는 관심을 두지 말아야 한다. 잠자는 것은 전혀 염두에 두지 말아야한다. 여러분은 편히 쉬고 있다.

둘째, 그 동안의 걱정거리를 마음에서 쫓아내버려라.

그 순간만은 모두 잊는 것이다. 침대에 있는 동안은 걱정해도 소용이 없으므로 잠자는 동안은 그것을 잊어버려야 한다.

셋째, 발가락으로부터 시작하여 몸 전체에 이르기까지 앞에서 제시한 휴식의 순서대로 하여 본다.

만약 이 단계까지 이르게 된다면 아마 여러분은 모두 바치기도 전에 깊은 잠에 빠져 있을 것이다.

편안한 잠을 자고 난 이튿날 아침에는 전과는 달리 넘치는 에너지로 번쩍 잠이 깨는 것을 경험하게 될 것이다.

진정한 "휴식의 미"를 알고 싶다면 얼굴 표정을 관리하는 것도 중요하다. 흔히 짓게되는 여러 가지 불유쾌한 표정은 긴장에 의한 것이 대부분이다. 미간에 있는 세로로 찌푸린 주름은 생각하거나 일하고 있는 동안에 이마에 생겨나는 것이다. 눈 꼬리의 주름은 곁눈으로 보는 데서 생긴다. 입 언저리에 잡혀지는 깊은 주름은 화를 낼 때 생겨난다. 웃는 얼굴이 휴식하는 얼굴이다. 미소짓는 얼굴은 그 사람의 인품을 돋보이게 하고 가치를 높여주게 된다. 미소는 여러분의 아름다움을 더해준다. 그러므로 쉬고 있는 동안에는 얼굴에 즐거운 미소를 잊어서는 안 된다.

늘 걱정하고 긴장하며 살고 있는 사람들이 걸리는 병에 대해 쓰라고 한다면, 500~600페이지의 책이라도 쓸 수 있을 정도다. 소화불량, 혈액순환 불량, 심장병, 두통 등 셀 수 없이 많다. 하지만 올바른 휴식의 방법을 배운다면 좋지 않은 건강을 개선할 수 있다.

식사하는 데 가장 적당한 시간은 완전히 휴식하고 있을 때다. 식사 시간이 되었는데도 정신적으로 긴장을 풀지 못하고 있다면 식사를 뒤로 미루는 것이 좋다. 마음과 몸이 긴장하고 있을 때 먹는 것보다는 몇 시간 동안 식사를 하지 않고 긴장을 완화할 수 있는 휴식을 취하는 것이 낫다. 늘 긴장하고 있는 사람은 어떤 일에 대해서도, 또 누구에게 대해서도 마음에 들지 않는 법인데 그런 상태에서 식사를 하게 되면 소화가 안 되는 것은 뻔하다. 그 결과 소화불량에서 기인하는 여러 가지 병에 걸리기 쉽다.

어떤 사람이 소화불량, 변비, 두통 등으로 항상 괴로워하고 있었다.

그의 약 상자에는 언제나 작은 약방과 다름없이 별의별 종류의 약이 가득 차 있었다. 어떠한 치료방법으로도 이 불행한 남자를 구한다는 것은 거의 불가능해 보였다. 어느 심리학자가 이 남자의 생활 습관을 연구한 결과, 그가 언제나 식사를 하면서 이런 저런 일로 화를 많이 내고 있다는 것을 발견하였다. 그래서 그의 부인은 그가 즐거운 식사를 할 수 있도록 도와주기로 마음을 먹었다. 그리고 휴가기간 동안에 그의 친구에게 그가 화를 내지 않고 늘 즐거운 마음으로 식사를 할 수 있도록 분위기를 조성해달라고 부탁하였다. 결국 그는 2주일 동안 부드러운 분위기 속에서 식사할 수 있게 됨으로써 소화불량증을 완전히 고칠 수 있었다.

언제 어디서든지 마음껏 쉴 수 있는 능력을 갖추게 되면 여러 가지 좋은 점이 있다.

몇 가지 예를 들어 보면

첫째, 즐겁게 생각하게 된다. 몸과 마음이 휴식하고 있으면 생각이 훨씬 즐거워진다.

둘째, 보다 많은 에너지가 끊임없이 솟아난다. 휴식은 에너지를 저장하는 데 도움이 되므로 보다 많이 일하고, 보다 좋은 일을 하게 되며, 피로함과 무기력증이 훨씬 줄게 될 것이다.

셋째, 좋은 기분을 유지할 수 있다. 긴장은 신경질의 원인이 되는 수가 있다.

지식은 활용하지 않으면 그 가치가 없다. 완전한 휴식의 방법을 아는 것만으로는 충분치 않다. 알고 있는 것을 실생활에 응용하지 않으면, 아는 것은 무의미한 것이 되어버린다. 안다는 것을 증명할 수 있는 유일한 방법은 실천하는 것이다. 실천을 위한 몇 가지 간단하고 중요한 조언을 하면 다음과 같다.

첫째, 이번 장을 빠뜨리지 말고 꼼꼼하게 읽을 것.

둘째, 천천히 읽을 것.

셋째, 쉬고있다는 기분으로 '난 정말로 쉬고있어' 라고 생각할 것.

넷째, 낮에 2~3회 그리고 취침하기 직전에는 휴식하는 습관을 길러 둘 것. 에너지가 필요하지 않을 때는 언제나 이렇게 휴식하기를 제2의 천성이 될 때까지 실행할 것.

다섯째, 다시 한번 읽을 것.

중력의 법칙은 여러분에게도 적용된다. 물건이 든 주머니를 들고 있으면 물건은 아래 부분으로 몰리기 마련이다. 중력의 법칙이 작용하고 있기 때문이다. 사람은 태어날 때부터, 앉아 있을 때를 포함하여, 24시간 중 3분의 2는 서있는 자세로 살게 된다. 중력의 법칙은 사람에게 적용되어 비만을 초래한다. 배가 볼록하게 나오는 현상은 실은 중력에 의해 장기가 밑으로 쳐지기 때문이라고 볼 수 있다.

경사판은 이런 남녀를 위해 발명된 것이다. 이 경사판 위에 날마다

약 15분간 드러눕는 것만으로도 중력의 법칙을 거꾸로 적용시켜 내장을 본래의 위치에 되돌아가게 하는 역할을 한다.

경사판은 길이 2미터, 폭 50센티미터 정도의 널빤지라면 어떤 것이든 된다. 한쪽 끝을 의자나 침대 혹은 소파, 아니면 50센티미터 정도의 높이가 되는 단단한 것에 올려놓고 머리를 아래쪽으로 하고 고개를 치켜들어 위를 보는 자세로 이 널빤지 위에 드러눕는다. 이를 한번에 5분 정도씩 하루 한번 혹은 두번 반복한다.

경사판의 이용은 보편적으로 건강한 사람에 한하여 하는 편이 좋다. 만약 건강에 자신이 없으면 이를 사용하기 전에 의사에게 상담하여 보아야 한다.

여러분의 얼굴과 몸매를 좀더 아름답게 하고 싶다면, 경사판을 이용하라. 안전하게 그 효과를 얻을 수 있다. 여러분의 얼굴과 목에 나이가 들어 주름살이 보이고 살이 쳐지는 듯 한다면 이것 또한 중력의 법칙 때문이라고 할 수 있다. 피부가 노화되어 힘이 없어지면서 중력에 의하여 밑으로 쳐지게 되는 것이다. 경사판에 누워서 손거울을 이용해 얼굴을 한번 보도록 하라. 여러분의 얼굴이나 목의 조직이 젊었을 때의 주름이 없는 상태로 되돌아가 있음을 목격할 수 있을 것이다.

피부의 조직과 근육이 원 상태로 회복되어 가는 것을 확연히 느낄 수 있을 것이다. 동시에 중력의 법칙에 의하여 얼굴과 상체에 혈액이 공급되고 그 결과 조직과 근육에 영양을 주게 되며 강화되어 탱탱한 피부를 유지시킬 수 있다. 얼굴에 팩을 할 때도 경사판 위에서 편안하게 누운 자세로 하는 것이 가장 좋다. 팩을 하기 전에 얼굴과 목의 근육과 조직이 예전의 자리를 되찾아가도록 몇 분 동안 경사판에 그대로 누워 있어라. 그 후 팩을 하는 것이 좋다.

만약 좋은 라디오 프로가 있으면, 그 방송 시간에 맞춰 경사판을 사용하는 것도 좋은 생각이다. 경사판에 누워 있으면서 방송을 들으면 날마다 규칙적으로 경사판을 사용하는 습관이 들 것이다.

미용을 위하여 경사판을 이용하는 경우는 대개 여성들만을 위한 것이라는 고정관념을 갖기 쉽다. 하지만 사람의 근본적인 아름다움은 남녀를 불문하는 것이다. 누구나 아름다워질 권리가 있는 것이다.

72

X-ray는 장기가 쳐져 있는 사람의 수가 놀랄 만큼 많다는 사실을 밝혀주고 있는데, 이것은 중력의 법칙이 우리의 몸에도 적용되고 있다는 또 하나 증거이기도 하다. 그러고 보면 변비로 고통 받고 있는 사람이 많다는 사실은 조금도 이상할 것이 없다.

경사판은 중력의 법칙을 거꾸로 적용시켜 우리들의 건강에 도움을 준다. 변비를 없애기 위하여 경사판을 사용하는 경우에는 대장과 위가 있는 부분을 약하게 마사지하여 위를 최대한 수축시키도록 하는 것이 좋다.

여러분이 항상 신체 단련을 위해 운동을 하고 있는 사람이라면, 경사판 위에서 발을 머리보다 높게 쳐드는 것이 얼마나 효과적인 일인지 금방 알 수 있을 것이다. 중력의 법칙을 거꾸로 적용시킴으로써 신

체의 모든 기관을 원 상태로 회복시키려는 것이므로 서서하는 운동보
다 훨씬 효과적이다.

마음의 힘

세상에서 가장 위대한 힘은 내 안에 있다

이번 장은 이 책의 가장 핵심적인 부분이므로 읽기 전에 우선 휴식을 통해 심신을 편안히 하고 여러분을 괴롭히는 걱정거리들이나 문제를 모두 잊어주기 바란다.

그 후 1장과 3장에서 여러분이 쓴 목표를 회상하면서 '나는 행복하다' 라고 생각하라. 그리고 휴식하라. 이런 과정을 다 거친 후에 이번 장을 읽어야 한다.

여러분은 아치의 맨 가운데에 있는 쐐기 모양의 돌을 보면서 어떤 생각이 났는가? 사실 이 쐐기 모양은 단단한 구심, 하나로 모아지는 결속력을 상징한다.

나는 5장을 성공을 위한 정신적 과정에서 쐐기 돌로 생각하려 한다. 이 책에 담겨져 있는 모든 내용이 중요하기는 하지만, 특히 이번 장은 그 엑기스를 모아놓은 것이라 해도 과언이 아니다. 따라서 정성들여 읽어야 한다. 읽으면서 읽은 내용에 대해 깊이 생각해야 한다. 가령 어느 노동자가 자신의 일을 덜어줄 수 있는 연장을 손에 쥐게 되었다 할 지라도 그 용도나 사용 방법을 알지 못한다면, 아무 쓸모가 없을 것이다. 이제부터 서술하는 원칙도 위의 원리와 같다. 그저 단순히 쓰인 내용을 읽는 것만으로는 충분하지 못하다. 그것을 이해해야 한다. 이 조언들을 그저 아무 의미 없이 읽어 넘긴다면, 오히려 싫증이 나고 지루하게만 느껴질 것이다.

그럼, 이제부터 심리학이나 형이상학에서 오랫동안 논의의 대상이 되어 온 사람의 마음에 대하여 고찰하여 보자. 어떤 심리학자나 형이상학자는 마음이라는 것은 의식, 잠재의식, 초 의식으로 이루어져 있다고 한다. 대부분의 심리학자들은 마음이 의식과 잠재의식으로 이루어 졌다고 주장하고 있다.

마음의 본질이 오직 하나이든, 두 부분으로 구성된 것이든 사람의 마음이 가지고 있는 거대하고 무한한 힘을 인정하기 위함이라면 관계없다. 하지만 우리 같은 보통 사람들도 대개 마음이라고 하는 것을 그 본질상 이원적인 것으로 생각하고 있다. 이원적이라는 말 대신 두 개의 부분을 가진 마음 또는 두 개의 연합된 마음으로 생각하여도 좋다.

두 개의 마음은 일반적으로 의식 또는 객관적인 마음과, 잠재의식 혹은 주관적인 마음으로 불린다. 이제부터 나는 두 마음을 각각 의식과 잠재의식이라 부르기도 한다.

이번 장에서 우리는 흔히 이야기하는 두 부분의 마음이란 무엇인가를 정확히 알 수 있을 것이다. 또 앞으로 사람의 마음이 어떠한 활동을 하고 우리가 그것을 활용하여, 우리 자신과 우리가 사랑하는 사람에게 성공과 건강과 행복을 누리게 하기 위해서는 어떻게 하면 좋을 것인가를 배우게 될 것이다.

마음의 주인과 심부름꾼

의식은 의식적인 사고나 추리를 위해 활용된다. 여러분이 이 책을 읽기로 결정한 것은 의식하는 마음이 그와 같은 생각과 행동을 일으켰던 것이다. 식사를 하러 가기로 정하고 연극을 보러 가기로 정하며 여행을 하기로 정하는 등의 모든 생각과 행동은 의식하는 마음으로부터 이루어 진다.

잠재의식은 심장의 고동, 혈액의 순환, 호흡 등 우리의 육체가 하는 모든 활동을 지배한다.

여러분이 기억해두어야 할 사실이 한가지 있다.

의식하는 마음은 주인이고, 잠재의식은 심부름꾼이라고 할 수 있는 것이다. 잠재의식은 우리에게 힘을 의미한다. 하지만 여러분은 두 마음 사이에 주종관계가 성립될 수 있는가에 대해 의아해 할 것이다. 잠재의식이 객관적인 마음(의식)에 봉사한다는 것이 모순된 일이라고 생각할지는 모르겠으나, 그것은 전혀 모순 된 일이 아니다. 군대 내에서 최고의 권력을 가진 자는 그 안에 있는 것이며 그 권력의 힘은 단 한 사람의 개인, 즉 장군의 명령 하에서 유효한 것이다. 잠재의식의 힘은 군대 내에서의 장군의 힘과도 같다. 우리들이 아주 높은 정상에 오르게도 하고, 절망에 빠져들게도 한다. 이러한 마음의 힘을 물의 힘과 비교하여 보면 잘 설명이 될 것이다. 홍수 때문에 많은 생명을 잃고, 집은 떠내려간다. 이것은 인간의 힘으로는 도저히 "제어가 불가능한 물의 힘"이다. 그런데 인공 댐과 댐이 보유하고 있는 인공 저수지는 몇 천, 몇 만 평방미터나 되는 불모의 땅을 농사지을 수 있는 비옥한 옥토로 만들고, 수력발전을 통해 우리나라 전역에 값싸고 편리한 전력을 공급하고 있다. 이것은 인간의 의지로 "제어가 가능한 물의 힘"이다.

의식과 잠재의식의 상호 관계를 나타내는 간단한 예를 들어보자. 대기업의 경우를 생각해보자. 설명을 간단하게 하기 위해 그 공장의 소유자는 사장, 단 한 사람뿐이라고 생각하고 공장장이 그것을 관리하는 것으로 한다. 대부분 공장을 운영할 때 사장은 자신의 소유인 공장을 위한 모든 계획을 세운다. 그는 생산해야 할 제품을 결정하고, 생산 방법을 결정한다. 사장은 생산을 실행하기 위한 지휘권을 공장장에게 부여하고, 공장장은 그 지시를 실행한다. 때로 공장장은 사장과 의견이 맞지 않아서 협상을 하는 일도 있지만, 사장이 자기의 의견을 기어이 주장하는 경우에는 그 지도를 따라야 하는 것이 공장장의 의무이다.

그럼, 이번에는 신체를 하나의 큰 회사로 생각해 보자. 이 경우 의식하는 마음은 사장이고, 잠재의식은 공장장으로 생각할 수 있다. 다만 차이가 한 가지 있다. 회사의 공장장은 사장과 의견이 상충되거나 토론한다거나 하는 일이 있다. 그러나 잠재의식은 그런 일이 없다. 의식이 내린 지시를 최종적인 것으로 받아들이고 지시된 대로 정확히 따를 뿐이다. 만약 사장이 생산된 제품의 디자인을 바꾸고 싶다고 한다면, 사장은 이미 그 제품의 새로운 디자인을 그려보고 있을 것이다. 그리고 공장장은 새로운 디자인 된 제품을 생산하게 되는 것이다. 신체의 내부에서도 이와 같은 일이 일어난다. 사람이 의식적으로 무언가를 생각을 하게 되면 잠재의식은 그 생각을 지시로 받아들여 행동으로 옮기게 되는 것이다.

자, 그럼 또 다른 관점에서 여러분이 염두에 두고 있어야 할 점은, 사장의 생각이 회사의 발전을 위한 건설적인 생각일 것이라는 점이다. 한 회사의 사장이라면 자기 회사의 제품이 나쁘게 되기를 일부러 기도하지는 않을 것이다. 그런 일이 있을 수도 있다고 생각하는 것은 굉장히 바보 같은 일이다. 한 회사의 사장이라면 자신이 소유하고 있는 회사의 발전적인 변화를 위해 끊임없이 노력하고 연구하는 사람일 것이다. 그렇게 하지 않는 사장은 사장으로서의 자격이 이미 상실된 것이다.

우리의 공장장, 즉 잠재의식은 우리에게 매우 충실하며, 또 상상하기 힘들 정도의 엄청난 힘을 가지고 있다. 회사의 사장이 그렇다고 해서 꼭 우리의 의식이 좋은 생각만 하는 것은 아니다. 우리가 '어쩐지 기분이 안 좋다', '난 너무 늙어버렸어', '무슨 일을 해도 꼬이기만 해!' 와 같은 비관적이고 파괴적인 생각을 한다면, 잠재의식에게 우리의 신체나 행동이 그렇게 되도록 명령하고 있는 셈이 되는 것이다. 이와 반대되는 경우도 마찬가지이다. '나는 인생의 성공자야', '내 몸은 건강해 질 수 있어', '내 몸에는 힘이 넘쳐나고 있어' 와 같은 긍정적이고 건설적인 생각을 하는 것은, 잠재의식에게 우리의 신체나 행동이 건강하고 즐겁게 유지되도록 지시를 내리는 것이라 할 수 있는 것이다.

누구에게나 마음을 다스리는 능력이 있다

나는 오랜 세월에 걸쳐 내가 수집한 많은 경험과 자료를 바탕으로 여러분이 진정한 성공을 거머쥐고 완전한 행복에 이르는 지름길을 일러줄 것이다.

그럼, 이제 의식과 잠재의식의 관계를 이해하는 데 도움이 될 다른 예를 들어보자.

여러분은 커다란 인쇄소를 방문하여 주조 식자기(활자를 식별하여 활자 그대로 인쇄하는 대형 인쇄 기계)를 본 일 이 있는가? 만일 보았다면, 분명히 깜짝 놀랐을 것이다. 인쇄공이 타자기처럼 생긴 커다란 타이프라이터의 키를 누르면, 그 큰 기계가 마치 살아있는 것처럼 활기차게 움직이기 시작한다. 활자의 주형이 위로부터 내려온다. 그리고 그 주형은 주조하는 곳으로 운반되어 활자로 주조된다. 그 후 기계에서 길다란 팔이 뻗쳐와서 활자의 주형을 주워 올려 원래 있던 장소로 가져다놓는다. 모든 과정이 꼭 마법 같았다.

인쇄공이 〈e〉라고 표시된 키를 누르면 〈e〉대신에 〈g〉 혹은 〈f〉가 나오는 일은 절대로 없다. 〈e〉라고 표시된 키를 누르면 틀림없이 〈e〉라는 활자가 되어 나오는 것이다. 이러한 인쇄 과정은 우리 마음의 구조와 같은 것이다. '기분이 나쁘다' 라는 키를 누르는데 창조하는 기구가 '기분이 좋다' 라고 대답하는 일은 절대로 없는 것이다.

여러분 중 대부분은 자동차를 운전할 줄 알 것이다. 그렇다면 이제 자동차를 예로 들어 보자. 자동차를 출발시키려 할 때 여러분은 어떤 생각을 하는가? 스타트에 연결되어 있는 배터리를 생각할까? 제너레이터에 대하여? 점화 스위치에 전기를 공급해주는 배전기를 생각할까? 아니면 변속기어를? 모두 아니다! 단지 여러분은 자동차의 키를 꽂고 돌려서 시동을 걸어 출발하는 것에 대한 생각을 할 것이다.

자동차의 핸들을 조종하는데, 자동차 내부의 세부적인 곳까지 생각하며 조종할까? 핸들을 꺾는 장치 안에 있는 기어라든가 실제로 차를 회전시키기 위한 정교하고 복잡한 구조에 대한 생각은 하지 않을 것이다. 오직 핸들을 좌우로 돌릴 뿐이다. 여러분은 핸들의 조작에 따라 자동차 내부의 여러 부분들이 자동적으로 움직인다는 것을 본능적으로 알고 있기 때문이다. 핸들을 오른쪽으로 꺾으면, 자동차가 어느 방향으로 향할지를 이미 다 일고 있기 때문이다. 오른쪽이든 왼쪽이든 여러분은 자동차의 움직임 때문에 놀라는 일은 없을 것이다. 여러분 스스로가 조종한 일이기 때문이다.

질문하나를 해보겠다. 여러분은 이미 내 질문에 대한 답을 다 알고 있을 것이라 생각한다. 사람들이 스스로에 대해 '나는 잠재의식이 부족하며 잠재능력도 별로 없다' 라고 생각하게 되면, 실제 자기가 가진 탁월한 능력을 발휘하지 못하며 이룰 수 있었던 진정한 성공과 행복을 차지할 수 없다는 나의 생각이 이상한 것일까?

나의 주인은 바로 나

다음 장에서 여러분은 인간이 가진 의식과 마찬가지로 잠재의식도 사고(思考) 능력을 가지고 있다는 것을 알게 될 것이다. 그러나 둘 사이에는 분명히 다음과 같은 차이점이 있다. 의식은 마음껏 생각할 수 있는 생각의 자유, 사고의 자유를 가지지만 잠재의식은 그것이 옳든 그르든 오로지 의식으로부터 전달되는 생각의 바탕 위에서만 사고할 수 있다.

이러한 논리가 나오는 이유는 무엇일까? 자세히 살펴보면, 두 마음의 상대적인 크기에 대하여 바르게 이해할 수 있을 것이다. 의식의 크기는 지극히 미미하지만 잠재의식의 크기는 눈으로 보이기 때문에 굉장히 커 보이기 마련이다. 힘이라는 것은 원자력에 의하여 실증되고 있는 바와 같이 크기가 문제되지 않는다. 전쟁은 우리에게 가장 작은 것이 가장 강력한 것임을 가르쳐 주었다. 원자력이 그 예가 된다. 인간은 커다란 기관차를 타고 여행을 한다. 인간 역시 작은 존재이지만 커다란 기관차를 조종하고 제어할 수 있는 능력을 가지고 있다. 따라서 인간이 잘못 조종한다면 열차는 간단하게 파괴되어 버릴 수도 있는 것이다.

앞으로 이 책을 통해 여러분은 잠재의식의 강력한 힘이 의식하는 마음의 완전한 지배 하에 있다는 것을 알 수 있을 것이다. 또 여러분이 긍정적이고 건설적인 생각을 하게되면 여러분들에게 좋은 방향으로 작용하고, 비관적이고 파괴적인 생각을 하게되면 여러분의 신체나 행동에 나쁜 결과를 가져다준다는 사실을 알게 될 것이다.

　이제 다음 장으로 넘어가기 전에 잠재의식을 재교육하는 일을 하고자 한다. 심리학자들은 수천 회에 걸친 인터뷰와 연구 결과 인간의 98%가 소극적인 방향으로 기우는 마음을 가지고 있음을 밝혀냈다. 늘 활동적이고 긍정적으로 일하는 사람과 무기력하게 일하는 사람을 비교해보면, 양자의 차이는 육체적인 것이 아니라는 사실을 알 수 있다. 그것은 교육의 문제이며 근본적인 차이는 그들의 사고방식에 있는 것이다. 긍정적인 사람은 늘 '나는 할 수 있어!' 라고 생각하는 데, 부정적인 사람은 늘 '나는 할 수 없어. 세상은 왜 이 모양이지' 라고만 생각하기 때문이다.

　이제부터 서술하는 조언에 충실히 따르기를 여러분에게 부탁한다. 먼저 아침에 눈을 떴을 때부터 잠자리에 들 때까지 생각날 때마다 몇 차례씩 다음과 같이 말한다.

> 내 힘은 넘쳐나고 있다!
> 내 힘의 한계는 없다!
> 나는 무엇이든 할 수 있는 능력을 가지고 있다!

거리를 걸으면서 이 말들을 자기 자신에게 되풀이하여 들려준다.

그렇게 할 때마다 여러분은 확실히 고조된 감정을 느낄 것이다. 혼자 있을 때라면, 목소리를 높여 말해 보는 것도 좋다. 약간 가락을 곁들여 노래하듯 하여도 좋다.

> 내 힘은 넘쳐나고 있다!
> 내 힘의 한계는 없다!
> 나는 무엇이든 할 수 있는 능력을 가지고 있다!

경제적인 파산으로 인해 절망하고 있던 사람이 이 방법을 통해 그의 운명을 바꾸기도 하였다. 끊임없는 자기 암시를 통해 자기 자신에게 힘을 부여하여 결국에는 자신이 상상조차 할 수 없었던 높은 능력을 보여주었던 것이다. 지속적으로 속삭여라. 게을리 하지 않고 계속하게 되면 이번 장이 끝날 때쯤에는 여러분의 마음속에 새로운 정신이 싹트고 있음을 알고 놀랄 것이다. 마치 새로 발명된 기계를 보고 놀라움과 흥미를 느끼게 되는 것처럼. 그러나 그 기계를 어떻게 사용하는지를 모른다면, 그 기계는 여러분에게 소용없는 물건이 되어 버린다. 어디에 쓰는 기계인지를 아는 것만으로는 충분하지 못하다. 그 기계가 여러분을 위해 유용하게 쓰이도록 하기 위해서는 그 사용법을 배워야 한다.

마찬가지로 여러분은 지금까지 지능과 힘의 원천이 되는 잠재의식에 대하여 알아보았다. 그러나 우리 자신이 잠재의식을 가지고 있음을 아는 것만으로는 충분하지 못하다. 이 힘의 원천을 어떤 방법으로 끌어내는지, 안다는 것의 힘을 올바르게 활용하는 방법은 무엇인지를 알아야한다. 결국 여러분은 여러분의 의식의 생각할 수 있는 능력이 잠재의식에 의하여 끊임없이 발휘되는 능력에 비하면 너무나 보잘것 없음을 알게 될 것이다.

여러분은 의식적으로 호흡을 조절할 수 있는가? 여러분은 의식적으로 심장의 고동을 빠르게 혹은 느리게 할 수 있는가? 혈액 순환은?

여러분의 몸 속에는 지금까지 인간이 만든 어느 것보다도 완전한 화학 연구소가 있다는 사실을 알고 있는가? 이 연구소는 여러분이 먹는 음식물로부터 비타민과 미네랄, 혈액, 뼈, 조직, 에너지에 필요한 요소를 추출하고 있다. 여러분은 연구소의 활동을 의식적으로 조절할 수 있는가?

이 모든 질문에 대한 답은 '아니오!' 일 것이다. 여러분은 일생을 통하여 위에서 예를 든 활동의 어느 하나도 해낼 의식의 힘을 얻을 수는 없을 것이다. 뿐만 아니라 여러분의 의식은 한번에 한 가지 일밖에는 해낼 수 없지만, 잠재의식에 의하여 그 이외의 헤아릴 수 없는 모든 활동이 동시에 행해지고 있다. 그 모든 일을 가능하게 하는 것은 바로 우리의 창조력, 잠재의식인 것이다.

잠재의식, 그 무한한 가능성

잠재의식은 본능에 의해 작용하는 것임이 이미 입증되었다. 그런데 잠재의식은 본능적으로 활동할 뿐만 아니라 생각하는 능력, 즉 사고 능력도 가지고 있다. 결국 잠재의식을 의식과 별개로 생각할 수 있다.

우리는 어떤 음식을 데우기 위해 먼저 가스레인지에 열을 가하고 음식을 적당한 냄비에 넣어 뚜껑을 덮고 올려둔다. 이렇게 하면 저장된 열의 힘으로 냄비 안에 들어 있는 음식물은 알맞게 요리되는 것이다.

잠재의식도 가스레인지를 사용하는 것과 같은 방법으로 활용할 수 있다. 만약 어떤 문제를 잠재의식에 넘기면, 우리의 의식이 다른 생각을 하고 있는 동안에도 잠재의식은 사고에 의하여 그 문제를 해결하게 되는 것이다.

이제 새로운 이야기를 해보자. 여러분은 컴퓨터를 사용할 줄 아는가? 키보드로 이런 저런 내용을 입력시킬 때 여러분의 의식은 무수히 많은 다른 생각을 할 수 있다. 여러분 자신은 아니라고 생각하겠지만, 그것은 잘못된 생각이다. 여러분이 처음으로 타이프를 배웠을 때는 틀림없이 의식적으로 집중해서 타이프를 쳤을 것이다. 그러나 연습이 누적되면서 여러분의 잠재의식이 그것을 지배하여 여러분의 손가락에 명령을 하게 됨에 따라 비로소 신경을 곤두세우지 않고도 재빨리 타이프를 칠 수 있게 된다.

자동차 운전도 마찬가지다. 이미 운전 경력이 쌓인 사람들은 의식적인 힘이 아닌 잠재의식의 힘에 의해 운전을 할 수 있는 것이다. 처음 운전을 배울 때는 분명히 너무 의식한 나머지 온 몸이 긴장상태가 되었을 것이다. 그때는 익숙지 못한 드라이버였을 것이다. 어떤 동작도 의식을 통해 명령해야했다. 차를 세울 때는 이렇게 생각한다. '크러치를 떼어놓고 액셀러레이터 발을 떼어놓는다. 그 후 브레이크를 밟는다' 이러한 동작을 일일이 신경 써가며 해야하기 때문에 시간이 꽤 걸리는 것이다. 결과적으로 초보운전자들은 다른 사람들보다 재빨리 할 수 없었으므로 사고를 일으키는 수가 많게 되는 것이다. 그러나 어느 정도 시간이 지나면서 운전이 몸에 익게되면 무의식이라고 하는 잠재의식이 운전하는 일을 지배하게 된다. 그리고 여러분은 차츰 노련한 운전자가 되어간다. 어쩌다 차를 급히 세워야 할 일이 생기더라도 의식의 명령을 기다리지 않고, 이미 익숙해져버린 동작들을 무의식적으로 행하면서 필요한 동작을 재빨리 해치운다.

여러분은 음악을 좋아하는가? 피아노나 다른 악기들을 연주할 수 있는가? 여러분이 만약 어떤 악기를 능숙하게 연주할 수 있다면 그렇게 되기까지 어떤 과정을 겪었는가? 연주하는 것을 배우기 시작하였을 때에는 틀림없이 끊임없는 노력과 연습을 했을 것이다. 의식의 힘으로 말이다. 그러나 연습이 쌓이면서 잠재의식이 그 일을 지배하게 되고, 여러분의 악기 연주 실력은 점점 훌륭해 질 것이다. 악보가 술술 읽혀지고, 잠재의식이 여러분의 악기 연주를 편안하고 화려하게 도와줄 것이다.

여러분이 글을 쓸 때는 어떠할까? 머리를 싸매고 몇 일 밤을 새고 나서야 겨우 원고지 한 장을 완성하곤 하지 않는가? 그런 사람은 아직 글을 쓰는데 있어서 숙달의 경지에까지 이르지 못하였다고 할 수 있다. 글을 많이 써본 사람돌은 써야 할 소재와 주제에 대해서만 생각하고 나면 잠재의식이 그 다음 줄거리를 전개하고 이야기들을 써나가곤 한다.

훌륭한 연사는 자신의 강연을 의식의 힘으로 하는 것일까? 강의를 하는 사람이 강의의 주제를 정확히 알지도 못하고 단지 자신이 메모해온 것들을 녹음기처럼 읊어대기만 한다면, 그 이야기는 전혀 흥미롭지 못할 것이다. 훌륭한 연사는 자기가 이야기하려는 주제를 알고 있으며, 잠재의식으로부터 그 주제와 관련된 이야기들이 자연스럽게 이야기할 수 있는 사람이어야 한다.

여러분은 이제 무의식의 세계, 즉 잠재의식이 우리의 의식 세계보다 훨씬 넓고 무한하다는 것을 배웠다. 그러나 가장 중요한 것은 우리의 의식은 주인이고 잠재의식은 하인이라는 점이다. 아무리 거대한 능력이라도 사람의 생각 앞에 무릎을 꿇을 수밖에 없으며 세상에 못할 일은 전혀 없는 것이다.

이 사실을 안다는 것이 얼마나 가치 있는 일인지 꼭 알아두어야 한다. 인생을 성공으로 이끌지 못하고 있는 사람들은 잠재의식을 제대로 지배하지 못하는 사람인 것이다.

불은 여러분의 주인이 되기도 하지만 심부름꾼이 되기도 한다. 제어할 수 없는 불은 생명을 앗아가고 재산을 송두리째 날려버리는 파괴의 근원이 될 수 있다. 그러나 지배 영역에 있는 불을 이용하면 실생활에 매우 유용한 빛, 열, 힘을 공급할 수도 있다.

잠재의식을 지배하게 되면 여러분은 성공, 건강, 행복을 차지할 수 있지만, 지배하지 못하거나 지배당하게 되면 실패, 가난, 나약, 괴로움에서 헤어나지 못하게 되는 것이다.

더 이상 잠재의식에게 지배당하지 말고, 오히려 그것을 지배하고 적극적으로 활용하는 방법을 우리는 알아야 한다. 잠재의식을 지배하는 일은 절대 어렵지 않다. 중요한 것은 그 힘을 깨닫는 데 있으며 여러분의 명령에 복종한다는 사실을 아는데 있다.

계속 읽기 전에 여러분에게 부탁할 것이 두 가지 있다. 첫째, 지금 여기서 읽는 것을 멈추고 맨 처음으로 돌아가 1장을 다시 읽어주기 바란다. 그 후 지금까지 읽었던 내용을 철저하게 생각해보도록 하라. 여러분이 가지고 있는 잠재의식의 힘을 깊이 새겨 넣고 그 힘을 믿어라. 여러분이 바로 그 힘의 주인이다. 여러분은 이제 여러분을 성공과 무한한 행복의 세계로 인도하는 힘의 주인이 될 것이다.

둘째, 잠재의식은 무의식의 세계라고는 하지만 스스로 문제를 해결하거나 스스로 생각하지 않는다는 점을 기억하라. 무의식을 지배하고 있는 사람은 궁극적으로 여러분 자신이기 때문에 여러분이 마음속에 있는 선택 버튼을 눌러주어야 하는 것이다.

무의식을 지배하라. 그러면 여러분은 진정한 성공자로 기억될 수 있을 것이다.

잠재의식의 지배를 꿈꾼다

잠재의식을 어떻게 지배하는가? 이 질문에 대한 대답은 믿을 수 없을 만큼 간단하다. 여러분의 사고가 즉, 잠재의식에 대한 지배이다. 여러분이 행복한 생각을 하게되면, 그 생각은 잠재의식을 지배하게 되어 여러분의 가슴 가득히 기쁨과 행복의 감정을 선물한다.

실패 혹은 가난에 대한 생각을 하게 되면, 여러분의 마음속에는 실패나 가난이라는 감정이 가득 차게 될 것이다. 힘없는 걸음걸이, 얼빠진 눈, 자신감 없는 목소리. 여러분의 모든 행동은 실패한 사람들이 흔히 하는 행동으로 뒤범벅이 될 것이다.

반대로 성공과 부유함에 대해 생각한다면, 그 생각이 여러분의 잠재의식을 지배하게 되어 성공과 부유함의 분위기를 만들어 내게 된다. 활기찬 걸음걸이, 빛나는 눈, 자신감이 넘치는 우렁찬 목소리.

나는 뉴욕에서 광고 대리점을 한 적이 있었다. 사업을 확장하다보니 우리 회사는 어쩔 수 없이 빚을 지게 됐었다. 정확히 말한다면 3만 달러의 적자를 낸 상태였다. 나는 그 빚을 해결하기 위해 내가 가지고 있는 돈 전부를 사업에 투자하였으나 결국 빚도 갚지 못한 채 부도의 위기에 몰리게 되었다. 많은 채권자 중의 두 사람은 소송을 제기하였고, 주변의 친한 친구들에게도 폐를 끼치게 되었다.

며칠 동안 나는 사무실에 나가기가 고통스러웠다. 사무실 문을 여는 순간부터 퇴근할 때까지 빚을 독촉하는 채권자들의 전화가 쉴새없이 걸려왔기 때문이다. 어느 날 아침, 식사를 기다리면서 그 날 또 받아야 하는 시달림을 생각하고는 괴로워하고 있을 때였다. 나는 우연히 같은 사업에서 크게 성공하고 있는 사람들에 대한 생각을 하게 되었다. '내가 하지 못한 일을 그들은 어떻게 해낸 것일까?' 하고 나 자신에게 물어 봤다. 신체적인 조건이 차이가 나는 것은 분명 아니었다. 그렇다고 전문지식이 차이나는 것도 아니었다. 오히려 나보다 전문지식이나 경험이 부족한 사람들이 성공하고 있는 것이 아닌가…. 곰곰이 생각해본 결과 나는 성공하고 있는 사람들과 성공하지 못한 사람들의 유일한 차이는 의식의 문제임을 깨닫게 되었다. 남에게 고용된 사람들은 자기의 위치를 고용 당하는 것 이외에는 생각하지 못하기 때문에 늘 고용되는 것으로 만족하며 사는 것이다.

강렬한 햇살이 구름 사이를 뚫고 우리를 비추듯, 그동안 나의 시야와 자신감을 가리고 있었던 어두운 그림자가 사라지는 것을 느꼈다. 불과 몇 분전만 하더라도 회사에 나가는 것이 끔찍하기만 했었는데 마음가짐을 바꾸고 나니 서둘러 회사에 나가고 싶어지는 것이었다. 나는 급히 아침 식사를 끝내고 버스 정류장으로 달려갔다.

회사에 도착하자마자 서무를 보는 여직원에게 채권자 리스트를 가져오게 하고, 모든 채권자들에게 일일이 전화를 걸기 시작하였다. 빚의 규모가 가장 큰 채권자에게 먼저 전화를 했다. 그 회사의 사장에게 전화를 걸어서 부채를 남김없이 정리하겠다는 약속을 하고 미안하지만 조금만 더 기다려 주길 부탁했다. 그의 첫 질문은 이러했다. "뭐 좋은 일이라도 생겼소?" 나는 이렇게 대답하였다. "아닙니다. 그러나 나는 가장 중요한 것을 얻게 되었습니다. 그것은 그 동안 잊고 살았던 자신감과 긍정적 사고입니다." 그는 내 말을 듣고는 이렇게 말했다. "당신을 믿겠습니다. 당신의 목소리가 이미 나에게 신뢰감을 주고 있군요. 도와드리도록 하겠습니다."

이런 방법으로 채권자들을 차례로 만나가며, 금갔던 믿음을 회복시키기 시작했다. 많은 사람들이 도와줄 것을 약속하였다. 그 후 나의 변화된 모습은 채권자의 과격한 행동을 진정시켰을 뿐아니라, 1년 사이에 모든 부채를 갚을 수 있는 원동력이 되었다. 사업에서 성공한 것은 두말할 나위도 없었다.

행동(motion)은 감정(emotion)을 불러일으킨다. 여러분이 어떤 동작을 반복하게 되면 그 행동은 습관화되어 여러분의 일부가 되어버리는 것을 의미한다.

받아들이기 어려운 생각이라도 그 생각을 자주 되풀이하게 되면, 시일이 경과함에 따라 그 생각이 당연한 것처럼 여겨지게 되는 것이다. 믿기 어렵다면 기분이 우울해졌을 때, 충분히 휴식하고 몇 분 동안 자기 자신에게 이렇게 말해보라. **'나는 행복하다!'**, **'나는 행복하다!'**, **'나는 행복하다!'** 어느 샌가 마음을 뒤덮고 있던 우울한 구름이 가시게 될 것이다.

그렇다. 매일 아침 식사하기 전, 밤에 잠자리에 들기 전에 노트와 펜을 준비하여 여러분의 의식에 새겨 두고 싶은 마음가짐에 대해 써볼 것을 권한다. 여러분은 이제 자기 자신에게 강한 신념을 갖게 해야 한다. "나는 성공할 수 있으며 사람들에게 호감을 받고, 훌륭한 인품을 소유할 수 있으며, 튼튼한 몸을 가진 매력적인 사람이 될 수 있다."는 신념을 가져야 한다.

자기 자신에게 들려주고 싶은 말을 아침저녁으로 적어도 20회 써보자. '나는 신념을 가지고 있다! 아침은 대단히 중요한 시간이다.' 이러한 생각들은 여러분의 무의식의 세계 즉, 잠재의식을 지배하여 행동으로 나타나게 된다. 저녁시간은 더 중요하다. 잠재의식은 결코 우리가 잠자는 시간에도 절대 잠들지 않는다. 따라서 좋은 생각을 밤마다 잠재의식에 부여하게 되면, 의식이 자고 있는 동안에도 신념을 현실로 만들기 위한 활동을 계속하고 있는 것이다.

만약 경제적인 자유를 얻는 것이 여러분의 목표 중 하나라면, 노트와 펜을 준비하여 아침이건 밤이건 간에 다음과 같이 쓰도록 하라.

'나는 반드시 성공한다' 한번으로 그치지 말고, 몇 번이고 써야한다. 매일 아침, 매일 밤 이 일을 반복한다. '나는 반드시 성공한다', '나는 반드시 성공한다'

지금 여러분의 건강이 좋지 않다면, 자기의 건강에 관한 적극적인 문장을 써보는 것도 좋은 방법이다.

'나의 몸은 전보다 건강해지고 있다'

질병 때문에 몸도 마음도 고생스럽고 쳐지는 듯 하면, 자신의 생각을 좀더 활기차고 긍정적으로 바꿀 필요가 있다. 이렇게 써보는 것을 어떨까? '나는 행복하다', '나는 진정 행복하다!'

좋은 생각들을 쓰는 습관을 들이면서 그것들을 자신의 내부 깊숙한 곳에 신념으로 자리잡도록 하는 일을 해야한다. 여러분의 마음속에 슬그머니 나쁜 생각이 다시 들어오는 것 같으면 적극적인 생각으로 그것을 몰아내야 한다.

자동차의 현 상태를 알 수 있도록 도와주는 계기판이 없었다면, 우리는 매번 자동차를 망가뜨렸을 것이다. 냉각수가 바닥이 나 버린 것을 모르고 있으면, 물 넣는 것을 잊게 되어 엔진이 뜨겁게 달궈져 고장의 원인이 될 수도 있을 것이다. 오일을 깜박하면 베어링을 다 태워 버리게 될 것이다. 자동차의 밥과 같은 연료가 다 떨어지는 것도 모르게 될 것이다. 그러나 우리는 계기판의 도움으로 이 모든 일들을 해야 할 정확한 때를 알 수 있다.

생각의 힘은 매우 강력하다. 소극적인 생각은 음울함, 슬픔, 괴로움과 나약함 그리고 정신적·물질적 빈곤을 가져다 준다. 적극적인 생각은 건강, 부유함과 번영 그리고 행복을 예고한다. 우리가 생각하는 것을 정확히 안내하는 마음의 계기판같은 것이 있다면 소극적이고 나약하며 우리자신을 파괴하는 생각이 우리의 마음속으로 들어오지 못하도록 경계할 수도 있을 것이다.

생각의 저울

소극적 · 비관적 생각  적극적 · 긍정적 생각

적극적 생각

사랑　우정　이해　끈기　건강　지구력　관용　활기　존경　성공

소극적 생각

증오　질투　분노　포기　질병　허약　이기심　무기력　멸시　실패

　자동차의 계기판을 무시하게 되면 차를 망가뜨리게 됩니다.

　냉각수가 떨어지면 엔진이 과열되기 때문에 그 전에 물을 채워야 하고, 베어링의 마모를 막기 위해서 오일을 넣어줘야 합니다. 그리고 제때에 연료도 주입시켜야 합니다. 이 모든 활동을 하지 않으면 분명 차에 문제가 생기게 되는데, 그것을 막아주는 역할을 계기판이 해내고 있는 것입니다.

　우리의 생각은 불과 같습니다. 불은 잘 사용하면 인간에게 유익하며 생활에 없어서는 안 될 주요 자원이 되지만, 잘못 사용하면 우리가 가진 모든 것을 앗아가게 됩니다. 생각도 마찬가지입니다. 우리가 좋은 생각을 하면 우리의 삶은 정말 즐겁고 행복한 삶이 되지만, 나쁜 생각을 하면 정말로 힘들과 괴로운 삶이 되는 것입니다.

　소극적인 생각들은 우울함, 슬픔, 비극, 질병, 가난을 초래합니다. 그러나 적극적인 생각들은 우리에게 건강, 재산, 행복을 선물합니다. 자동차의 계기판처럼 생각을 지배할 수 있다면 우리는 소극적, 파괴적 생각들이 우리의 마음에 들어오지 못하게 막을 수 있습니다.

　이 도표가 바로 우리의 생각에 대한 계기판 혹은 저울의 역할을 해줄 것입니다. 소극적 생각이 당신의 마음에 들어오려고 할 때마다 저울의 바늘은 적신호를 보낸다는 사실을 명심하십시오. 소극적 생각은 당신에게 상처를 줍니다. 이제부터는 여러분의 건강을 증진시키고, 재산을 늘릴 수 있으며, 행복한 삶을 살 수 있도록 밝은 생각만 하면서 살아가십시오! 우리는 모두 행복해질 권리가 있습니다.

현명하게 일하라

억만 장자가 가진 최대의 자산은?

억만 장자의 가장 큰 자산은 무엇일까? "물론 헤아릴 수 없을 정도의 많은 돈이겠지!"라고 대답할 것이다. 그러나 그 대답은 틀린 것이다. 억만장자의 최대의 자산은 돈도 아닐뿐더러 그가 가진 땅도 아니며, 사회적 권력이나 명예도 아니다.

이렇게 말하면 어떤 사람은 이렇게 결론지을지도 모른다. 억만장자가 가진 최대의 자산이 돈이 아니라면, 그가 가진 가장 귀중한 자산은 억만 원을 만드는 그의 탁월한 능력일 것이라고 생각할 것이다. 이 의견은 어느 정도 맞는 말이지만 '능력' 이라는 말의 해석을 어떻게 하느냐에 따라 다르다. 만일 이 능력을 교육정도라든가 사업에 대한 전문지식 정도의 의미로 해석한다면, 잘못 생각하고 있는 것이다.

억만 장자의 최대의 자산은 그 스스로가 "나는 나를 성공한 사람이라고 생각하고 있다"는 사실 자체이다. 즉, 마음속으로 성공을 의식하고 있는 것이 그 생각의 실체이다. 자신에 대한 믿음, 성공에 대한 확고한 의지가 바로 그가 가진 최고의 자산인 것이다.

대학은 매년 사회에 나가 성공할 수 있을 정도의 교육을 받은 수십, 수백만 명의 졸업생을 배출하고 있지만, 정상에 이르는 사람은 극히 소수에 불과하다는 사실을 통계가 증명하고 있다.

성공한 사람과 그렇지 못한 사람사이에는 어떤 차이가 존재하는 것일까? '나는 절대로 실패하지 않는다' 라고 생각하는 것만으로도 성공할 수 있다. 그런 사람들의 마음속에는 늘 '나는 성공한 사람이다' 라는 글자가 대문짝만하게 새겨져있기 때문에 실패는 들어올 자리도 없는 것이다.

이 원리는 우리 모두에게 해당된다. 여러분이 가지고 있는 잠재의식은 신비로운 힘을 지니고 있다. 그것은 하루도 빠뜨리지 않고 24시간동안 여러분에게 봉사할 뿐 아니라, 의식이 다른 일에 쫓기고 있을 때도 여러분의 근본적인 문제 해결을 위한 활동을 계속한다. 골치 아픈 생각을 하고있더라도 숨쉬기 운동은 계속되고 있으며, 심장이 쉬지 않고 고동치는 것처럼.

잠재의식을 제대로 활용하기 위하여 이런 일을 한번 해보는 것도 괜찮다. 편안한 휴식 상태에서 눈을 감고 마음속으로 지금까지 읽었던 각 장의 내용을 한번 더 상기하여 보는 것이다. 동시에 자기는 보다 풍요롭고 보다 행복한 생활의 기초를 토닥토닥 다지고 있다고 생각해보는 것이다. 이 방법을 통해 여러분은 이 책을 활용도를 높일 수 있을 뿐만 아니라, 잠재의식을 충분히 발달시킬 수 있을 것이다.

가끔 우리는 어떤 문제로 곤경에 처했을 때, '눈을 감고는 잠에서 깨어났을 때 내 걱정거리들이 다 해결되어 있으면 얼마나 좋을까' 라는 생각을 한번쯤 해봤을 것이다.

로버트 업디그라프는 "사람들이 자신의 목표를 생각만큼 빨리 실현시키지 못하는 이유는 지능이라든가 사업적 능력, 전문지식의 결여와는 별로 관계가 없다. 그러한 생각을 하는 것은 오히려 '**마음의 절반**'만을 몇 시간이고 며칠 동안이고 혹사시키는 꼴이 된다. 우리는 지칠 정도로 열심히 일만 하면 결과도 더 커지고 일의 효과도 더 올라가는 것으로 생각하고 있다. 사실은 그렇게 열성을 다하여 일한다 하더라도 성과가 오르지 않는다는 사실을 알아야 하며 도리어 정신적인 피로만 가중시키게 되는 것을 부끄럽게 생각해야한다."라고 말하고 있다. 업디그라프가 말하는 〈마음의 절반〉은 "의식의 세계"를 의미한다. 그것은 무의식의 세계, 즉 잠재의식이 가지고 있는 무한한 힘을 활용하려 하지 않고 모든 일을 의식의 세계 안에서만 해결하려 하는 사람들의 답답한 모습을 지적한 것이다.

이번 장에서 여러분은 잠재의식이 자기를 위한 힘이 되게 하는 습관을 만들어야 한다. 이 충실한 심부름꾼은 매일 24시간 근무를 계속하고 있다. 그리고 이 위대한 힘, 우리를 자유롭게 할 수 있는 이 무한한 원천의 이용 방법을 배움에 따라, 여가시간과 가족을 위한 시간적 여유도 얻을 수 있을 것이다.

일을 많이 하는 사람은 언뜻 보기에는 일을 하지 않는 것처럼 보인다. 미국 대통령은 매년 약간의 휴가가 있지만, 그의 어깨에는 많은 업무가 얹혀있다. 대기업의 사장도 규칙상 한 해에 적어도 두 번의 휴가는 있으나, 그에 비해 많은 일을 감당해내야 한다. 어느 유명한 회사의 간부는 언젠가 자기가 하는 일을 전부 합하면 1년 열두 달 걸려도 해내지 못할 정도이지만, 자신은 이것을 10개월 동안에 해내고 있다고 말한 적이 있다. 과연 이 말이 의아하게만 들릴까?

앞장에서 나는 앞으로 계속되는 각 장에는 각각 중심이 되는 주제가 있다는 이야기를 한 적이 있다. 이번 장의 주제는 '잠재의식은 의식이 잠을 자는 등의 이유로 활동을 멈추고 있거나, 다른 즐거운 일에 주의를 기울이고 있는 동안에도 우리를 위해 최선을 다한다' 라는 것이다.

여러분은 이 사실로 미루어 다음과 같은 꽤 바람직한 결론을 얻을 것이다. 성공은 끊임없이 일만 한다고 되는 것이 아니라 자신이 즐겨 할 수 있는 취미활동이나 오락활동을 적절히 하면서도 충분히 이룰 수 있는 것이라는 점이다. 이것은 건설적으로 창조적인 계획을 세우는 데 잠재의식의 힘을 이용함으로써 가능하게 된다. 의식은 잠재의식이 활동하여 얻는 결과를 행동으로 옮길 뿐이다.

토머스 J. 허드슨은 그가 주관적인 마음이라 부르고 있는 '잠재의식의 힘'을 "주관적인 마음의 활동을 통해 나타나는 모든 현상은 의식을 통해 표현된다. 주관적인 마음은 항상 민첩하게 움직이고, 잠자지 않고 일하며 항상 지켜보고 있다. 그것은 여러 가지 능력을 가지고 있다. 수학적 천재들은 모두 무의식, 즉 주관적인 마음의 힘을 빌어 자신의 이론을 확립시키곤 했다. 그들이 보여주는 놀랄만한 힘은 많은 연구가들에게 잘 알려지고 있다. 간단히 말한다면, 주관적인 마음(의식)은 객관적인 마음보다도 훨씬 강한 것임이 밝혀지고 있는 것이다. 이것은 매우 중요한 진리이다."라고 말하고 있다.

지금쯤 여러분은 이런 궁금증이 생길지도 모른다. '만일 내가 가진 무의식의 세계가 24시간 동안 쉬지 않고 활동하고 있다면, 그것이야말로 정신적인 피로를 쌓이게 하는 것이 아닌가?' 이 질문에 대한 나의 대답은 "지금도 잠재의식은 매일 24시간 활동하고 있다."는 것이다. 따라서 그것이 적극적이고 건설적인 방향으로 움직이지 않으면 소극적인 생각에 따름으로써 여러분에게 불리하게 작용할 것이다.

두 가지를 강조하고 싶다. 첫째, 여러분이 잠재의식을 잘 활용하기만 한다면 현재의 일을 보다 손쉽게 그리고 보다 즐겁게 할 수 있을 것이다. 둘째, 여러분이 잠재의식을 잘 활용하기만 한다면 찬란한 성공의 길을 열어주는 길잡이가 될 것이다.

이 시점에서 나는 책을 읽는 것을 잠깐 멈추고, 잠시 동안 지금까지 읽었던 내용에 대하여 눈을 감고 생각하도록 권하고 싶다. 그리고 몸과 마음 모두가 편안한 상태에 이를 때까지 편안한 휴식을 취해야 한다. 이 책은 늘 가장 편안하고 이상적인 컨디션을 유지하며 읽어야 그 효과가 더욱 높아지기 때문이다.

모든 해답은 자기 자신에게 있다

잠재의식을 받아들이지 않으면, 성공할 수 없다. 그리고 잠재의식을 충분히 활용하지 않으면, 완전한 행복을 이룰 수 없다. 그렇다면 이번에는 우리 스스로가 잠재의식을 다스리는 방법을 알아보자.

첫째, 잠재의식은 하루 종일 활동하면서 우리에게 이롭게도 하고, 불리하게도 할 수 있다는 사실을 알고 있어야 한다.

둘째, 잠재의식은 우리 자신에 의해 활동하고 있다는 사실을 알고 있어야 한다.

그것은 여러분이 적극적이고 건설적인 생각만을 갖도록 하고 있기 때문이다.

셋째, 잠재의식을 지배하려 할 때는 자기가 원하는 목표를 명확히 해야한다.

건강이나, 회사에서의 승진, 그리고 행복을 얻는 것 등 우리가 이루고자 하는 목표는 굉장히 다양해질 수 있다. 그런데 우리의 잠재의식은 우리의 목표를 그대로 받아들인다. 그리고 그 목표를 분명히 하면 할수록 우리의 잠재의식은 그 목표를 위해 더욱 빠르게 실질적인 활동을 하게 된다. 간단히 말하면, 여러분이 어떠한 소망을 갖고 있든지 잠재의식은 끊임없이 움직이고 있으니 되도록 크고 분명한 목표를 설정하라는 것이다.

넷째, 마음을 편히 해야한다.

지금까지 읽은 것을 잘 생각해 보면 우리가 가진 의식의 힘, 우리가 늘 하고 있는 생각의 힘을 모두 합쳐도 잠재의식, 즉 무의식이 가진 힘과는 비교도 할 수 없음을 알 것이다.

7장은 괴로움과 그 극복법에 대한 이야기로 할애되고 있다. 그곳에서 얻는 것은 여러분을 참으로 행복하게 할 것이다.

다섯째, 신념을 가져라.

우리는 잠재의식을 통해 전보다 훨씬 윤택한 삶을 살아갈 수 있으며, 잠재의식에 대한 지배권은 전적으로 우리 자신에게 있는 것이다. 의식은 주인이고, 잠재의식은 하인이라는 말의 원리를 완전히 이해해야한다.

한 부인이 나에게 상담을 요청했다. 그녀에게는 무능한 남편이 있었다. 그녀는 남편에게 옷을 살 돈도 타내지 못하였으며, 두 아이를 돌보는 데 쫓겨 돈벌이를 할 시간도 없었다. 그녀는 내 조언이 다른 사람에게나 해당하는 것이지 그녀 자신과는 상관없는 이야기 같다고 말했다. 그녀에게는 아무런 희망이 없으며, 더군다나 자기 계발을 위한 시간조차 없다고 생각하는 것이었다.

나는 그녀에게 모든 문제에 대한 대답은 잠재의식속에 있다는 것을 이야기해 주었다. 그리고 잠재의식을 신뢰하고, 그것과 끊임없이 교감한다면, 분명히 행복해질 수 있을 것이라고 일러주었다. 한 시간이 넘는 상담이 끝났는데도 그녀는 자신의 처지에 대한 비관을 거두지 않았다. 그 만큼 그녀는 자기의 생각에 집착하고 있었다.

6개월 후, 그녀는 다시 나를 찾아왔는데 내가 다시 알아보지 못할 정도로 많이 변해 있었다. 그녀는 나와의 상담 후 집에 돌아가서는 잠재의식에 대해 곰곰이 생각해보았다고 했다. 그리고는 잠재의식을 믿고, 그것을 활용하려는 노력을 하기 시작했다고 한다. 남편과의 관계를 원만하게 하고 싶다는 그녀의 강한 열망은 잠재의식에게 전달되었다. 결국 그녀가 원하는 것은 그녀 스스로에 의해서 실현될 수 있었다. 그녀는 자기의 결혼 생활이 이제 정상적으로 이루어지고 있다고 말했다. 그녀는 이제 훌륭한 옷을 한 벌 가지고 있으며, 항상 즐거운 마음으로 아이들을 키우고 있다. 아이들은 이제 그녀에게 성가신 존재가 아니고 기쁨이었다. 그리고 자신이 원하는 바를 이루었다는 굉장한 축복을 얻게된 그녀는 처음 찾아 왔을 때보다도 몇 년은 더 젊어 보였다.

내가 이 부인의 사례를 좀 더 빨리 이야기했다면, 여러분 중 몇 사람은 너무 지나친 얘기가 아니냐며 비웃었을지도 모른다. 그러나 지금까지 책을 꼼꼼히 읽은 여러분은 이 부인이 얻게된 행복이 보편적인 일이며, 당연히 기대할 만한 일이라고 생각하게 되었을 것이다.

지금까지 나는 잠재의식이 가진 힘을 일상생활 속에서 활용하는 방법에 대한 이야기를 해왔다. 하지만 일상생활 속에서뿐만 아니라 아주 중대한 결정을 해야하는 상황 속에서도 잠재의식은 그 해결책을 제시해 줄 것이다. 예를 들어 직장을 바꾼다든가, 새로운 사업을 시작한다든가, 집을 사야하는 등의 특별한 결정을 해야할 때 우리에게 늘 충실한 잠재의식은 올바른 선택을 하도록 도와줄 것이다.

잠재의식은 하루 24시간 활동한다. 그리고 그것은 우리가 딴 생각을 하거나 잠을 잘 때조차 끊임없이 운동하고 있다. 그러므로 잠재의식과 인생의 중대사를 상담하기에 가장 적당한 시간은 잠자리에 들기 전이라든가, 휴식을 취하기 위한 준비를 할 때이다.

이 원칙의 중요성을 완전히 이해하게 되면, 내가 전에 이야기한 '12개월 걸려도 다 할 수 없는 일을 10개월에 끝낸 회사 간부'가 지극히 정상적인 사람이라는 것을 알게 될 것이다. 그는 휴가 기간동안 요트를 타고 자신의 별장에서 쉬면서 맡은 일을 끝내버릴 수 있는 힘을 잠재의식에 부여했던 것이다. 여러분도 그렇게 될 수 있다. 여러분도 일과 휴식 사이에 적절한 밸런스를 유지하는 쾌적한 생활을 영위할 수 있다.

그렇다면 지금부터 잠재의식으로부터 특별한 협조를 얻기 위해 지켜야 할 사항에 대해 알아보자.

첫째, 쉬어라.

몸도 마음도 쉬어야 한다. 휴식에 대한 방법을 서술한 4장을 다시 읽어보는 것도 좋다.

둘째, 여러분에게 닥친 중대한 문제를 생각해보아야 한다.

생각을 할 때는 진지한 마음으로 임하는 것이 당연하지만, 그 문제를 두려워해서는 안 된다.

다른 사람에게 그 일을 시킨다면 무엇을 어떻게 해야 하는지에 대해 설명을 할 것이다. 다른 사람에게 그 일을 설명하듯이 잠재의식에게도 그렇게 하라. 문제를 두려워 할 필요가 없다고 한 이유는 두려움도 여러분의 의식이 되어 잠재의식에 영향을 미치기 때문이다. 소극적인 생각은 여러분을 소극적인 사람으로 만들기 마련이다.

셋째, 문제 해결을 항상 염두에 두고 있어야 한다.

여러분이 문제를 해결했을 때의 모습을 상상하라. 잠재의식을 신뢰하면, 문제가 해결되었을 때의 모습을 상상하는 것은 그리 어려운 일이 아닐 것이다. 잠재의식은 항상 여러분에게 기쁜 마음으로 봉사할 준비가 되어 있다는 사실을 기억하라.

넷째, 이 모든 것을 다 하고 난 후에는 여러분의 문제를 의식에서 지워라.

그리고 적당한 때에 해결 방법이 나올 것으로 기대하고 조용히 기다린다.

예를 들어 서술해 보자. 내일 아침 10시에 중요한 약속을 했다. 그리고 그때까지 중대한 결정을 해야 한다. 여러분이 올바른 결정을 내리는데 도움이 되도록 오늘 밤 여러분은 잠재의식을 불러낼 것이다. 어떻게 하면 좋을까? 위에 서술한 절차대로 했다면, 내일 아침 10시 전에 잠재의식을 통해 대답이 나올 것으로 믿고 편안하게 잠을 청하면 그만인 것이다.

여러분이 아침에 일어났을 때 상상치도 못한 일이 생겨버린 것 때문에 깜짝 놀랄 것이다. 아침에 일어나면 문제를 어떻게 해결해야 하는지 그리고 왜 그렇게 해야 하는지에 대한 이유까지도 이미 여러분의 의식 속에 들어와 있기 때문이다. 그 설명도 극히 논리적이고 전혀 의심할 여지가 없을 정도이다.

이렇게 한 번 해봅시다

지금부터 다음 장으로 넘어가기 전까지 잠재의식이 여러분을 위하여 활동하게 하는 연습을 해보도록 하자. 여러분을 괴롭히는 생각들을 모두 적어 놓고, 하나하나 읽으면서 잠재의식의 도움을 빌려 해결책을 찾아본다.

눈을 지그시 감고 마음속에 그림을 그려보자. 〈집〉이라는 말을 했다면, 마음의 눈으로 집을 그려보는 것이다. 그것은 자기 집일수도 있으며, 친구의 집일수도 있으며 또 여러분이 그 동안 살고 싶어하던 꿈의 집일지도 모른다. 어떻든 간에 여러분이 보는 것은 누군가의 집이지, '집' 이라는 글자는 아닐 것이다. 우리의 마음은 말로 생각지 않고, 그림으로 생각하고 있는 것이다.

잠재의식은 의식, 즉 우리가 하고 있는 생각의 영향을 받게 된다. 만약 소극적인 생각을 하고 있으면 우리는 소극적인 반응을 얻을 것이며, 적극적 생각을 갖고 있으면 우리는 적극적인 반응을 얻을 것이다. 이것은 대단히 중요한 일이다. 여러분의 마음속에 그려지는 그림은 잠재의식이라는 필름에 의해 나타나는 사진과 같은 것이다. 그리고 그것은 마치 건축가가 청사진을 사용하는 것과도 같은 이치이다.

마음으로 보기

보는 것에는 두 가지 종류가 있다. 눈으로 보는 것과, 마음으로 보는 것이다. 우리는 육체의 눈으로 보는 것보다도 훨씬 많은 사물을 마음의 눈을 통하여 보고 있다. "한 줄기의 광선도 두뇌에는 이르지 못한다."라는 말처럼 모든 광선은 눈 안에 있는 망막에서 멈춰버린 채, 그보다 더 깊은 곳에는 닿지 못한다. 다만 빛의 인상만이 두뇌에까지 전달된다.

우리가 실제로 보는 범위는 눈앞에 있는 대상에서 정지하고 마는 것은 아니다. 우리의 시야를 몇 개의 목적물에 맞추고 나면 목적물의 그림은 눈을 통하여 두뇌에 투영된다. 그러나 이 그림은 고정되어 있는 것이 아니다. 육체의 눈으로 보고 나면 우리가 가지고 있는 마음의 눈이 그 동안 보았던 영상이나 그림을 조립하면서 그 목적물의 다른 면을 계속 보는 과정을 진행한다. 가령 여러분이 육체의 눈으로 어떤 집을 보게되면, 마음의 눈은 그 집안에 있을지도 모르는 물건들을 만들어 포착할지도 모른다. 이것이 바로 우리가 흔히 이야기하는 '상상' 이라는 것이다. '상상' 이라는 단어를 웹스터 사전에서 찾아보면 '마음의 영상, 혹은 지각에 나타나지 않는 물체의 형서' 라고 정의되어 있다.

무언가를 읽을 때 육체의 눈은 인쇄된 글을 쫓고 있으나, 마음의 눈은 이 말들의 조합에 의해 나타나게 되는 사람이라든가 물체의 그림을 만들어 내고 있는 것이다. 그런데 어떤 두 사람이 같은 글을 읽는다 해도 마음속의 그림이 똑같이 나타나는 것은 아니다. 여러분이 만들어내는 마음의 그림은 여러분이 늘 했던 생각들이 일반화를 거쳐 형성된 틀에 의해 결정되는 것이다.

만약 여러분이 적극적이고 건설적인 마음을 갖고 있다면, 마음의 그림도 적극적인 성격의 것이 될 것이다. 그러나 만일 여러분이 소극적이고 비관적이고 어두운 마음을 가지고 있다면, 마음의 그림도 소극적인 성격의 것이 될 것이다.

육체의 눈으로 보는 세상이나 상상력에 의하여 만들어지는 내 안의 세상이나 모두 우리의 마음이 지대한 영향을 미치고 있다는 것을 알아야 한다.

잠재의식은 의식의 명령에 따라 우리의 행동을 결정한다. 그리고 우리 인간은 말로서가 아니라 영상의 형태로 생각하는 것임을 알게되었다. 결국 우리가 그리게 되는 마음의 그림은 잠재의식에 의하여 행동으로 옮겨지게 되는 것이며, 그 원천이 된다는 사실을 알 수 있는 것이다.

지금까지 서술했던 내용을 바탕으로 다음과 같은 결론을 내릴 수 있다 - 현재는 지금까지 생각해 온 사고방식에 의하여 결정된 것이다. 그렇다면 미래의 삶은 오로지 지금부터 우리가 가지게 될 사고방식에 달려 있다. 생각만으로도 기분 좋은 이야기가 아닐 수 없다. 그 이유는 현재 나의 처지가 만족스럽지 않다면, 사고방식을 바꿈으로써 그리고 새로운 생각의 틀을 만듦으로써 내 삶을 변화시킬 수 있다는 뜻이기 때문이다. 간단하지만 명쾌하고 즐거운 일이다.

나는 앞장에서 여러분이 늘 '내 힘은 넘쳐나고 있다!' 는 생각을 하도록 권한 일이 있었다. 만약 내 말대로 그렇게 해 왔다면 그 생각을 할 때마다 기분이 상쾌해지는 것을 느낄 수 있었을 것이다. 이번에는 다음 장으로 넘어가기 전에 하루에 몇 차례씩 다음의 짧은 문장을 되풀이하기 바란다.

> 나는 성공할 수 있다! (I can be a Success!)
> 나는 성공 할 것이다! (I will be a Success!)
> 나는 성공한다! (I am a Success!)

아침에 일어나면 이 문구를 몇 차례 되풀이하라. 그리고 낮에도 그것이 떠오를 때마다 반복한다. 잠자리에 들기 전에도 이 순서를 잊지 말아야 한다. 굳이 순서를 지켜서 말을 해야하는 이유는 여기 있다. '나는 성공할 수 있다' 라는 생각은 **인지 단계**이다. 그렇게 생각함으로서 여러분은 자신이 분명 성공할 수 있다는 사실을 인지하게 되는 것이다.

'나는 성공 할 것이다' 라는 생각은 **깨달음의 단계**이다. 알다시피 사고방식이 올바르면 성공하는 것은 그리 어려운 일이 아니다. 그리고 여러분은 자신이 성공할 수 있다는 사실을 깨닫는 것 자체가 이미 올바른 생각이다. 올바른 생각은 성공에 대한 확신을 준다.

마지막으로 '나는 성공한다' 라는 생각은 여러분 자신을 성공한 사람으로 **도장을 찍는 단계**이다. 실천한다면 성공할 것이다. 그때 이미 성공이 바로 자신의 것임을 알고 있기 때문이다. 성공은 이미 여러분에게 현실이 되어 있을 것이다.

성공할 수 있다는 것, 그리고 꼭 성공할 것이라는 생각을 하는 여러분은 이미 성공한 사람이다. 성공은 이미 여러분 것이다.

걱정할 필요 없다

괴로움은 성공, 건강, 행복의 가장 큰 적이다

불행하다는 것은 대부분의 시간을 괴로워하는데 소비하고 있다는 말과 동일하다. 우리 주변에는 괴로워하면 안 된다든가, 괴로워하는 것은 아무런 도움이 안 된다고 충고해주는 사람은 많다. 여러분도 역시 '걱정'이나 '괴로움'은 인생에 전혀 도움이 안 된다고 생각할 것이다. 하지만 결국 다음과 같은 질문을 할 것이다. **"그런데 어떻게 하면 걱정이나 괴로움으로부터 해방될 수 있는 거지?"**

괴로움의 실체가 어떤 것인지 이해하는 것만으로도 그것을 극복하는 데 크게 도움이 될 것이다. 우리는 말이 아닌 그림과 영상으로 생각하고 있다. 괴로움이란, 마음속에 여러분이 바라는 것이 아닌 바라지 않는 것을 그려놓고 있는 것이다. 이것이 진리임을 증명하려면 잠깐동안 괴로움을 분석해보면 된다. 지금 여러분이 고통이라든가 아픔으로 괴로워하고 있다면 마음속에 무엇을 그리고 있는 것일까? 마음속에 건강한 모습을 그려놓고 있지는 않을 것이다. 병들어 있으며 그 병이 점점 악화되어 가고 있는 자신의 모습을 그려놓고 있지는 않은가?

직업이나 직장 때문에 괴로워할 때는 마음속에 어떤 그림을 그리고 있는 것일까? 껑충 뛰어 오른 월급을 받는 모습, 모두가 부러워할만한 지위로 승진한 모습을 그리고 있는 것일까? 그렇지 않을 것이다. 해고당해 다른 직장을 구하려고 무척 힘들어하고 있는 모습을 마음의 그림으로 보고 있을 것이다. 여러분은 직장에서 쫓겨나 가족들의 눈치를 보며 길거리를 배회하는 실업자가 되고싶은가? 모두 하나같이 '아니오' 라는 대답을 할 것이다. 원하지 않으면서, 바라지 않으면서 왜 그런 그림을 마음속에서 물리치지 않는가?

사업이 잘 풀리지 않아서 괴로워하고 있을 때는 마음의 눈으로 어떤 그림을 보고 있을까? 경기가 호황을 누리고 벌어들인 돈을 잔뜩 넣은 커다란 트렁크를 가지고 은행에 가는 여러분의 모습을 보고 있는가? 아마 그렇지 않을 것이다. 사업이 점점 기울어 종국에는 완전한 파산 상태를 겪고 마는 모습을 볼 것이다. 여러분이 바라지 않는 상태의 그림이다.

"나의 두려워하는 그것이 내게 임하고 나의 무서워하는 그것이 내 몸에 미쳤구나(욥기 3:25)"

이 구절은 물어 볼 것도 없이 "두려움은 두려움을 끌어들인다"는 속담의 근원이 된 것이다. 여러분은 어떠한 난제에 봉착했을 때 '나는 정말 그게 두려워' 라는 표현을 쓴 일이 있는가? 틀림없이 있을 것이다. 특히 문제가 악화되기 시작하면, 흔히 들을 수 있는 표현이다. 그런데 무언가를 두려워하고 있으면 그 문제가 우리를 피해 가는 것이 아니라 실제로 일어나게 되는 것은 우연의 일치일까?

두려움이나 괴로움은 더 많은 두려움을 불러오게 된다. 이것은 사실이다. 그러면 이제부터 두려움이 두려움을 끌어들이는 이유를 알아보자.

자연은 우리의 두려움에 대해 벌로써 응징하지 않는다. 바로 여러분 자신이 온갖 두려움과 괴로움을 자기에게 끌어들이는 것이다. 여러분의 마음속에 소극적인 성격을 띤 그림을 그려 넣고 있다면, 자연은 결코 그것에 대해 질문을 하지 않는다. 여러분이 그것을 진정으로 원하는지 아닌지에 대해 묻지 않는 것이다.

만약 여러분이 잠깐의 실수로 원래 걸려던 전화번호가 아닌 엉뚱한 번호를 눌렀을 때, 여러분을 골탕먹이기 위해 일부러 엉뚱한 사람과 연결을 해준 것이 아니냐며 전화국 쪽에 화를 낼 수는 없는 것이 아닌가? 문제의 근본은 늘 여러분 자신에게 있다. 여러분이 잘못된 번호를 누름으로서 전화국의 복잡한 기계를 작동시켜 엉뚱한 사람을 불러낸 것이다. 여러분이 소극적인 마음의 그림을 가지고 있다면, 여러분의 몸과 마음 그리고 여러분이 하고 있는 사업이나 인간관계 전부가 소극적인 형태로 나타나게 되는 것이다. 말을 바꾸어 보면, 마음속에 잘못된 그림의 다이얼을 돌려 엉뚱한 결과를 초래하게 하였다는 말이다. 3장에서 이야기했던 목표 리스트의 작성은 그런 의미에서 또 한 번 그 중요성을 실감하게 한다. 목표 리스트 작성은 여러분의 소망을 현실화 할 수 있는 과정 중 하나인 것이다.

잠재의식은 반드시 우리의 몸 안에 갇혀 있는 것은 아니다. 그것은 우리 몸 안에도 있으며 우리 주위에도 있다. 그것은 방을 꿰뚫고 도시를 넘어 국경과 세계를 초월하기도 한다. 잠재의식은 의식과는 관계 없이 스스로 생각하는 능력을 갖고 있으므로 신념을 가지고 자신의 목표와 희망을 마음속에 그린다면 그 모든 것은 기필코 실현 될 것이다. 잠재의식은 우리의 목표를 이루게 하는 수단과 방법을 강구한다. 그러므로 여러분이 해야할 일은 원하는 것, 바라는 것을 자기의 마음에 그리는 일이다. 소망하는 태도는 금물이다. 소망한다는 것은 소극적인 것이다.

목표 리스트에 다시 한번 되돌아 가보자. 이번에는 종이 위에 쓰인 글자를 읽는 대신 자기가 목표 하나하나를 실제로 이루었을 때의 모습을 마음에 그린다. 만약 목표가 신체적인 것이라면 건강한 모습을 그리는 것이다. 목표가 물질적인 것이라면, 그 목표들을 이루어서 기분 좋게 활용하고 있는 모습을 그린다.

이 방법을 지속한 후에 얼마간의 시간이 지나면 여러분은 자신의 목표가 하나둘씩 실현되어 가는 것을 목격하고 놀라게 될 것이다. 여러분은 보이지 않는 손의 인도로 자기도 모르는 사이에 여러분 자신이 목표를 실현하는 데 필요한 일을 하고 있는 것을 보게 될 것이다.

대학에서 내 강의를 수강한 어느 학생이 나에게 이런 편지를 보내왔다. "저는 교수님의 수업을 받게 된 지 거의 1년이 다 되어 가는 학생입니다. 1년 전 교수님의 수업을 듣고 바로 목표 리스트를 작성하기 시작했습니다. 그리고 얼마 전, 리스트를 확인하면서 저는 놀라지 않을 수 없었습니다. 그 목표들 중에 오직 하나를 제외하고는 모두 실현되어 있었고, 실현되지 않은 것도 거의 구체화되어 가고 있었습니다. 처음에 목표 리스트를 쓸 때는 목표가 너무 많아서 거의 실현 불가능할 것이라고 생각했었는데, 교수님의 강의가 도움이 많이 되었던 것 같습니다. 정말로 감사합니다."

어느 날은 한 젊은 부인이 내게 찾아와서 내 이론이 바람직하긴 하지만, 실생활에는 별 도움이 되지 않을 것 같다는 이야기를 한 적이 있었다. 자기는 지금까지 여러 가지 일을 소망해왔으나, 지극히 당연한 일을 제외하고는 이루지 못하였다고 말했다. 그녀는 '소망했다'는 간단한 말속에 실패의 원인이 숨겨져 있음을 모르고 있었다. 그녀는 여러 가지를 '소망했다'라고 말하고 있었다. 나는 그녀에게 목표 실현을 소망하는 것에 그치지 말고 그것을 이루었을 때의 모습을 끊임없이 생각하며 이미 이루었다고 자기암시를 주라고 일러주었다. 그러자 그녀는 활기를 되찾았으며 "선생님의 말씀이 옳은 것 같군요"라며 마지막 말을 남겼다.

그녀는 이렇게 말했다. "생각해보니 지금까지 저는 늘 걱정과 괴로움만을 생각하며 살아왔던 것 같아요. 그리고 언제나 어김없이 무언가 어려운 일이 생기더군요. 하지만 이제는 달라지겠어요. 저 자신을 믿고 제가 성공 할 수 있다는 것과 이미 성공했다는 생각만 하면서 살아가겠어요." 1년도 채 되지 않아서 이 젊은 부인은 자기의 목표를 실현시킬 수 있는 완벽한 방법을 알고 있다며 주변 친구들에게 자신 있게 이야기하며 살아가고 있다. 그리고 그녀는 자신의 꿈을 현실로 만들고 있다.

괴로움을 물리치고 행복한 삶을 살기 위하여

이제 우리는 우리의 생각이 주변에 어떠한 영향을 주는가에 대해 알아볼 것이다. 나아가서 우리의 생각이 현실화되는 과정에 대해 이야기하게 될 것이다. 이를 통해 여러분은 여러분의 생각이 좋든 나쁘든 여러분의 마음속에 그려지는 생각들이 언제나 현실화된다는 원리를 알게 될 것이다.

꿈이 현실로 되는 과정은 대부분 다음과 같은 세 단계를 거친다.

첫째 단계는 〈인지〉의 단계다. 무엇보다 자기 자신의 생각이 중요하다는 것, 자기 자신의 생각이 자신의 생활 방식에 결정적인 방향을 제시하여 준다는 것을 인지하는 것이다.

둘째 단계는 〈깨달음〉의 단계이다. 우리가 생각하는 것은 그대로 현실화된다는 것, 우리의 미래를 바꾸기 위해서는 현재에 안주하지 말고 끊임없는 자기 계발과 암시를 통해 변화를 가해줘야 한다는 것을 깨닫는 것이다. 이러한 깨달음은 우리가 아련하게 꿈꾸기만 했던 소망들을 현실로 받아들이게 해준다. 즉, 예측이라든가, 희망, 어떠한 시도를 뛰어넘어 성공과 건강과 행복을 얻은 인생이 바로 우리의 인생이라는 것을 알게 해주는 것이다.

셋째 단계는 〈현실화〉의 단계이다. 이 단계에 우리가 알아야 할 것은 "내 운명의 주인은 바로 나다. 내 영혼의 주인도 바로 나다. 나는 내 영혼을 완벽하게 지휘하는 지휘자다."라는 점이다.

어느 날 방송이 끝난 뒤, 한 사람으로부터 전화를 받았다. 그는 나와 저녁 식사를 함께 하자면서 방송의 소재가 될만한 성공담이 있으니 시간을 좀 내달라는 말을 건네 왔다. 그의 이야기는 정말로 누구에게나 감동을 줄 만한 것이었다.

이 남자는 피치 못할 사정으로 어느 조그만 제조 회사를 인수하게 되었는데, 그 회사는 부도 직전의 위기를 맞고 있었으며 당장이라도 압류를 당할 형편이었다. 때마침 그의 건강은 별로 좋지 않았고, 사업에 대한 경험도 거의 전무한 상태였다. 그는 자기가 그런 상황에서 벗어날 수 있는 유일한 방법이 기적뿐이라고 생각했다.

모든 것을 포기하고 싶을 정도로 힘들어하던 어느 날, 그는 잠에서 확 깨는 듯한 기분을 느꼈다. 그의 마음속에 가득 차있던 어두운 그림자가 걷히는 것을 느낄 수 있었다. 그는 그때 심리학 공부를 시작하고 있었으며, 벌써 〈인지〉의 단계를 지나 〈깨달음〉의 단계에 대한 이론을 공부하려던 찰나였다. 어느 날 그는 '왜 나는 그동안 잠재의식을 이 사업을 회생시키는데 활용하지 않았을까?' 라는 의문을 갖게 되었다. 그리고 그는 그 자리에서 잠재의식을 사업을 다시 일으키는데 활용해보기로 결심하였다.

그때부터 상황은 호전되기 시작하였다. 그는 모든 부채를 정리하였을 뿐만 아니라, 10만 달러 이상이나 되는 기계도 구입할 수 있게 되었다. 경제적인 성공을 거두었던 것은 물론이고 좋지 않았던 건강도 크게 개선되었다. 그는 당찬 목소리로 이렇게 말했다.

"이제 저는 무언가를 원한다고 말하지 않습니다. 이미 제게는 무엇이든지 풍족히 손에 넣을 수 있는 열쇠가 쥐어져 있기 때문입니다."

괴로움을 극복하는 일곱 가지 단계

이제 나는 괴로움을 극복하는 일곱 가지 단계에 대해 이야기할 것이다. 신중히 이에 따르면, 커다란 효과를 거둘 수 있을 것이다.

첫 번째 단계 – 괴로움은 정적(靜的)인 것이다. 마음의 눈이 두려움에 떨면서 우울, 공포, 재해와 같은 상상의 그림을 가만히 응시하고 있는 소위 정신적 마비와 같은 심리 상태인 것이다.

괴로움을 극복하는 첫 단계는 **"마음속에 괴로움이 들어오는 것을 허락하는 것이 여러분이 가지고 있는 모든 가능성을 파괴하고 행복을 빼앗을 수 있다는 것을 인정하는 것"**이다.

두 번째 단계– '과연 어떻게 하면 제 머릿속에 가득 차있는 걱정거리와 괴로움을 없앨 수 있을까요?' 이런 질문은 괴로운 일로 시달림을 받고 있는 거의 대부분의 사람들이 나에게 던지는 질문인데, 나는 이런 질문을 받았을 때는 언제나 다른 질문으로 반문하고 있다. "괴로워한다고 해서 여러분의 문제가 해결 될 수 있습니까?" 물론 대답은 "아닙니다."로 정해져 있다.

이 시점에서 "걱정하지 마십시오."등으로 위로하는 것은 좋은 충고가 되지 못한다. 오히려 불완전한 충고이다. "괴로움을 주는 문제들에 대해 잊어버리시오."라고 권하는 것은 괴로움보다도 더 비참한 상태를 안겨주게 된다. 그리고 괴로워하고 있는 사람에게 괴로워하지 말라고 하는 것은 해결이 되거나 말거나 문제를 방치하라는 이야기밖에는 안 된다. 적어도 괴로워한다는 것은 문제의 존재를 인정한다는 뜻을 내포하고 있는 것이다.

따라서 이럴 경우에는 **'괴로움을 해결해줄 수 있는 건설적인 생각들을 하도록'** 해야한다. 괴로움의 자리를 건설적인 생각들로 채우다 보면 어느새 그 문제는 해결되어 아무것도 아닌 것이 될 것이다.

세 번째 단계 – 괴로움이란 진정으로 원하지 않는 마음의 그림을 갖는 것이다. 즉, 원하지 않는 것에 대해 생각하는 것이 바로 괴로움이다. 우리는 이 말에 다음과 같은 사실을 덧붙일 수 있다. 괴로움이라는 마음의 그림은 실제로 잠재의식에 영향을 주어 성격을 소극적이고 파괴적으로 만든다. 그것은 잔잔한 호수와도 같은 평화로운 마음에 돌을 던지는 행위이며 자연의 섭리를 거스르는 일인 것이다. 그러므로 세 번째 단계는 **'괴로워하는 것은 인생에 아무런 도움이 되지 않을 뿐 아니라, 오히려 괴로움을 더욱 깊게 하는 역할을 할 뿐이라는 사실을 아는 것'**이다.

한 남자가 새 직장을 얻었는데 그는 자신의 직장에서 해고당할까봐 늘 조바심을 내고 두려워하고 있었다. 과거에 그는 새 직장을 잠깐 사이에 잃고만 일이 있었는데 그러한 경험이 그에게 고정관념과 두려움을 안겨주게 된 것이다. 그는 이번 직장에서도 같은 일이 일어나지는 않을까라는 공포에 괴로워하고 있었다. 그러던 중 그는 직장을 잃을지도 모른다는 두려움을 갖는 대신에 현재의 일을 보다 잘 수행하는 데 온 힘을 집중하는 것이 나은 일이라는 충고를 받았다. 충고에 따른 결과, 직장을 잃기는 커녕 몇 차례의 승진까지 하게 되었다.

네 번째 단계 – 아무리 어려운 문제라도 해결책은 다 있는 법이다. 이 진리를 알고 있다면 더 이상 괴로워할 필요가 없지 않은가? 여러분 **자신이 무엇이든 해결할 수 있는 능력을 가진 사람이라는 것을 인정하게 되면 마음 가득히 괴로움보다는 오히려 기쁨이 채워지게 될 것**이다.

괴로워하고 있다는 것은 마음을 혼란케 하는 문제를 극복할 수 있는 자기의 능력을 신뢰하지 못하고 있음을 뜻하는 것이다.

만약 여러분의 마음을 어지럽게 하는 문제를 괴로움의 원인으로 받아들이지 않고 자기 능력에의 도전으로 받아들인다면, 전혀 새로운 정신력이 생겨나게 될 것이다. 마음을 혼란하게 하는 상태를 극복한다는 것은 용기 있는 사람으로 변신하게 한다.

다섯 번째 단계- "괴로움은 사람이 괴로움을 막으려는 의지와 노력을 방해하는 훼방꾼일 뿐입니다." 어떤 사람이 심한 괴로움으로 불면증에 시달리다가 찾아간 심리학자에게 들은 조언이다.

"몇 시간 동안이나 이 문제로 괴로워 하셨습니까?" 이 질문을 받고 그는 잠깐 생각하더니 약 10시간 정도일 것이라고 대답했다. 이에 대해 심리학자는 이렇게 충고했다.

"그렇다면 오늘은 시간을 체크하여 꼭 5시간만 문제를 해결하는 방법이나 수단에 대한 생각을 해 보십시오."

그는 정확히 3시간 동안 문제 해결 방법에 대해 논리적이고 건설적인 계획을 세우기 시작했다. 그 결과 그는 괴로워하던 시간의 3분의 1을 줄일 수 있었다.

다섯 번째 단계에서는 여러분이 느끼고 있는 '**괴로움의 실체를 면밀히 살피고 그에 대한 해결책을 건설적으로 생각하는 것**'이 바로 여러분이 해야할 일이다.

분명히 말하자면, 괴로움과 즐거움, 정체와 진보의 사이에 존재하는 유일한 차이점은 바로 우리의 태도이다. 어떤 일에도 적극적이고 건설적인 태도로 임하는 사람은 고민이 없으며, 설사 고민거리가 생기더라도 그 고민을 인생에서 한번쯤 겪을 수 있는 과정이라고 생각하게 되는 것이다.

한 대학 졸업생이 아버지로부터 파산 직전의 회사에 대한 운영권을 상속받았다. 빚도 많았으며, 매상은 형편없었고 생산설비도 새로운 것으로 교체해야했다. 하지만 이 젊은이는 자기 앞에 펼쳐진 상황을 괴로움의 원인으로 받아들이지 않고 부딪쳐서 극복할 만한 흥미로운 대상으로 받아들였다.

'만약 이 문제가 대학 연구 과제로 출제되었다면, 나는 어떻게 이것을 해결하였을까?'

그는 자기 자신에게 물어보았다. 이 자극적인 질문에 대답을 내놓지 않을 수 없었다. 그래서 그는 **'어느 문제에나 해답은 반드시 있다'**는 신념으로 자신의 상황에 맞서 싸워 기어코 승리할 수 있었다.

여섯 번째 단계 – 뭉게 구름을 뚫고 비치는 햇살을 본 일이 있는가? 단조로웠던 대지는 황량한 풍경을 내쫓는 찬란한 태양에 둘러싸여 제 빛을 발한다. 대지 위의 풀잎들은 천연색으로 살아나고 나무는 움츠렸던 몸을 확 펼치며 기지개를 한다. 명랑한 새 소리는 우리의 마음을 흥분시킨다. 그리고 우리를 괴롭히던 문제는 갑자기 별로 대단치 않은 것이 된다.

우리 자신의 생각을 어둡게 하는 마음의 구름도 그러하다. 그것은 마음속에 그리는 행복이라는 햇살에 의하여 산산조각이 나게 할 수 있다.

만약 마음을 어지럽히는 문제에 당면하게 되었을 때, 우리를 행복하게 만들어 줄 수 있는 무언가를 단 한가지만 발견해도 문제에 대한 해결책을 강구하는 것은 아주 손쉬워질 것이다. 언제 어디서나 마음가짐 하나로 행복해질 수 있다면, 여러분은 고민거리를 오히려 즐기면서 처리할 수 있을 것이다.

따라서 여섯 번째 단계에서 여러분은 **'문제를 다룰 때는 행복한 마음으로 접근하는 것이 옳다는 것'**을 알아야 한다. 그렇다. 마음을 어지럽히는 고민거리가 생기게 되어도 여러분은 행복한 마음을 가질 수 있다.

자기 자신이 자기 운명의 주인이라고 생각하는 것만으로도 우리는 충분히 행복해 질 수 있다. 그리고 무엇보다도 행복이라는 것은 우리의 삶에 없어서는 안 될 존재이다.

일곱 번째 단계 - 앞장에서 여러분은 이미 마음의 결정과 문제 해결을 돕기 위해 잠재의식을 활용하는 방법을 배웠다. 지금까지 서술한 여섯 단계를 거치고 난 후, 일곱 번째 단계에서는 **'문제에 대한 가장 실제적인 해결책이 얻어질 것을 믿고 문제를 잠재의식에게 맡겨야'** 한다.

그렇다고 늘 걱정거리를 떠 안고 살아가라는 이야기는 아니다. 괴로운 일이 생겼을 때 이상의 일곱 가지 단계를 거치는 연습을 자주 하다보면 마음을 어지럽히던 문제는 아무것도 아닌 일이 될 것이며, 나중에는 아주 자연스럽게 일곱 단계를 거쳐 문제를 해결할 수 있을 것이다.

자기 자신을 칭찬하라

내가 할 수 있는 것부터 생각하라

힘이 없어 보이는 젊은 세일즈맨이 그의 부인과 함께 나를 찾아 온 일이 있었다. 그 부인은 내가 그의 성공을 도울 수 있다는 희망을 가지고 나를 찾아 온 것이다.

그 젊은 세일즈맨은 말쑥한 외모의 소유자였다. 게다가 고등교육을 받았으며 다른 사람과 대화하는 방법도 서툴지 않았다. 그러나 그는 사람들과 어떤 이야기든 잘 할 수 있지만, 자기 물건을 팔아달라는 이야기를 하는 것은 자존심이 상하고 창피한 일이라고 느끼고 있었다. 그는 결국 세일즈맨이 자기와는 안 맞는 직업이라는 생각에 세일즈를 포기하고 고정급을 받는 직장으로 옮기려는 생각을 하고 있었다.

이 불행한 남자의 억척스런 아내는 처음 시작이 어려운 것이지 만약 세일즈를 시작하기만 한다면 자기 남편처럼 유능하고 돈 잘 버는 세일즈맨은 없을 것이라고 이야기했다.

나는 이 남자와 잠깐 이야기한 후 그의 결점을 확실히 알 수 있었다. 이 세일즈맨에게는 단 한 가지 근본적인 결함이 있었는데 그것은 그가 자기 자신을 믿지 못한다는 점이었다. 어떠한 일을 하더라도 자기를 인정하는 일이 없었다. 그는 자기 자신을 실패자라고 생각하고 있었으며, 하루 종일 뛰어 봤자 자기에게 물건을 주문하는 사람은 없을 거라는 마음의 그림을 그리고 있었다.

나는 이 사람에게 그런 성격을 고치고 성공에 이를 수 있는 공식을 가르쳐 주었다. 결국 그는 이 공식을 자신의 삶에 적용시킴으로써 겨우 생계를 유지하며 살아갈 수 있을 정도의 위치에서 회사의 톱 세일즈맨의 지위에까지 오르게 되었다.

이 공식이란 어떤 것인가? 여러분은 어쩌면 내가 이야기한 공식을 듣고 그냥 웃어넘기려 할 지도 모른다. 실제로 이 세일즈맨도 처음에는 그러했기 때문이다.

내가 이 젊은 세일즈맨에게 했던 조언의 요지는 "자기 자신을 훌륭한 세일즈맨이라고 생각하면 정말 훌륭한 세일즈맨이 되는 것이고, 별 볼일 없는 세일즈맨이라고 생각하면 정말 별 볼일 없는 세일즈맨이 되는 것이다. 결국 우리가 생각하는 우리 자신의 모습은 현실로 나타나게 되는 것이다."라는 내용이었다.

이 세일즈맨도 자기 자신에 대해 별 볼일 없는 사람이라고 생각했기 때문에 성적이 나쁜 세일즈맨의 위치를 면치 못했던 것이다. 날마다 세일즈를 하고는 있었지만, 마음속으로는 '내가 하는 것은 진정한 세일즈가 아니다' 라는 생각을 하고 있었던 것이다. 가끔은 그가 팔고 있는 물건을 정말로 때마침 필요로 하는 사람이 나타나 그의 물건을 사주기도 했다. 그러나 그런 주문은 그의 판매 방법이 적극적이고 탁월해서가 아니었다.

나는 이 젊은이에게 1주일 동안 '나는 위대한 세일즈맨이다' 라는 말을 반복하여 그 자신에게 들려줄 것을 약속 받았다. 그는 나의 충고를 듣고는 실망한 눈빛을 내비쳤다. 또한 옆에 앉아 있던 충실하고 열정적인 그의 아내도 그와 비슷한 감정을 감추기 힘들어하는 듯했다. 그들은 내가 무언가 거창하고 복잡한 절차를 가르쳐 줄 것으로 기대했던 모양이었다.

그러나 그는 미심쩍어하면서도 이 약속을 이행하였다. 그리고 1주일 후에 두 번째 상담을 위해 나를 찾아 왔을 때, 그는 완전히 다른 사람이 되어있었다. 그가 이전에 가졌던 패배 의식은 사라진 듯 보였고, 오히려 당당하고 힘찬 눈빛이 빛을 발하고 있었다. 그가 나와의 약속을 지킨 후 그의 판매실적은 줄곧 상승하고 있었다. 뿐만 아니라 세일즈맨을 한지 오래된 선배들의 실적을 뛰어넘으려 하고있었다.

이 책을 꾸준히 읽은 사람이라면 왜 이 단순한 공식이 위와 같은 훌륭한 성과를 올리게 되었는지 이미 알고 있을 것이다.

이 공식은 마술이나 마법이 아니다. '나는 위대한 세일즈맨이다' 라고 하는 생각이 잠재의식에 영향을 준 것이다. 그리고 잠재의식은 이러한 자기 의식을 바탕으로 행동하게 되었다. 그것은 새로운 정신을 그의 마음속에 불어넣어 주는 계기가 되었다. 성공한다는 생각이 그의 마음속 가득히 스며들어 패배 의식을 몰아내게 된 것이다. 그는 1주일 동안 누구에게든 주문을 받을 수 있다는 자신을 가지고 매사를 생각하는 좋은 습관을 길렀다. 그는 결국 자신이 생각하는 그대로 훌륭한 세일즈맨이 된 것이다.

각지를 여행하며 강연을 하던 어느 연사는 어떤 이야기를 시작하기 전에 반드시 '이번 강연은 내가 지금까지 한 연설 중에서 가장 훌륭한 것이 될 것이다' 라고 자기 자신에게 말하는 습관이 있었다고 한다. 그의 강연을 여러 차례 들은 사람들은 그가 강연이 날이 갈수록 더욱 멋있어 지는 것을 느낄 수 있었다고 이야기한다. 실제로 그의 강연은 점점 훌륭해지고 있었다. 이 연사는 심리학적 원리를 사용해 잠재의식을 최대한으로 활용하고 있었던 것이다.

내가 강연을 통해 심리학적 원리에 대한 이야기를 할 때, 나는 가끔 "자기 자신에 대한 지나친 자신감은 독선이 되지 않겠느냐?" 라는 질문을 받은 적이 있다. 나의 대답은 물론 "아니다."이다.

자기를 신뢰할 수 없는 의사의 손에 사랑하는 사람의 생명을 맡길 수 있겠는가? 아니면 자기를 신뢰하지 않는 변호사에게 중요한 소송 사건을 맡길 수 있겠는가? 여러분은 어떠한가? 자기에 대한 믿음과 자신감은 그런 의미에서 가장 중요한 성공의 열쇠라고 할 수 있는 것이다.

자기 자신에게는 아무런 재능이 없다고 한탄만 하고 있는 사람이 너무 많다. 어떤 사람은 그림을 잘 그리고 싶다는 꿈을 가지고 있을 수도 있다. 또 어떤 사람은 감동적인 글을 쓰고 싶다는 욕망을 갖고 있을지도 모른다. 그리고 어떤 사람은 음악을 좋아하지만, 자기는 음악적 재능이 없다고 한탄하고 있는 사람도 있을 것이다. 여러분은 무슨 일이든 이루고 싶다는 욕구가 그 사람이 원하는 것을 실현시키는 데 필요한 재능을 가지고 있다는 것을 의미한다는 사실을 알고 있는가? 이것을 증명한 실화는 얼마든지 있다.

어떤 부인이 화가가 되기를 희망하고 있었지만 자기는 화가가 될 수 없을 것이라고 말하곤 했다. 왜냐하면 그녀도 말하고 있듯이 그녀는 직선 하나도 그을 수 없었기 때문이다. 그러던 어느 날 그녀의 남편이 캔버스와 붓 등 화구 한 벌을 사와서 그것을 크리스마스 선물로 그녀에게 건네주면서 이렇게 말했다. "여보, 당신은 색깔에 대하여 놀랄 만한 센스를 가지고 있기 때문에 틀림없이 그림을 아주 잘 그릴 거야. 게다가 당신의 가구 배치 솜씨는 굉장히 균형적이고 감각이 있거든.

당신은 훌륭한 화가가 되어서 날 기쁘게 해줄 수 있다고. 용기를 내.”

이 남편은 자기 부인에게 화가가 될만한 재능이 충분히 있다는 자각을 일깨워주고 있었다. 결국 이 부인은 훌륭한 그림을 그리기 시작했으며, 그녀 자신도 브러시와 물감을 다루는 자기의 솜씨에 깜짝 놀랄 정도였다. 현재 그녀는 다른 사람들의 호평과 주목을 한 몸에 받고 있는 훌륭한 화가가 되었다.

한 젊은 여성은 다른 사람들로부터 음악적 재능이 있다는 이야기를 듣고 훌륭한 피아니스트가 되었다. 평소에 음악에 조예가 깊은 사람이 그녀가 음에 대해 뛰어난 감각을 가지고 있으며, 배를 정확하게 맞출 줄 아는 것을 이유로 그녀에게는 틀림없이 타고난 음악적 재능이 있는 것이라고 말했던 것이다.

그 말을 듣게 된 그녀는 피아노를 사서 놀랄 정도로 짧은 기간에 훌륭히 연주할 수 있게 되었다. 그녀는 비로소 음악적 재능이 있다는 사실을 자각했던 것이다.

오래 전 한 젊은 남자는 돈이 필요해서 자기가 가지고 있던 오디오 시스템과 레코드 장식장을 팔아야겠다는 생각을 하게 되었다. 그는 이것을 사줄 만한 친구에게 편지를 썼다. 결과적으로 그 젊은 남자는 그 물건을 자기가 제시한 것보다 훨씬 비싸게 팔게 되었을 뿐 아니라, 다음과 같은 조언을 들을 수 있었다.

"자네는 아주 훌륭한 광고 기획자가 될 수 있을 것이라고 생각하
네. 자네는 자네의 생각을 다른 사람의 마음에 호소할 줄 아는 감동적
인 표현 능력을 가지고 있기 때문이지. 잘 생각해보게." 그때까지 이
젊은 남자는 광고 분야에 진출하려는 생각은 조금도 없었다. 그러나
이 조언을 듣게 된 후 그에게는 어떤 일이 일어났을까?

그는 이 매력적인 직업에 진출하여 결국은 뉴욕에서 가장 크고 굉
장히 번성하고 있는 광고 대행사의 사장이 되었다. 이 사람이 광고계
에서 성공한 것은 이 길에 재능을 가지고 있다는 자각을 가지고 있었
기 때문이라고 해도 과언이 아니다.

8장은 자기 스스로가 자기를 인정하는 것이 얼마나 중요한가에 대
해 서술하였다. 자기를 인정한다는 것은 자기의 장점이나 자기가 잘
할 수 있는 것에 대하여 자각하는 또 하나의 방법이다.

지금은 훌륭한 연사로 활약하고 있는 한 남자가 연사로서의 자기
재능을 처음으로 자각하게 해준 결정적인 사건에 대해 이야기 한 적
이 있다.

어느 날 그는 그가 속해있는 어느 조그마한 클럽의 회합자리에 참
석하게되었다. 그 날 그는 회의의 주제와 관련하여 보고를 하기 위해
초대된 것이었다. 그가 보고를 마치고 자리에 앉자 클럽의 회장은 그
에게 "자네 혹시 지금까지 많은 사람 앞에서 자네의 의견을 이야기하
는 것에 대해 생각해 본 일이 있는가?"라고 물었다. 그는 얼굴을 붉히

며, 그런 일이 없었다는 듯이 머리를 좌우로 흔들었다. 클럽의 회장은 그가 연단에 섰을 때의 매너가 굉장히 좋았으며, 말솜씨도 잘 나가는 연사 뺨칠 정도로 대단했으며 용어의 선택도 탁월했다는 이야기를 하며 그에게 전문 연사가 되어도 손색이 없겠다는 이야기를 해주었다. 그 순간부터 그 남자는 연사로서 자기 자신을 다시 생각하기 시작하였다. 그는 자기가 여러 사람 앞에서 당차게 이야기할 수 있다는 사실을 자각하게 되었다. 그리고 그는 자각을 통해 자기를 인정할 수 있었으며 결국 유능한 연사로 성장하게 되었다.

자기 자신을 믿어라

이제 여러분은 "내가 어떻게 하면 나 스스로를 인정하게 될까?"라는 질문을 하게 될 것이다.

그런 질문을 한다는 것은 대단히 좋은 현상이다. 가만히 생각보라. 그 동안 우리는 자기 자신에 대하여 너무나 관심이 없지 않았는가.

사람은 원래 전혀 관심이 없는 문제에 대해서는 거의 질문 같은 것을 하지 않는 법이다. 질문을 한다는 것은 그것에 대해 알고 싶으며 관심을 갖고 있다는 이야기가 되는 것이다.

그렇다면 이제 자기를 인정하는 태도를 익히기 위해 따라야 할 다섯 가지의 간단한 방법에 대해 알아보자.

첫째 : 자기가 원하는 것이 무엇인지를 정확히 알아야 한다.

나는 상담을 위해 나를 찾아온 사람들로부터 "내가 정확히 뭘 원하고 있는지 잘 모르겠어요."라는 말을 흔히 듣는다. 하지만 이 말은 진실이 아니다. 그것은 보통 자기 자신이 무언가 가치 있는 것을 손에 넣을 수 있는 능력에 자신이 없음을 뜻하고 있으며, 또 자기가 원하는 것을 얻으려는 노력과 관심이 얼마나 가치 있는 일인지를 모르고 있을 뿐이다. 결국 자기 자신에 대한 자신감이 결여돼 있다는 것을 의미하는 것이다.

나는 이렇게 묻고 싶다. "만약 여러분이 원하는 것을 모두 얻을 수 있다면, 대체 여러분은 무엇을 원하겠습니까?"라고. 이 질문을 여러분 자신에게 하면서 교육 정도나 여러분의 능력 그리고 원하는 것의 실현 가능성 여부는 신경 쓰지 말아야 한다.

결국 자기 자신을 인정하기 위해서는 첫 번째로 '내가 원하는 것이 무엇인가' 를 아는 것, 그리고 '나에게도 분명히 원하는 것이 있다' 는 것을 인정해야 한다.

둘째 : 욕구가 바로 능력이다.

원하는 것이 있다는 것은 그것을 얻을 수 있는 능력이 있다는 것을 증명하는 것이다.

앞서 이야기했던 심리학적 원리에 대한 설명을 다시 한번 상기해주기 바란다. 만약 뛰어난 작가가 되고 싶은 사람이 있다면, 그 사람은 이미 작가가 될 만한 재능을 충분히 가지고 있다고 생각해야 한다. 그리고 또 자기만의 사업을 갖는 것이 꿈이라면, 그 사람은 이미 그 목표를 실현시킬 수 있는 재능을 갖고 있는 것이라는 것을 분명히 알고 있어야 한다.

욕구가 능력을 의미한다는 말은 어쩌면 믿기 어려울 수도 있다. 욕구를 충족하기 위한 능력을 쌓는데는 약간의 시간이 필요하다는 것을 잊고 살기 때문이다.

예를 들어 훌륭한 악기 연주자가 되고 싶다는 욕구를 가지고 있는데, 그 사람이 자기에게 음악적 재능이 있다고 자각한 순간부터 곧 바로 훌륭한 연주를 할 수 있는 것은 아니듯이 말이다. 훌륭한 연주가가 되고 싶다는 욕구는 이미 그 음악적 재능을 보장하고 있는 것은 사실이다. 하지만 여러분의 욕구가 행동으로 뒷받침되지 않는다면 원하는 것을 완전히 얻을 수는 없는 것이다. 원한다면, 그리고 원하는 것을 얻고싶다면 실천하라.

실천에 대한 이야기는 몇몇 사람들에게 '그럼 그렇지' 하는 실망감을 안겨줄 수도 있다. '역시 욕구를 충족시키거나 원하는 것을 얻는 것은 쉬운 일이 아니었어. 결국 내가 원하는 것을 얻으려면 너무나도 많은 노력을 감내해야하는 거잖아!' 자칫하면 이런 식으로 생각하기 쉽다. 그러나 만약 이 책을 정독해온 사람이라면 이런 생각을 금방 물리칠 수 있을 것이다. 잠재의식을 활용함으로써, 여러분의 목표들이 하나하나 이루어지는 것을 목격할 수 있으리라는 것을 이미 알고 있기 때문이다.

셋째 : 몸과 마음을 최대한 활용하라.

몸은 마음의 명령에 따른다. 8장에서 논하고 있는 것을 빨리 이해하기 위해서는 이것을 알아야 한다. 자신의 마음에 따라 움직이고 있는 모습을 상상하라. 상상하지 않았기 때문에 지금까지 나의 이야기가 어렵게만 느껴졌던 것이다.

우리의 몸은 언제라도 우리 생각에 따라 행동할 준비를 하고 있다. 육체는 마음의 심부름꾼이다. 이 말에 대해 여러분은 어느 정도 나의 말에 동감할 것이다. 하지만 여러분은 이런 반박을 할 지도 모른다. 아마 반박의 주된 요지는 원하는 것을 얻기 위해서는 육체가 따라주어야 하는데, 건강하지 못한 사람은 그러기 힘들지 않겠느냐는 이야기일 것이다. 나 역시 한 발 뿐인 사람이 육상선수가 되기를 마음으로 원한다고 해도, 육체적으로 그리 쉽게 이루어질 수 없다는 것은 인정한다. 또 팔이 하나뿐인 사람이 권투선수를 꿈꾸더라도 역시 마찬가지일 거라고 인정하지만, 그러한 불리한 조건에 있는 사람들일지라도 그들의 목표가 뚜렷하다면 꽤 높은 경지에까지 오를 수 있다는 것을 말해두고 싶다.

나는 한 소아마비 환자를 알고 있다. 그의 수족은 자유롭지 못하다. 한 쪽 팔을 전혀 움직이지 못하며 다른 쪽 팔도 사용할 수 없을 정도다. 그러나 그는 자기의 몸이 정신을 따른다는 것을 굳게 믿고 있었으며, 생각의 자유가 있는데 무슨 걱정이냐는 말을 했다.

여기서 잠깐 1장에서 했던 이야기들을 떠올려보자. 신체의 각 부분은 정신의 연장이라 했다. 우리의 손은 무언가를 쓰고, 집어 올리는 등 여러 다양한 활동을 통해 우리의 정신을 꾸준히 돕고 있다. 우리의 팔이나 다리는 이동을 돕고 있으며 눈, 코, 입, 귀 등도 마음의 도구로써 일정한 기능을 담당하고 있다.

마음의 힘은 위대하다. 정신력은 우리에게 보다 편리한 생활을 선물한다. 손으로 못을 박을 수 없기 때문에 그 일을 대신할 수 있는 망치를 착안한 것도 바로 우리의 정신이다. 그러므로 망치는 마음의 도구라고 말해 좋다. 인간의 본연적인 욕구인 호기심을 충족시켜주기 위해 우리는 여행을 즐기기도 한다. 그런데 세계의 수많은 땅덩어리들을 모두 여행하기에는 우리가 가지고 있는 다리로는 벅찬 것이 사실이었다. 그러한 이유로 인간의 필요에 의해 짐차, 기차, 자동차, 그리고 비행기가 만들어진 것인데, 이들도 실제로는 마음의 도구에 불과하다.

소아마비 환자의 이야기로 되돌아가자. 그는, 현재 그가 가지고 있는 몸의 활동 능력이 그의 욕구를 충분히 충족시켜주기에는 부족하다는 것을 알았으므로, 몸을 대신해서 그를 도울 수 있는 마음의 도구를 직접 만들기로 결심했다. 그는 책상겸용 침대를 디자인하였다. 책상 위에는 전화, 편지지, 연필 등이 그의 팔이 곧 닿을 수 있는 곳에 놓여졌다. 또 몸을 대신해서 그의 생활을 편리하게 하도록 도와줄 많은 것들을 갖추어두었다. 책상겸용 침대와 출입구 사이에는 인터폰이 비치되어 있어서, 정문의 벨이 울리면 밖에 있는 사람과 자유로이 이야기할 수 있었으며 버튼만 누르면 그 사람을 안으로 들어오게 할 수 있는 장치도 마련해놓았다.

정신이 숨쉬고 있는 한, 그리고 그 정신이 적극적으로 생각하고 있는 한 육체적 한계란 있을 수 없다. 결국 인간에게 있어서 가장 커다란 장애는 육체적인 것이 아니라 소극적인 마음, 비관적인 정신상태인 것이다.

넷째: 두드려라. 그러면 열릴 것이다. 구하라. 그러면 얻을 것이다.

원하는 것이 있다면 그것을 갖지 못했다는 사실을 비관하는 것보다 원하는 것을 구하는 편이 훨씬 낫다.

젊었을 때, 나는 나보다도 더 돈을 많이 벌고 있는 사람의 이웃에 산 일이 있었다. 그는 어느 회사의 부장으로 월급 250만원을 받고 있었는데, 나는 월급이 150만원이었다. 나는 그 이웃이 무척 부러웠다. 그가 내 집 앞을 지나갈 때마다 나는 언제나 '내가 저 사람만큼 벌 수 있다면, 내 수입으로는 할 수 없는 여러 가지 일을 할 수 있을 텐데…'라는 생각을 하곤 했다. 그러면서도 나는 내 수입을 올릴 수단이나 방법에 대해서는 생각하지 않고 있었다. 나는 그저 내 이웃과 같은 위치에 오르려면 아주 오랫동안 많이 일하지 않으면 안 된다는 것만을 머리 속에 그렸다. 지금에 와서 당시의 정황을 되돌아보면, 나는 '아무런 노력도 하지 않으면서 자기 자신의 가치를 인정하지 않는 것'이 '자기가 할 수 있는 것을 최대한 해보면서 일의 즐거움을 느끼는 것' 보다 더 어려운 일임을 알게 되었다.

자기 계발에 있어서 유일한 어려움은 그것을 시작하려면 많은 노력이 필요하다고 생각하는 것 자체이다. 비록 시작은 미미할지라도 목표 실현을 위한 첫걸음을 내디딘다면, 성공을 위해 꾸준히 정진하는 것이 힘든 노력이 아니라 당연히 해야할 인생의 과정쯤으로 여겨지게 될 것이다.

다섯째: 지금 곧 첫걸음을 내밀어라.

꼭 권하고 싶은 일인데 8장을 다 읽은 후, 책을 덮고 이번 장이 자기에게 있어서 어떤 의미가 있는가 하는 것을 잠깐 생각해보도록 하라.

여러분의 마음은 들떠있을 것이다. 그리고 어쩌면 여러분은 일생 처음 성공이라는 새로운 인생이 여러분의 앞에 펼쳐지고 있음을 보게 될 것이다. 여러분의 마음은 인생의 진정한 성공을 위한 결의로 가득차게 될 것이다. 그리고 그 감정은 여러분의 심장에 와 닿아 행복을 그려내고 있을 것이다.

'going'이라는 단어는 일반적으로 활동적인 "동작" 혹은 "움직임"을 의미하고 있지만, 무언가를 하려고만 했을 뿐 항상 거기까지는 이르지 못하는 상태를 뜻하게 된다. 실천하지 않는 지성은 마른 풀잎

과도 같은 것이다.

개의 목걸이에 막대를 붙이고 그 막대 끝에 뼈다귀를 매달면 어떤 일이 벌어질까? 개는 뼈다귀를 쫓아 끊임없이 뛰겠지만, 결코 그 뼈를 가질 수는 없다. 막대라는 장애물 때문에 항상 뼈는 입으로부터 일정한 거리를 두고 있기 때문이다.

마찬가지로 우리가 원하는 것을 얻기 위해 '무언가를 해야겠다' 라는 생각을 하는 것은 좋은 일이다. 그러나 이런 생각은 우리 자신에게 막연함만을 안겨주게 된다. 해야할 일이 막연하다는 것은 그 일을 왜 하는지 그리고 언제, 어떻게 해야하는지에 대해서도 불분명한 답을 주기 마련이다. 그것은 일주일간을 의미할 때도 있고, 한 달이나 일년 혹은 몇 년을 의미하는 일도 있다. 그리고는 그 해야할 일을 무한정 연기해버리는 일도 발생할 수 있다.

이 책을 잠깐 덮어두라는 이유는 바로 여기에 있다. 'going' 을 'now' 로 바꾸어야 하기 때문이다.

계속 읽기 전에 여러분의 목적지에 도달하기 위한 첫걸음을 내미는 것이다. 그것은 여러분이 원하는 것을 이루기 위한 그리고 이루도록 가능하게 해주는 첫걸음이 될 것이다. 밥도 첫술에 배부를 수 없듯이 첫걸음이 결코 커다란 것일 필요는 없다. 정도가 어떻든 내밀었다는 것을 알 수 있을 정도면 된다.

지금은 성공자가 된 한 젊은 남자가 예전에 이런 말을 한 적이 있다. "저는 저축하는 습관이 몸에 배지 않아 돈이 모이질 않아요. 그래서 이젠 아예 돈을 많이 모아야겠다는 생각을 포기할 지경이에요."

나는 카드가 들어 있는 상자 속에서 카드를 꺼내고 그 뚜껑을 스카치테이프로 봉했다. 그리고 상자 위에 가늘고 긴 구멍을 뚫고 〈저금통〉이라고 썼다. 그리고 나는 그에게 얼마를 주든지 상관이 없으니 동전 한 개를 달라고 요구했다. 그는 나에게 50센트짜리 동전 하나를 건네주었고 나는 그것을 저금통에 넣었다. 마지막으로 그 상자를 그에게 넘겨줌으로서 그가 벌써 저금을 하기 시작하였음을 보여주었다. 사소한 시작이었으나 그는 그것으로 인하여 저축이라는 새로운 습관을 만들었고 훗날 자기가 설계한 집을 지을 수 있었으며 빠른 속도로 성공의 대열에 합류할 수 있었다.

이제 여러분의 인생을 변화시킬 수 있는 첫걸음을 지금 당장 내밀어라. 전화를 거는 일이라든지 편지를 쓰는 일처럼 사소한 것밖에 할 일이 없다면 그것을 지금 곧 하는 것이다. 그렇게 하는 것만으로도 여러분의 인생은 성공이라는 목적지에 반은 와 닿아 있을 것이다.

기억하라. 지금 변화를 시작하지 않고는 다음 장으로 넘어가지 말아야 한다. 지금 시작하라.

자기 자신을 지배하라

자신을 지배한다는 것의 의미

"너 자신을 알라." 아마 이 말은 전 세계적으로 자아를 깨닫는 것의 중요성을 이야기할 때 가장 많이 인용되어온 말 중 하나일 것이다. 많은 학자들이 이 말과 이 말을 한 고대의 철학자를 증거로 누구든지 자기 자신을 알지 않으면 안 된다는 것을 강조하여 왔다.

사실 자기 자신을 아는 것은 도움이 되는 일이기는 하지만 그 내면에는 소극성과 단순성을 내포하고 있다. 자신을 안다는 것은 자신의 장점을 알게 된다는 것을 의미한다. 따라서 대부분의 사람은 자기 자신에 대하여 지금그대로의 상태로 족하다고 생각하여 '나는 이 정도의 사람이다. 이 정도면 사는데는 지장이 없지. 더 이상 뭘 바란다는 것도 귀찮은걸. 달리 어찌할 도리가 없지 않은가?' 라고 체념해버리고 만다.

자기 자신에 관하여 '나는 일하는 것을 좋아하는 사람이다' 라든가 '나는 일하는 것을 지옥보다 더 싫어한다' 라고 말하는 것은 흔히 들을 수 있는 말이다. 음악에 관해서는 '나는 음악에 재능이 있다' 라고 말하는 사람이 있는가하면 '나에게는 음악적 재능은 없다' 라고 말하는 사람도 있다. 심리 상태에 관해서는 '나는 겁쟁이다' 라고 말하는 사람이 있는가 하면, 자기는 조금도 무서움을 모른다고 주장하는 사람도 있다.

"너 자신을 알라"라고 하는 것은 좋은 말이다. 결점이라고 하는 것은 그것이 뚜렷하여질 때까지는 교정할 수 없기 때문이다. 그러나 단지 자신을 아는 것만으로는 충분치 못하다. 자신을 앎과 동시에 새로이 한 발 나아가지 않으면 안 된다. 여러분은 '자기 자신을 지배하는 일' 이 필요하다.

이 시점에서 내가 전에 서술했던 '인간의 정신과 육체 중 정신이 우선한다. 즉, 정신이 육체를 지배하는 것이지 육체가 정신을 지배하는 것은 아니다' 라는 주장을 다시 한번 되새겨보는 일은 의미 있는 일이 될 것이다. 우리들의 육체가 정신의 영향과 지배를 동시에 받는 존재라는 것을 이해한다면, 자기 자신을 지배하는 일에 대하여 새로운 사고방식에 도달할 수 있게 될 것이다. "정신은 육체의 주인이다."라는 데에 의문이 없다면 자기를 지배하는 것은 단순히 정신에 부여된 권리를 이행하는 데 불과하다.

우리는 자동차에 올라타서 핸들을 쥐면 자동차를 완전히 지배하고 있는 것이라고 생각한다. 우리의 행동과 명령에 따라 차는 출발한다. 차는 우리가 생각하는 대로 앞으로 나가거나, 뒤로 물러나거나, 오른쪽으로 가기도 하고, 왼쪽으로 가기도 한다. 자동차는 우리가 원하는 곳까지 우리를 운반하는 역할을 다하고 난 뒤에 다시 그 힘을 필요로 할 때까지 그 곳에서 꼼짝 않고 있다.

자기 자신을 지배한다는 말은 육체를 우리의 정신이 명하는 대로 따르게 한다는 것을 의미한다. 육체가 정신에게 '나는 뭐든 할 수 없어' 라든가 '그 일은 하면 안 돼' 라고 명령하게 된다면 우리는 우리 자신의 진정한 주인일 수 없는 것이다.

자신의 주인인 사람 중에서도 노래를 잘 못하는 사람이 있을 수 있다. 그러나 그것은 그가 노래를 할 수 없어서가 아니다. 그것은 그가 노래에 아무런 관심도 없기 때문이다. 또 창작을 할 수 없는 사람도 있을지 모른다. 그러나 이것 역시 단순히 그 시점에 그의 욕구가 창작과는 다른 방향으로 진행되고 있기 때문이라고 할 수 있다. 어떤 사람은 미술적 소양이 전혀 없는 사람이 있을지도 모른다. 하지만 이런 경우 역시 미술 같은 것은 여태껏 그의 관심 밖에 있었기 때문인 것이다. 간단히 말하면, 자기를 지배하는 사람은 결코 '나는 이도 저도 할 수 없다' 라는 식으로는 생각하지 않는다. 그는 자기가 그렇게 하기를 원하면 할 수 있는 것으로 생각한다.

나는 사람들에게 "내가 가지고 있는 재능이 과연 무엇인지 알 수 있는 방법이 없을까요?"라는 질문을 자주 듣는다. 방법은 있다. 자기 자신의 마음에 귀를 기울이면 그것을 가르쳐 줄 것이다. 우리 스스로가 우리 자신에게 우리가 알아야만 하는 일들을 가르쳐 준다는 사실을 생각해본 일이 있는가? 육체가 영양을 필요로 할 때는 배고픔을 느낀다. 육체가 수분을 원할 때 우리는 갈증을 느낀다. 육체가 휴식을 원할 때 우리는 피로를 느낀다. 또 어느 특정한 일을 하고 싶다는 강한 욕구를 가질 때, "자아"라고 하는 우리 스스로는 우리에게 그 가능성을 보여주는 것이다.

여러분 중에 누군가는 음악을 즐기는 사람이 있을 것이다. 그러나 다룰 줄 아는 악기는 없다. 피아노 앞에 앉는다. 그러나 음악다운 음은 하나도 칠 수가 없다. 여러분은 어쩌면 피아노에 대한 이야기를 듣고 여태까지 했던 나의 말들이 틀린 것이 아닌가라는 의문이 생길지도 모른다. 그러나 나는 음악을 좋아한다는 사실과 연주하고 싶다는 욕구를 가지고 있다면, 그 사람에게는 악기 연주의 재능이 분명히 있는 것이라는 말을 되풀이하고 싶다. 하지만 이 경우에도 "바라는 것"과 "아는 것"을 구별하도록 해야한다. 악기 연주를 잘 하고 싶다는 소망을 갖는 것은 자기를 지배하고 있다는 증거가 아니다. 사실은 그와 정반대다. "소망한다"는 것은 그 무언가를 갖고 있지 않다는 것을 인정하는 것과 동시에 그것을 가질 수 없다는 것을 인정하게 되는 꼴이 되는 것이다. 그렇지 않으면, 여러분은 무언가를 바라거나 소망하지는 않았을 것이다. 자기를 지배하고 있는 사람이라면 음악을 잘 하고 싶은 것에 대해 자신에게 이렇게 말할 것이다.

'나는 음악을 좋아한다. 그래서 악기(피아노라든가 오르간, 바이올린 등)를 구하고 싶다. 나는 그런 악기정도는 간단하게 연주할 수 있다.'

만약 자기를 지배하고 있는 사람의 욕구가 자기 사업에 관한 것이라면, 그는 '나는 다른 사람을 위해서 일하는 것은 질색이다. 오로지 나와 내 가족들을 위한 일을 하고 싶다. 나는 꼭 성공할 것이다. 나는 뭐든지 꼼꼼하게 챙길 줄 아는 성격을 가지고 있기 때문에, 성공하기 위해 필요한 모든 정보를 철저하게 익힐 수 있을 것이다' 라고 생각할 것이다.

나의 심리학 수업을 듣던 한 여학생이 이런 질문을 한 일이 있다.

"만약 무언가를 하고는 싶은데, 아무리 해도 그것이 안 될 것 같다고 느낄 때 교수님은 어떻게 하시는지요?"

나는 "돌려서 말하지 말고 정작 묻고싶은 것을 똑바로 말해보게." 하고 다그쳤다. "자네가 정말로 하고 싶은 것이 무엇인가?"

그녀는 이렇게 대답했다. "저는 사실 작가가 되고 싶습니다. 하지만 제게 글 솜씨라고는 눈곱만큼도 없습니다. 저는 제가 원하는 일을 할 수 없을 것만 같습니다.”

나는 “자네가 글을 쓸 수 없다고 누가 말한 적이 있었나?”하고 반문했다.

그녀는 “아니오. 어느 누구도 제게 그런 말을 하지는 않았습니다. 단지 제가 느끼기에 글 쓰기에는 재능이 없다고 생각할 뿐입니다.” 라고 대답했다.

“자네, 여태까지 글을 써본 적은 있나? “하고 나는 좀 농담조로 물었다.

“잘 쓰지도 못하는데 쓴다한들 무슨 소용이 있습니까?” 그녀는 귀찮은 듯 대답했다.

나는 이 여학생을 위해 그리고 다른 학생들을 위해서도, 꼬박 30분 동안이나 그녀가 참으로 원한다면 글을 쓸 수 있다고 이야기해주었다.

이 뜻깊은 날로부터 6개월만에 그녀는 많은 사람들에게 인정받는 창작생활을 영위하고 있었다. 그리고 그녀가 원했던 대로 훌륭한 작가가 되는 길을 착실히 밟아 나가고 있었다.

그녀는 자기가 깨닫지 못하는 사이에 ‘글을 쓰고 싶다’ 는 욕구에 저항하고 있었다. 그녀는 분명히 작가가 되고 싶어했음에도 불구하고 자기는 글을 잘 못쓰며 잘 쓸 수도 없다고 고집하고 있었던 것이다.

이 여학생에게 “자네는 글을 쓸 수 있으며 오늘 당장 글을 써보도록 하게.”라고 말해주는 것은 그녀에게 전혀 도움이 되지 않는다. 사실 그것은 ‘나는 정말로 글을 쓸 수 없어’ 라는 그녀의 생각을 증명해

보이는 결과로 밖에 끝나지 않았을 것이다.

이 여학생이 '나는 글을 쓸 수 있어' 라는 것을 자각하고 그 사실에 대해 의식하는 상태에 도달하였을 때, 그녀는 새로운 사실을 발견하게 되었다. 그녀 자신의 어휘구사능력이 충분하지 않았으며 자기가 알고 있는 용어의 폭도 굉장히 좁다는 사실을 알게 된 것이다. 결국 그녀가 '나는 글을 쓸 수 있어' 라고 의식한 것은 그녀 자신에게 단어나 그 사용법 그리고 어휘의 의미에 대하여 열심히 공부해야겠다는 필요성을 깨우쳐 준 것이다. 실제로 그녀의 표현력은 뛰어난 수준이 아니었다.

땅에 뿌려진 씨는 땅이나 대기로부터 식물이나 나무로 되는데 필요한 여러 가지 영양소들을 흡수한다. 그녀도 마찬가지이며 우리 모두도 이와 마찬가지이다. 우리가 가지고 있는 잠재의식은 마음의 도화지에 그려진 꿈의 그림을 현실화하는데 필요한 절차를 밟게 하는 역할을 한다. 내가 소개했던 여학생의 경우를 보면 알 수 있다. 그녀는 '나는 글을 쓸 수 있어' 라는 사실을 의식하고 있었다. 그리고 결국 그 생각을 바탕으로 그녀가 지닌 잠재의식은 그녀의 목표를 이룰 수 있도록 그녀를 인도하였던 것이다.

내가 아는 한 젊은 남자가 자신의 장래에 대하여 고심하고 있었다. 그는 그의 직장에서 할당된 일을 하고 있었으나, 그 일에서 전혀 보람을 찾을 수 없었다. 그리고 그는 매일 똑같은 일을 반복해야 한다는 사실이 끔찍하게 느껴졌다. 그의 수입은 보잘것없었으며 그날 그날 살아가기도 벅차기만 했다. 더군다나 그는 소심증에 시달리고 있었다.

나는 그와 이야기를 나누어 보고 그가 창의력이 뛰어나서 발명가로 크게 성장할 가능성이 있다는 사실을 깨달았다. 또 그는 그런 자신의 능력을 활용하려 하지 않는다는 사실도 알게 되었다. 3장에서 서술한 '여러분이 생각하고 있는 여러분의 모습이 바로 여러분이다.' 는 말의 실례를 이 소심한 남자에게서 보는 것 같았다.

그는 자기 자신을 소심한 인간으로 생각하고 있어서 매일 반복하고 있는 일상생활 속에 완전히 파묻혀버려 다른 일에 대한 생각을 전혀 하지 않고 있었다. 세상에는 새로운 의식을 다른 사람보다 더 빨리 포착해내는 사람이 있는데 이 남자의 경우가 그러했다. 일단 자기 자신에 대한 새로운 인식을 얻어 실제로 자신의 창의력을 남김없이 활용하고 있는 자신의 모습을 발견하게 된 그는 눈부신 자기발전을 얻게 되었다.

많은 변화가 이 남자에게, 그리고 이 남자를 위해 일어났다. 이 위대한 변화가 일어나기 전에 그는 소심한 밥벌레에 불과했다. 그의 눈은 매사가 귀찮은 듯 흐리멍덩해 있었다. 음성은 구슬펐으며 걸음걸이는 느릿느릿했다. 하지만 지금은 아니다. 그는 성공적인 변화를 이루어냈다. 오늘의 그는 전의 모습을 연상할 수 없을 정도로 세련되고 기품 있어 보이는 사람이 되어있다. 그는 자기가 가지고 있는 인식의 변화를 그의 얼굴과 태도 그리고 외모에 반영하고 있었던 것이다. 곧은 자세에 눈에는 친절미가 넘쳐 있었다. 그의 음성은 패기에 차있었고 자기의 목표를 잘 알고 있는 자신감 넘치는 사람으로 변해있었다. 현재 그는 꽤 커다란 규모의 생산공장 사장으로 활동하고 있다.

자기 지배의 네 단계

자기를 지배하는 것은 비교적 간단하다. 이제부터 서술하게 될 네 가지 단계를 따르는 것만으로도 여러분은 충분히 자기 지배의 방법을 알 수 있을 것이다.

1단계 - 자기 자신의 주인이 되기 위해서는 첫째, 자기 자신을 존경해야한다.

자존심을 잃은 사람은 어떤 사람이든 그 자신의 주인이 되기를 기대할 수 없다.

얼마나 많은 사람이 자존심의 상실로 인하여 자기 스스로의 발전을 가로막고 있는가? 이러한 사람들은 의식적으로나 무의식적으로 자기가 이 세상에서 좋은 기회를 얻을 자격이 없다고 생각한다. 그들은 성공을 위한 가냘픈 시도를 하다가는 그때마다 실패한다. 그리고 자기가 행복해 진다든가 성공하는 것은 불가능하다고 생각한다.

만약 누군가 여러분에게 잘못을 했을 때 그 사람이 여러분에게 용서를 빈다면 어떻게 하겠는가? 그 사람이 진심으로 용서를 청한다면 여러분은 아마 기꺼이 용서할 것이다. 그리고 여러분 역시 다른 사람으로부터도 똑같이 용서받기를 바라고 있음이 틀림없다.

그런데 이 용서에 관하여 대부분의 사람들은 세상의 단 한사람에게만은 늘 궁색하게 생각하고 있다. 그것은 다른 사람이 아닌 우리들 자신이다. 어쩌면 여러분은 자신을 용서해야 한다는 말이 이상하게 들리지도 모른다. 하지만 잘 생각해보면 여러분 자신의 몸은 다른 사람의 몸과 마찬가지로 세계의 일부임을 알 수 있을 것이다. 그리고 만약 사람을 용서하는 일이 올바른 것이라면, 우리 자신을 용서하는 것도 똑같이 옳은 일인 것이다. 그러므로 자기를 지배하는 첫걸음은 여러분 자신에 대해 품고 있는 악의에 넘친 마음을 버리고, 자신에 대한 진심어린 용서를 하는 것이다. 그렇게 함으로써 여러분의 영혼은 깨끗해질 것이다. 인간의 삶에는 과오도 있을 수 있음을 알아야 하며, 가령 과오가 있다 하더라도 과거의 과오나 실수에 얽매이지 말고 잘못이나 실수를 교훈 삼아 복으로 전환하는 것이 더욱 중요함을 알아야 한다.

1단계의 중요성에 대하여 더욱 명확한 관념을 주기 위해 예전에 한 친구로부터 받은 편지를 다음에 인용하여 보겠다.

"자기 자신을 용서하는 것에 대한 선생님의 의견은 저에게 하늘로부터의 복음과 같이 느껴졌습니다. 부끄러운 이야기지만 사실 저는 젊었을 때 사람을 살해하는 일을 제외한 많은 일탈행위를 해왔었습니다. 물건을 훔치고 다른 사람에게 사기를 치고 도망가는 등 거짓을 일삼아 왔었지요. 부모에 대한 효도도 말이 아니었습니다. 어찌 어찌해서 결혼도 했었지만, 나의 이기심과 잔인한 성격 때문에 아내마저도 도망을 치고 말더군요. 결국 나이를 먹고 전 제 자신의 행동들이 얼마나 어리석을 것이었는지 깨닫게 되었으며 마음을 고쳐먹었지만, 이미 일자리도 변변치 않고 수입도 일정치 않은 별 볼일 없는 중년을 훌쩍 넘어서고 있었지요. 그런데 용서에 대한, 특히 자기 자신을 용서하는 일에 대한 선생님의 방송은 저에게 새로운 눈을 뜨게 해주었습니다. 제가 제 자신을 얼마나 경멸하고 있었는지를 비로소 알게 된 것입니다. 면도를 하고 있는 사이에도 거울 속의 나를 바라보고 있을 수가 없었습니다. 선생님은 저에게 사람은 누구나 자기가 가지고 있는 과거의 과오를 극복할 수 있으며 실제로, 과거의 잘못을 뉘우침으로서 이 세상을 살기 좋은 곳으로 만들 수 있다는 확신을 심어주셨습니다.

그때 제가 선생님의 곁에 있었다면, 아마 선생님께 눈물을 흘리며 안겼을 것입니다. 선생님의 말씀은 빛이 되어 자기 증오에 의하여 급속하게 분해되고 있는 제 몸에 새로운 생명을 불어넣은 것처럼 느꼈습니다.

저는 제 자신을 용서하였습니다. 그리고 신에게 제가 저와 한 맹세를 지키도록 도와줄 것을 기원했습니다. 저는 지금까지 일하고 있던 회사에서 빠른 속도로 승진하게 되었으며, 제가 하는 일에 흥미를 느끼게 되었습니다. 제 미래는 이제 누구와도 비교할 수 없을 정도로 찬란하게 빛나고 있습니다. 지금까지 가지고 있던 제 자신에 대한 부끄러움과 혐오감 그리고 일체의 모든 안 좋은 감정들을 가슴속으로부터 깨끗이 내버렸기 때문입니다.

그렇습니다. 아직도 저는 가끔씩 저의 부끄러운 과거를 생각하고는 얼굴을 붉히는 일이 있습니다만, 오히려 그런 감정을 느끼는 것에 감사하고 있습니다. 제가 현재와 같이 변할 수 있었던 것은 결국 선생님의 말씀을 따라 제 과거의 잘못을 복으로 전환하였기 때문입니다.

제 결혼 생활은 어떻게 되었을 것 같습니까? 제 아내를 설득하는 것은 어려운 일이었습니다만, 결국 아내의 사랑과 존경을 되돌리는데 성공했습니다. 전 제 아내를 정말 사랑합니다. 우리는 서로 그 어느 때보다도 충실하게 사랑하고 있으며 누구보다도 행복합니다. 그리고 둘이서 항상 선생님께 감사 드리고 있습니다. 진심으로 감사합니다."

2단계 – 만약 여러분이 그다지 원활치 못한 사업을 인수해야 한다면 먼저 무엇을 할 것인가? 그 기업의 모든 면에 대한 포괄적인 조사 및 분석을 시작할 것이다. 경영진의 소극성이나 그 사업의 결함을 가져오는 결정적인 요소들에 대한 철저한 조사를 하게 될 것이다. 그리고 적극적인 면에도 눈을 돌리고 그 사업의 시장성을 높이고 생산에 활기를 띄울 수 있는 적절한 대안도 연구할 것이다. 그리고 모든 분석과 연구를 끝낸 뒤 사업의 소극적인 면을 줄이고 적극적인 면을 확대하도록 결정할 것이다.

자기 자신을 지배하기 위해서도 위와 같은 과정이 필요하다. **자신의 주인이 되는 것**이다. 자기가 가지고 있는 특성 중 소극적인 면을 찾아 그것을 줄일 계획을 세운다. 또 자기의 적극적인 면을 발견하여 그것을 권장하는 것이다.

2단계에서 해야할 일은 자기 자신을 분석하는 것이다. 자기 검토의 결과를 기록해보는 것도 좋다. 노트의 중앙에 선을 긋고 한 편에는 여러분의 소극적인 특성, 즉 자기 스스로 줄이거나 혹은 없애야 하겠다고 생각하는 성격을 남김없이 써 둔다. 만약 여러분이 소심하거나 내성적이라면, 그것을 적는 것이다. 또 늘 걱정거리가 많을 것이 흠이라면, 그것도 적는다. 만약 핸디캡이라고 할 수 있는 안 좋은 습관이 있다면, 자기 분석표에서 고쳐야 할 점을 적는 곳에 여러분의 습관도 적어둔다. 자기를 지배하는 것에 습관을 통제하는 일이 포함된 것이다.

대화가 서툴러서 회화의 기술이 결여되어 있다고 생각되면, 그 사실도 쓴다. 다른 사람을 질투하거나 부러워하는 성격이라면, 그런 성격도 개선하지 않으면 안 되므로 리스트에 첨가하여 둔다. 또 말다툼을 좋아한다던가, 매사에 불평이 심하다던가, 이기적이라던가, 공평하고 정직한 태도가 결여되어있다고 생각되면 그것들을 남김없이 써 두어야 한다.

귀찮거나 지루한 일일지도 모르지만 우선은 자기가 결점이라고 생각되는 특질 모두를 소극성의 난에 적어보는 것이 중요하다.

이제 자신의 적극적인 면을 쓰도록 해보자. 적극적인 면을 쓰는 것은 더욱 즐거운 작업이 될 것이다. 좋다고 생각되는 특질은 남김없이 캐내어 그것을 써 놓는다. 자기의 장점을 인정하는 것은 결코 자만심이 아니다. 여러분은 자기를 지배하기 위한 자신과의 싸움을 하고 있는 것이다. 이렇게 하는 것은 그를 위해 필요한 절차의 하나이다.

만약 여러분이 좋은 기질을 가지고 있다면, 망설임 없이 그것을 기록해 두어야 한다. 꿈이 원대한 것은 좋은 특질이다. 만약 여러분이 그러하다면, 그것도 기록한다. 소극적인 특질을 이것저것 생각해낸 것처럼 적극적인 면도 꽤 많은 내용이 유추될 것이다.

신뢰할 수 있는 것, 꼼꼼함, 정리정돈을 잘하고 청결한 것, 정직함 등은 여러분이 자기 자신에 관하여 발견할 수 있는 장점중의 한 예이다.

물론 내가 하려는 이야기는 사람들에게 있을 수 있는 모든 장점과 단점들을 열거하려는 것이 아니다. 여러분 자신을 분석하고 연구하는 작업을 통해서 여러분의 마음속에는 자신이 생각하고 있는 그대로의 모습이 그려지게 될 것이다. 이것으로 자기를 지배하기 위한 자신과의 싸움을 시작할 준비가 충분히 된 것이다.

3단계 ─ 2단계에서 제시한 절차에 따랐다면 그 결과는 아마도 여러분에게 새로운 사실을 알려주었을 것이다. 그 동안 자기 자신의 성격에 대해 자신감이 없었던 사람은 결국 '나에게도 좋은 점은 있었어.

난 별 볼일 없는 사람은 아니었어' 라는 생각을 하게 되었을 것이다. 물론 좋지 않은 면도 많이 있으나 그것들은 적극적인 난에 써넣은 항목에 의하여 극복할 만한 대상이 되었을 것이다.

이제 **3단계에서 해야할 일은 소극적인 경향을 극복하고 좋은 특질을 권장할 수 있도록 행동 계획을 세우는 일이다.**

하루아침에 기적을 이루려 해서는 안 된다. 현재 여러분의 모습이 있기까지도 수많은 시간이 걸렸을 것이다. 그러므로 그 그림을 바꾸는 데는 적어도 얼마간의 시간이 소요되어야 한다는 것을 각오해야 한다.

먼저 자기의 소극적인 면을 고치려는 노력에 최대의 힘을 기울여야 한다. 사람은 소극성을 극복할 때마다 자동적으로 적극성을 높이게 되기 때문이다. 자기가 적은 소극적인 면들을 주의 깊게 생각하고, 먼저 무엇부터 손을 대야 할지를 결정한다. 조금만 노력해도 고칠 수 있는 것을 먼저 선택하도록 한다. 사람에 따라서는 모든 단점을 한꺼번에 고칠 수 있는 사람도 있을지 모르겠으나, 그렇게 할 자신이 없는 한 가장 쉽게 극복이 가능한 것 몇 가지만 먼저 해보는 것이다. 그리고 자신의 소극성을 없애버리겠다고 결의한 이상 결코 뒤를 돌아보거나 후회해서는 안 된다. 완전한 승리를 얻을 때까지 서두르지 말고 꾸준히 정진한다. 그리고 최초에 선택한 소극성을 없앴으면 새로이 다음 공격 목표를 선택하도록 한다. 소극성 극복에의 노력과 병행하여 적극성을 한층 높이는 활동도 동시에 할 수 있다.

4단계 – 네 번째 단계는 다른 세 가지 절차를 밟아 가면서도 할 수 있다. '나 자신을 지배하고 있다' 라는 생각을 늘 간직하며 생활을 하되 그것에 대하여 생각할 때마다 신중하게 다음의 말을 자기에게 되풀이 해야한다.

"나는 내 생각의 주인이며, 내가 하는 행동의 주인이다. 나는 지금 튼튼한 몸과 눈부신 자유 그리고 기분 좋은 행복의 미래를 약속하는 일만을 하고 있기 때문에 내 인생은 늘 찬란히 빛나게 될 것이다. 내 인생 그리고 내 미래는 내가 개척한다."

이 말을 자기에게 되풀이할 때마다, 여러분은 무언가 이상한 것이 자기 몸 속으로 들어오고 있음을 느낄 것이다. 1단계에서 제시했던 "자기 자신을 존경하는 일"이 쉬워질 것이며 자기 자신이 자기 몸과 마음의 주인임을 인식하는 상태에 도달하는 것이 매우 자연스러워질 것이다.

내 마음을 조절 할 수 있는 마법의 지팡이가 있다면

사람의 정신력은 실패를 성공으로 이끌기도 한다

부엌에 있는 가스레인지의 불은 요리하는 사람의 필요에 따라 그 불의 양을 조절할 수 있다. 요리사가 요리를 서두르고 싶으면 불을 키울 것이고 반대의 경우라면 불의 크기를 작게 조절할 것이다. 3장에서 우리는 우리가 이루고자 하는 목표를 모두 기록함으로써 미래의 모습을 그려보았다. 이번에는 우리의 필요에 따라 우리가 정한 어느 특정한 목표의 실현을 좀 더 빠르게 할 수 있다는 것과 그렇게 하려면 어떠한 방법이 있는지에 대해 알아볼 것이다.

이제 나는 여러분의 인생에 가장 귀중한 재산의 하나가 되는 도구를 하나 주려고 한다. 나는 그것을 "마음의 자"라고 부르도록 하겠다. 여러분은 그것을 "마음을 움직이는 마법의 지팡이"라고 불러도 좋다. 어쨌든 무언가를 하고 싶을 때 이 도구를 사용하면 실패의 기회를 최대한으로 줄이고 성공의 기회를 크게 증대시킬 수 있다.

내가 처음으로 뉴욕의 방송국에서 방송을 시작했을 때, 나는 이 **"마법의 지팡이 - 마음을 자유자재로 조절할 수 있는 자"**에 대하여 이야기한 적이 있다. 그러자 방송이 끝나고 어느 청취자가 만약 10년 전에 이 원리를 알았더라면, 자기는 현재의 모습보다 더 큰 부자가 되었을 거라는 편지를 보내온 일이 있었다. 그는 내가 제시한 "마음의 자"를 과거의 사업에 맞추어 본 결과 자기가 왜 실패하였는지 그리고 어떻게 하면, 그 실패를 막을 수 있었는지 잘 알 수 있었다고 전해왔다.

여러분도 이 가치를 진정으로 알고 싶다면, 여러분이 과거에 했던 일을 "마음의 자"로 재어 보라. 자기가 왜 성공하였는지 아니면 왜 실패하였는지를 그 자리에서 알 수 있을 것이다. 여러분은 이제야 어떤 일이든 성공으로 이끌 수 있는 수단을 가지게 되었다는 것, 그리고 아무리 곤란한 문제라도 너끈히 해결할 수 있다는 것을 알고 감탄하게 될 것이다.

만약 여러분이 엔지니어가 되어 강에 세울 커다란 다리를 설계하는 일을 맡았다면, 먼저 무엇부터 시작하겠는가? 그 강과 관련되어 있는 현재의 모든 정보를 알고 싶어 할 것이다.

강의 너비를 측량하고싶을 것이고, 교각이 세워질만한 곳의 양쪽 지질도 알고 싶을 것이다. 강 가운데 교각이 필요하면, 그 수심도 정확히 알아야 하며, 강바닥의 상태도 그것이 모래인지, 수렁인지, 바위로 이루어져 있는지도 알고 싶을 것이다. 이러한 현재의 상태에 관한 모든 사실을 파악해야 비로소 다리의 설계를 세우는 준비가 된다.

첫째, 이 설명은 내가 "마음의 자"를 이해하는데 기초가 될 것이다.

둘째, "마음의 자"는 세 부분, 다시 말해서 세 개의 면을 가지고 있다.

셋째, "마음의 자"가 가진 첫 번째 면은 우리의 목표다.

넷째, 두 번째 면은 우리자신과 우리의 목표 사이에 있는 장애 요소이다.

다섯째, 세 번째 면은 장애물을 극복하고 목표의 달성을 가능케 하는 행동계획이다.

그렇다면 "마음의 자"를 어떻게 사용해야 할까?

목표 – 이상하게 들릴지도 모르겠지만, 자기가 인생으로부터 무엇을 얻고 싶은가를 정확히 알고 있는 사람은 극히 드물다. 대부분의 사람들은 현재 자신의 상태에 완전히 만족하고 있지도 못하면서, "그렇다면 인생에서 진정으로 얻고 싶은 것이 무엇인가요?"라는 질문에는 언제나 막연한 대답을 하곤 한다. 그런데 이 "마음의 자"를 사용하면, 목표를 이루기 위한 우리의 정신력이 명확해지는 것을 느끼게 될 것이다. 가장 중요한 일은 자기가 원하는 것을 아는 것이다.

만약 여러분이 지금 하고 있는 일에 만족하지 못하고 있으며 더 좋은 일을 원하고 있다면, 어떠한 종류의 일을 원하고 있는지 명확히 알아야 한다. 실제로 입사하고 싶은 회사는 어떤 종류의 회사인가? 여러분이 그 회사에서 실제로 일하고 있는 자기의 모습을 생생하게 볼 수 있을 정도로 명확한 미래의 모습을 마음속에 그려두어야 한다.

만약 여러분의 목표가 멋있는 집을 소유하는 것이라면, 어떤 종류의 집을 어디에 세울 것인가를 먼저 생각해야 한다. 원하는 집의 정확한 타입을 마음의 그림으로 그리는 것이다.

장애요소 – 목표를 설정했다면, 그 다음은 여러분 자신과 목표의 달성 사이에 존재하는 모든 장애 요소들을 생각한다. 마음속에 열거한 그것들을 기록한다. 그렇게 하면 여러분의 목표에 대한 명료한 마음의 그림이 떠오를 것이다. 이제 '마음의 자'를 실천적으로 사용하기 위해 세 번째 단계로 나아가 보자.

행동계획 - 목표를 명확하게 설정하고 여러분과 목표사이에 존재한다고 생각되는 장애 요소들 모두 적었으면 다음에는 행동 계획이 효과적으로 세워지게 된다.

만약 여러분이 그 동안의 목표 달성 실패에 대한 원인을 추리해보면, 이들 세 개의 면 중의 하나가 빠져 있었음을 알게 될 것이다. 특히 두 번째 면에 대해 꼼꼼하게 살펴보지 않았던 데서 목표 달성에의 어려움을 토로하곤 한다. 목표를 가지고 그것을 실현하는 행동 계획도 세웠다. 그러나 행동 계획이 실시될 때의 모든 장애 요소들을 철저하게 생각하지 않았던 결과, 생각하지 않던 인생의 장애물과 마주치게 되고 갈 길을 저지 당하게 된다. 모든 장애 요소들을 미리 생각해두면, 우리들의 행동 계획은 완전한 것이 되고 어떠한 장애물이 나타나더라도 그것을 슬기롭게 헤쳐나갈 수 있는 것이다.

다리를 설계하는 건축 설계사의 예를 들면, 그는 "마음의 자"를 사용하여 과학적으로 행동할 것이다. 앞의 설명에 비추어 보면 다리의 완공은 목표다. 그리고 당연한 일이겠으나 그 건축 설계사는 목표에 관해서 명확히 알고있다. 그는 자기가 설계하고 싶은 다리가 어떤 것인지 알고 있는 것이다. 강의 양쪽 지반의 현재 상태에 대한 연구나 강바닥의 특성에 대한 연구에 의하여 다리 설계시의 장애 요소들이 무엇인지에 대해 명확히 알고 있다. 그리고 현 상태에 근거한 다리의 설계는 건축 설계사의 행동 계획인 것이다.

세일즈맨은 이 "마음의 자"를 아주 유리하게 사용할 수 있다. 이 경우에 세일즈 자체는 목표다. 세일즈에 장애가 되는 요소들은 고객이 사고 싶지 않다고 생각하는 여러 가지 이유이며, 행동 계획은 그러한 장애 요소를 극복하기 위해 세일즈맨이 사용하는 판매기법이다.

다음은 우리의 "마음의 자"가 실제로 활동하는 모습을 도표로 표시했다.

이 도표를 아주 주의 깊게 연구한 후에 자기 자신의 도표를 만들어 목표 설정과 실현의 과정에 활용해 보기 바란다.

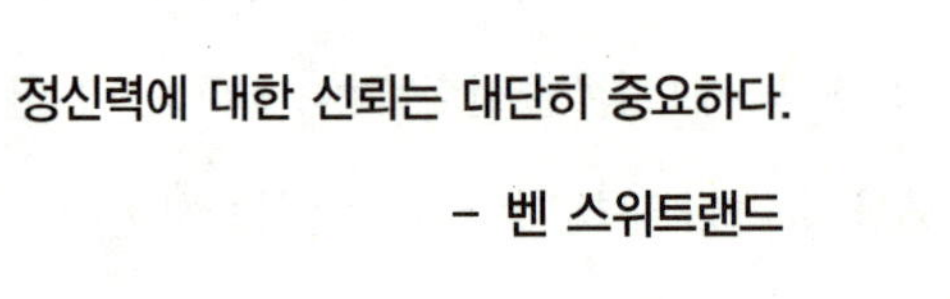

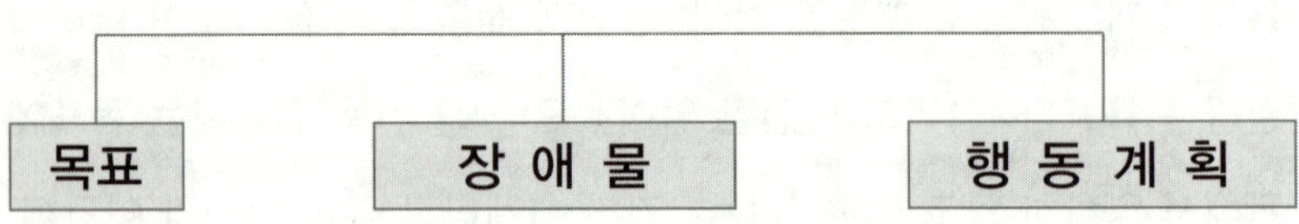

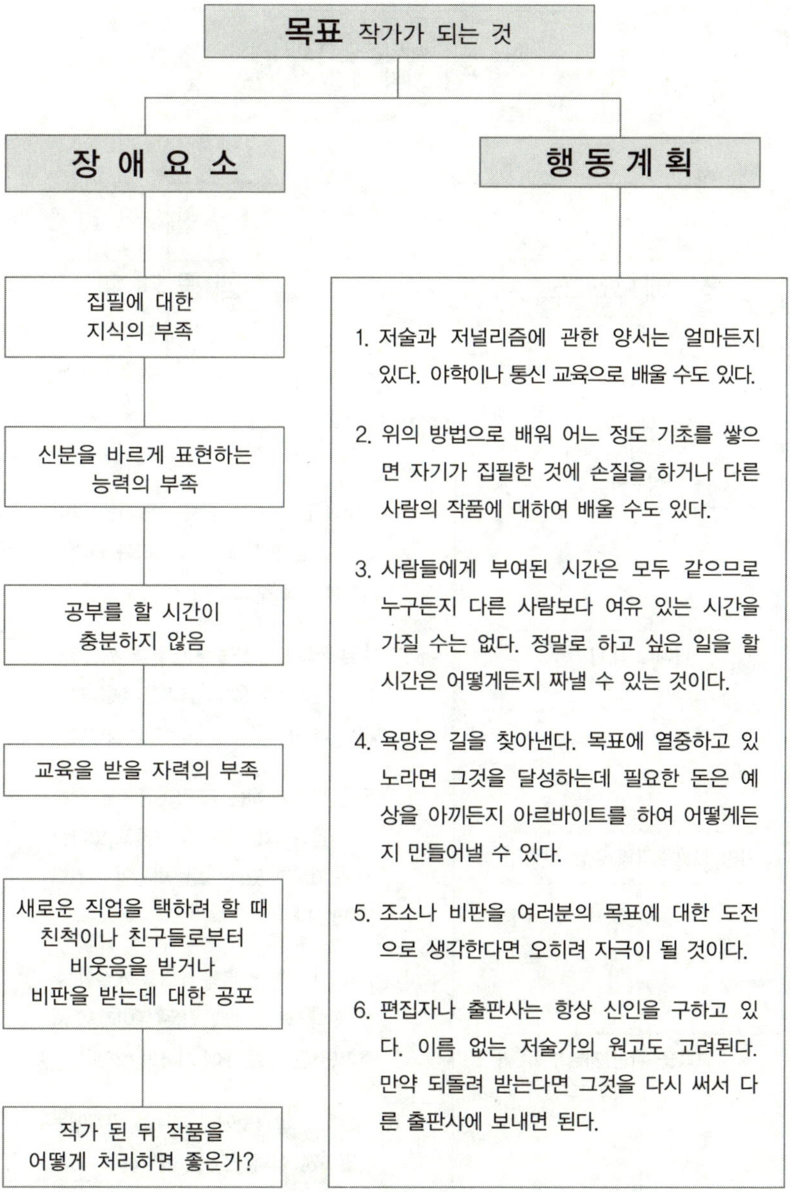

목표 작가가 되는 것

장 애 요 소	행 동 계 획
집필에 대한 지식의 부족	1. 저술과 저널리즘에 관한 양서는 얼마든지 있다. 야학이나 통신 교육으로 배울 수도 있다.
신분을 바르게 표현하는 능력의 부족	2. 위의 방법으로 배워 어느 정도 기초를 쌓으면 자기가 집필한 것에 손질을 하거나 다른 사람의 작품에 대하여 배울 수도 있다.
공부를 할 시간이 충분하지 않음	3. 사람들에게 부여된 시간은 모두 같으므로 누구든지 다른 사람보다 여유 있는 시간을 가질 수는 없다. 정말로 하고 싶은 일을 할 시간은 어떻게든지 짜낼 수 있는 것이다.
교육을 받을 자력의 부족	4. 욕망은 길을 찾아낸다. 목표에 열중하고 있노라면 그것을 달성하는데 필요한 돈은 예상을 아끼든지 아르바이트를 하여 어떻게든지 만들어낼 수 있다.
새로운 직업을 택하려 할 때 친척이나 친구들로부터 비웃음을 받거나 비판을 받는데 대한 공포	5. 조소나 비판을 여러분의 목표에 대한 도전으로 생각한다면 오히려 자극이 될 것이다.
작가 된 뒤 작품을 어떻게 처리하면 좋은가?	6. 편집자나 출판사는 항상 신인을 구하고 있다. 이름 없는 저술가의 원고도 고려된다. 만약 되돌려 받는다면 그것을 다시 써서 다른 출판사에 보내면 된다.

167

목표 세일즈맨으로서의
지위 확립

장애요소

행동계획

세일즈맨 십에 관한
지식부족

판매에 대한
경험 부족

가망 고용주와의 만남 부족

특수교육을 위한 자금부족

훈련을 받은후 직업 찾기 부족

1. 판매에 관하여 쓴 잡지나 양서는 많이 있다. 가정 통신 교육에 의하여 판매의 기초를 배울 수도 있다.

2. 수당제로 판매하는 사람들을 위한 기회는 얼마든지 있다. 경험을 쌓을 때까지는 여가를 이용한 판매도 가능하다.

3. 우선 팔려고 하는 제품의 종류를 정하고 다음에 그런 물건을 만들고 있다든지 도매하고 있는 모든 회사의 리스트를 만든다.

4. 1달러만 가지면 은행 계좌를 개설할 수도 있다. 매 주마다 적은 돈이라도 저축하면 단 시일 내에 거금이 쌓인다.

5. 지망하는 고용주에게 보내는 편지에는 세일즈맨 십의 원칙을 활용하고, 이제는 당신의 서비스를 팔도록 하라.

이룰 수 없을 것만 같은 목표를 실현시키기 위한 기막힌 방법

목표가 아주 크게 보여 그것을 달성한 자기의 모습을 마음에 그리기 어려운 경우가 있다.

어떤 사람이 부엌에서 편리하게 쓸 수 있는 조리 도구에 대한 좋은 발명품을 개발했다고 치자. 그 발명가의 목표는 그것을 전국에 보급하는 것이다. 그는 전국의 모든 점포에서 자기의 상품이 팔리고 있는 모습을 마음에 그릴지도 모른다.

그 시점에서 그는 아직 한 가지 발명품만을 가지고 있는 것이다. 공장이라든가, 기계, 그리고 원료조달 등에 필요한 거액의 자금과 함께 제품을 전국적으로 알리기 위한 거액의 광고비도 생각하지 않으면 안 된다. 이와 같이 생각하면 목표는 놀랄 정도로 확대되게 된다.

이런 경우에는 보통 사람들과 같은 정신력의 척도, " 마음의 자"를 적용하기가 쉽지 않게 된다. 행동 계획을 세우는 일도 곤란하게 될 것이다. 왜냐하면, 목표에의 도달은 멀고도 험한 등산과도 비슷하기 때문이다.

절대 이루지지 않을 것만 같은 꿈을 실현시키고 싶다면 목표를 세분화하라. 즉, 목표를 대 목표와 소 목표로 나누어 생각하는 것이다. 대 목표는 말 그대로 전체적이고 커다란 자신의 목표이고, 소 목표는 대 목표 속에 포함된 일부분을 의미한다. 소 목표들이 전부 모이면 대 목표가 된다.

만약 여러분이 발명가라면 지도를 준비하여 미국 전역 중 샌프란시스코를 손가락으로 짚어 보아라. 미국의 커다란 땅덩어리에 비하면 샌프란시스코는 극히 적은 지역임을 알 수 있을 것이다.

좋다. 그럼 소 목표를 샌프란시스코 해안지역의 개척부터 생각해본다. 이것은 전국적 규모에 비하면, 아주 간단한 일이다. 이 작은 시장을 위해 지방 제조업자에게 발명품의 효용성이나 실용성 등을 근거로 그것을 제조하도록 설득할 수 있을 것이다. 또 이 사업에 흥미를 가지고 적은 자본을 내놓을 지역의 투자자도 찾아 낼 수 있을 것이다. 이 돈은 광고비에 사용할 수 있다. 이로서 대 목표 아래의 첫 번째 소 목표를 달성하는 일은 그다지 어렵지 않다. 하지만 명심해야 할 점은 소 목표 실현을 위해서도 대 목표를 이루려는 노력을 할 때처럼 열심히 그리고 신중하게 행동해야 한다는 것이다. 실제 이 목표가 달성될 때까지는 소 목표가 여러분이 이루어야 할 유일한 목표이기 때문이다. 이 소 목표에 관한 장애 요소를 분석하고 그것을 달성하기 위한 행동 계획을 세워야 한다.

다음 목표 지역은 캘리포니아가 될지도 모르겠는데, 이미 한 일로 미루어 보아 이것도 그리 어렵지는 않을 것이다. 다음 번 목표는 서부의 세 주가 될 것이다. 그리고 그 다음은 로키산맥의 서쪽 모든 지역이 될 것이다. 거기에서 다시 미시시피로 진출하고, 차츰 지역을 넓혀 가다보면 전국적 규모의 유통이라는 최종적 목표에 이르게 되는 것이다.

　미국의 경제를 좌지우지하는 수많은 대기업의 역사를 살펴보면, 많은 회사들이 이런 방법을 통해 회사의 규모를 키워나갔다는 것을 알 수 있다. 가령 빅스 버폴러브 회사는 조지아 주 애틀랜타 시의 조그마한 주방이었다. 그 최초의 시장은 바로 이웃들이었다. 그런데 현재 그 제품은 세계 여러 나라의 구석구석까지 골고루 보급되어 있다.

　한 부인은 나에게 "저는 피아노를 치는 것이 소원인데, 사람들 앞에서 연주하기 전에 연습을 많이 해야한다는 것 자체가 너무 부담이 되어서 시작도 못하겠어요."라며 한탄한 적이 있었다.

　나는 그녀에게 대 목표와 소 목표에 대한 이야기를 해주었다. 그녀는 내 이야기를 듣고, 피아노를 훌륭하게 연주하게 되는 것을 대 목표로 그리고 하나 하나의 기초적인 연습을 소 목표로 생각하게 되었다.

　"매일 한 가지의 연습량을 완성해내야겠다는 생각만 하면 부인의 커다란 목표는 꼭 이루어지게 됩니다. 하루에 한가지의 연습도 그렇게 어려운 일인가요?" 이 질문에 대한 그녀의 대답은 물론 "아닙니다!"였다. 그녀는 레슨을 하나 받고 그것을 완전히 익히는 것은 대수롭지 않다고 인정하였다.

　나는 그녀에게 이제부터는 하루에 하나의 내용만 레슨을 받도록 하되, 그 후의 일에 대해서는 아무 것도 생각지 않도록 충고했다. 어느 레슨도 그것 하나뿐이라는 태도로 받아야 한다고 말하였다.

그 후 수개월이 지나서, 그녀는 감격스러운 듯이 미소를 띠며 이렇게 말했다.

"전 그때 선생님이 저를 그냥 달래주려고 하시는 말씀인 줄 알았어요. 그렇지만 선생님의 플랜은 아주 효과가 있었습니다. 제 피아노 실력은 놀랄만한 발전을 거듭하고 있습니다. 피아노 연주는 이제 조금도 힘들지 않을뿐더러 인생의 즐거움이 되었습니다."

이제 여러분은 황금보다 더 가치 있는 인생을 살기 위한 마법의 길 중간쯤에 서 있다. 그 길을 모두 걸어가느냐 아니냐는 여러분들의 결정에 달려있다. 읽으면서 생각하라.

평범한 성과로 만족하려 해서는 안 된다. 나는 여러분이 이 책 속에 내재되어 있는 모든 가치들을 여러분 자신의 것으로 만들기를 바란다. 그래서 나는 중요한 제안하나를 하려고 한다.

1장에서 10장까지의 내용 전체를 다시 한번 읽기 전에는 11장에 들어가지 말도록 하라. 먼저 1장에서부터 그것을 읽기 전에 눈을 감고, 그 장에서 여러분이 읽었던 것들을 될 수 있는 한 많이 상기해 본다. 그렇게 한 연후에 그 장을 다시 한번 읽는다. 천천히, 주의 깊게 인생의 진정한 가치들과의 두 번째 만남을 이어가라.

열심히 하면 할수록 얻는 것은 더욱 클 것이다. 마음속에 가득 차오르는 인생에 대한 비전과 성공에 대한 확신을 가지고 열정적으로 다음 페이지를 넘기도록 하자.

이제 여러분은 "나는 할 수 있다!"라는 간단한 말에 숨어 있는 그 이상의 의미를 직접 경험하게 될 것이다.

매력적인 사람이 되기 위하여

매력적인 사람이 되는 방법

인생을 매력적으로 살 필요가 있다

이 장은 〈대화〉의 장이다. 왜냐하면 나는 이번 장을, 여러분 앞에 부담 없이 앉아서, 인품을 갖춘 매력적인 사람이 되기 위한 기본적인 것을 이야기하는 형식으로 풀어나갈 생각이기 때문이다.

겨우 몇 페이지를 할애하여 인품의 진정한 의미와 매력적인 사람이란 무엇을 갖춘 사람인가에 대해 설명하려는 것은 힘든 일일지도 모른다.

알다시피 씨앗을 넣을 수 있는 주머니는 아주 작으므로 호주머니나 핸드백에 넣어도 금방 잃어버릴 것 같다. 그런데 이 씨앗 주머니에 담겨진 씨앗이 땅에 내려앉게 되면 우리에게 멋있는 꽃과 꽃밭을 선물해주기도 한다. 여러분도 씨앗 주머니를 생각하는 것과 같은 사고방식으로 11장을 읽어주기 바란다. 단 **우리의 씨앗은 작은 변화를 일으키는 "생각"이다.** 우리가 가지고 있는 씨앗, 우리의 생각을 올바르게 키운다면 찬란하고 매력적인 인품의 꽃을 피게 하는 씨가 될 것이다.

우선 알아야 할 것은 매력적인 인품이란 대체 어떠한 것인가 하는 것이다. 알다시피 우리가 이루려는 목표를 명확하게 그려보지 않는 한, 무언가를 실현한다는 것은 불가능하다. 목표 설정 후에야 그것을 이루기 위한 과정을 계획할 수 있는 것이다.

매력적인 인품은 눈으로 볼 수는 없지만, 가슴으로 느낄 수는 있는 것이다. 기억하라. 매력적인 사람이 되는 조건에는 키가 큰가, 적은가, 마른 편인가, 뚱뚱한 편인가, 성격이 음울한가, 쾌활한가는 포함되어 있지 않다. 사람의 육체와는 관계없이 누구나 매력적인 사람이 될 수 있다는 사실을 알게 될 것이다.

여러분의 주변 사람과 함께 있을 때, 같이 있기가 왠지 불편하다고 느꼈던 사람이 몇 명 있을 것이다. 그런 사람 중에는 교육 정도도 높고 옷도 근사하게 입었고 돈도 많은 사람이 있을지도 모르겠으나, 그에게는 어딘지 모르게 여러분을 불쾌하게 하는 무엇이 있는 것이다. 이러한 사람과 만났다 헤어질 때에는 어쩐지 후련한 기분까지 든다.

그런가 하면 그 사람과 함께 있으면 어쩐지 유쾌하게 느껴지는 사람도 있다. 이 경우도 여러분은 그 이유를 알 수 없을 것이다. 이런 사람들 중에는 다른 사람보다 교육을 받지 못한 사람도 있을지도 모르며, 경제적으로 여유롭지 못한 사람도 있을지 모른다. 그러나 그와 함께 있을 때는 왠지 모르게 유쾌하고 언제나 즐겁다. 왜 그럴까?

육체적인 건강은 틀림없이 중요한 요소 중의 하나이다. 그러나 놀라운 것은 건강치 못했던 사람도 자신의 인격을 개선함에 따라 건강해진다는 사실이다. 마음이 육체를 지배한다는 이론을 증명하는 또 한가지 예이다. 건설적인 생각과 맑은 마음은 육체에 작용하여 전신을 맑고 건강하게 유지할 수 있도록 도와주는 것이다.

그 결과 우리는 매사를 건강과 힘과 활력이라는 관점에서 생각하게 되며, 음식도 현명하게 선택하게 된다. 신선한 공기와 태양광선이 부여한 에너지를 만끽하고 그렇게 함으로써 신체의 모든 조직에 싱싱한 활력을 불어넣게 된다. 피로한 조직에게 새로운 힘을 제공하고 활기를 회복하기 위해 낮과 밤의 시간을 계획적으로 활용하여 적절한 휴식을 하려 한다.

이러한 노력들은 우리 인생에 위대한 전환의 계기를 마련해주기도 한다. 고통, 괴로움이나 두려움 그리고 불쾌함이나 슬픔이 자리잡고 있던 현재의 모습을 과감히 깨뜨리고 폐허에서 솟아오르는 힘찬 불사조처럼 눈부실 정도로 매력적이고 행복한, 새로운 내가 탄생하는 것이다. 우리가 가진 상상력에 한계를 짓지 말자. 우리는 이미 새로운 인생을 느끼고 있다.

나는 이번 장이 몇 페이지에 불과한 인쇄물 이상의 가치가 있음을 실증하고 싶다. 내 이야기를 통해 새로운 세계로 한 발 내딛기 시작하기를 바란다.

모든 사람은 누군가와의 만남 속에서 어떠한 느낌과 인상을 주게 되는데 이것을 통틀어 사람의 '인품'이라 한다. 사람의 인품에는 두 가지 타입이 있다. 하나는 사람들을 자기에게 끌어들이는 매력적인 것이고, 또 하나는 사람들에게 혐오감을 느끼게 하는 것이다. 인품이 이처럼 두 가지로 나뉘는 이유는 잠재의식에 심어진 사고방식의 차이에 의한 것이라 할 수 있다. 따라서 매력적인 인품을 가지고 싶다는 생각을 꾸준히 갖고 있으면, 자기의 생각을 받아들임으로써 매력적인 사람이 될 수 있는 것이다. 생각이 여러분의 인생과 인성을 결정한다.

매력적인 사람이 지니고 있는 성품에 대한 커다란 환상은 그것을 이루는데 대한 두려움을 느끼게 하기도 한다. '매력적인 사람이 되려면 많은 조건들이 요구되는데, 내가 과연 그 조건들을 다 충족시킬 수 있을까?' 따라서 여러분은 몇 주일, 몇 개월, 아니면 몇 년 동안 힘들게 노력해야 매력적인 사람이 될 수 있을 것이라 생각할 것이다. 하지만 그것은 잘못된 생각이다.

매력적인 사람이 되는 과정은 매우 간단하다. 실제로 그것은 너무 간단하여 그 효과를 의심하지 않을 수 없을 것이다. 그러나 분석적으로 깊이 생각한다면 여러분도 이 원칙의 건전성에 마음으로부터 동의할 것이다. 그리고 그것을 활용함으로써 매력적인 사람이 될 수 있다는 것을 본능적으로 알 수 있을 것이다. 그럼, 이제부터 매력적인 사람이 되기 위한 요소와 그를 방해하는 요소는 무엇인지 검토해보자. 이제 여러분 한 사람 한 사람을 위한 특별한 배려가 시작된다.

매력과는 절대 상관없는 8가지 감정 이야기

첫째 : 소심함

소심함과 내성적인 성격은 매력적인 인품을 만들어 가는 데 전혀 도움이 되지 않는 마이너스 요소이다. 소심한 성격을 고치는 일은 어렵게 느껴질 수도 있으나 근본적인 것을 이해하고 나면 흑판 위에 쓰인 백묵 글씨를 지우는 정도로 간단한 일임을 알 수 있다.

대부분의 경우 소심한 성격은 어린 시절에 형성된다. 부모들의 무분별한 행동이나 말이 어린이의 마음속에 소심함과 내성적인 성격을 형성시키게 되고 그 생각이 잠재의식에 굳어져버리게 된다. 적어도 이렇게 형성된 소심한 성격은 그 사람이 소극적인 생각을 적극적인 생각으로 바꾸는 방법을 알 때까지는 남아 있게 된다.

소심한 성격을 극복하는 가장 좋은 방법은 잠재의식을 재교육하는 것이다. 만약 여러분이 아주 당연하다는 듯이 '나는 소심하다', '나는 소심하다' 라는 생각을 계속 품고 있었다면, 지금 그 생각 자체를 바꿀 필요가 있다. 지금 바로 그런 안 좋은 생각들을 떨쳐버리고 용기와 힘, 그리고 굳은 각오를 마음속에 불어넣도록 하라.

자신이 소심하다고 느낄 때마다, 여러분은 자기 자신을 소심하게 만드는 생각들을 잠재의식에 주입시키고 있었던 것이다. 이에 반하여 '나는 소심하지 않고 용기에 넘친다' 는 말을 할 때마다, 여러분의 마음에 대담한 상태를 유지하도록 하는 생각을 잠재의식에 불어넣어 준 것이다.

나는 다음과 같이 경고하고 싶다. 자신이 원하는 모습을 생각하고 되고자 하는 성격유형을 그려볼 때는 단순히 변화를 지켜보겠다는 식의 관찰자의 입장이어서는 안 된다. 이미 자신이 원하는 것을 이루었다고 믿고 행동해야 한다.

씨가 싹을 틔워 식물로 성장하는 모든 과정을 볼 수는 없지만, 씨를 뿌리고 그것을 바르게 재배한다면 식물이 자라난다는 것은 우리 모두가 알고 있다. 내가 제시한 이 원칙은 수학의 '공식' 과 같은 기본적인 원칙이다. 만약 여러분이 자기의 마음에 적극적인 생각을 심어 그것을 소중히 길러낸다면, 마치 꽃이라는 아름다운 결정체를 탄생시키는 식물처럼 여러분이 그 동안 가지고 있었던 소심함은 흔적도 없이 사라지고 마음속에 힘과 용기가 가득 채워지게 될 것이다.

다른 사람의 학벌이나 물질적인 재산으로 열등감을 가져서는 안 된다. 지금 가지고 있은 것, 있는 그대로의 자신의 모습에 자랑스러움을 느끼는 것은 자신에게 커다란 도움이 될 뿐만 아니라 다른 사람에게도 힘을 주는 일이다.

나는 무조건 소심한 성격을 고치라고 이야기하고 싶지 않다. 여러분 자신을 위하여 필요한 것이라면 좀더 적극적으로 나설 필요가 있다는 것을 말하고 싶은 것이다. 다른 사람과 비교하지 말라. 그리고 다른 사람과의 비교 속에서 주눅들지 말라. 그렇게 하는 것이 바로 여러분 자신의 자존심을 지킬 수 있는 길이며 다른 사람들로부터 자연스러운 존경을 불러일으킬 수 있는 최고의 방법이다.

둘째 : 불안

매력적인 사람들은 어려운 일이 닥쳤을 때 쉽게 불안해하거나 호들갑떨지 않는다. 그만큼 불안과 매력은 서로 일치되지 않는다. 그러므로 우리가 유념하지 않으면 안될 점은 불안을 없애는 일이다. 불안은 우리의 정신을 마비시키고 결과적으로 불안의 원인이 되는 요소를 극복하는 것을 어렵게 만든다.

그렇다면, 불안을 극복하는 가장 좋은 방법을 무엇일까? 그것은 우리가 생각하고 있는 것보다도 훨씬 쉽다. 사실 원인과 결과의 관계에 대해서 이해만 하고 있다면 해결책을 금방 나온다. 불안함의 근본적인 원인이 무엇인가?

직장을 잃을지도 모른다는 데서 생기는 불안함인가? 그렇다면 불안해한다고 해서 해결되는 것은 과연 무엇인가? 아무것도 없지 않은가? 오히려 불안한 심정은 우리들의 직장에 그리고 우리들이 하고 있는 일에 최선을 다할 수 없게 만들고, 현재의 불안이 미래의 현실로 나타나게 되는 결과를 초래하게 될 것이다.

혹시 여러분은 건강이 나빠질 것에 대해 불안해하고 있는가? 잠재의식의 힘에 대해서 알고 있다면, 불안함이라는 마음 상태 자체가 우리에게 얼마나 커다란 영향을 주는 지도 알 것이다. 건강은 나이가 들어서 악화되는 것이 아니라, 악화될 것이라고 믿기 때문에 악화되는 것이다. 그것을 나이와는 전혀 상관 없는 것이다. 우리는 이제 소심한 성격을 극복하는 방법과 똑같은 방법으로 불안을 극복할 수 있다. 즉, 불안한 생각이 우리의 머리에 스며들었을 때, 그 일에 대해 일체 생각하지 않는 것이다. 불안한 생각을 하는 것은 우리의 몸과 마음에 해롭다는 사실을 기억하고 있기만 하면 된다. 자기의 강한 힘이 용솟음치고 있다는 사실을 알게 됨에 따라 불안의 원인이 되는 것을 바로잡는데 아무런 곤란도 느끼지 않게 될 것이다.

셋째 : 괴로움

무언가에 대한 괴로움과 걱정은 매력적인 사람이 되는 것을 방해한다. 여러분에게 질문하나를 하도록 허락해주기 바란다. 여러분은 마음의 괴로움을 얼굴에 잔뜩 나타내고 있는 사람에게 '여러분은 정말 매력적이군요!' 라고 이야기할 수 있겠는가? 이런 말을 했다고 해서 나를 냉정한 인간이나 동정심도 없는 냉혈한으로 오해하지 않기 바란다. 나는 단순히 괴로워하는 것은 잘못된 것이며 삶에 도움이 되지 않는다는 것을 지적하고 싶을 뿐이다.

잠시 사업이나 재정상태에 대하여 검토하여 보자. 만약 누군가가 재정상의 문제 때문에 의기소침한 표정을 하고 있다면, 곧 회복해 보이겠다는 자신에 넘친 사람의 그것과는 전혀 다를 것이다. 그리고 가령 그에 대해 동정하는 사람이 있다 할지라도, 그 사람들조차 그를 완전히 재기해서 싸울 기력을 잃어버린 사람으로 생각할 것이다.

나는 재정적으로 어려움에 쫓기고 있는 한 남자를 알게된 적이 있었다. 그를 구할 수 있는 것은 기적밖에 없을 것 같았다. 그러나 그는 자기에 대한 신념을 갖고 있었다. 그는 자기가 자신감과 신념에 넘친 태도만 취할 수 있다면, 괴로운 상황을 극복하고 인생의 승리를 쟁취할 수 있음을 알고있었다. 그리고 자신의 좋지 않은 상황에 대해 주변에 티도 내지 않고, 자기 일만을 열심히 그리고 꾸준히 진행하였던 것이다. 결국 그는 하나하나 극복해나갔다. 현재 그는 행복한 미래를 꿈꾸는 사나이가 되었다.

하지만 만약 그가 괴로워하는 것 이외에 아무 일도 하지 않았다고 상상하여 보자. 그는 아마 사람들의 동정으로 살아가게 되고 그 현실을 받아들이게 되어 불행하고 비참한 인생을 보낼 수밖에 없는 사람에 지나지 않았을 것이다. 괴로움은 우리의 몸과 마음을 해치기만 할 뿐, 아무런 득도 없는 것이다. 건강하고 행복한 미래를 위하여 괴로움 따위는 이제 우리의 삶에 얼씬도 못하게 해야 할 것이다.

넷째 : 자기연민

이번에 다루는 것은 약간 어려운 문제다. 많은 사람들은 자기도 모르게 자기연민에 빠져있는데도 그 사실을 인정하고 있는 사람은 드물다. 그러나 다행스럽게도 자기 분석에서 발견한 여러분의 성격을 다른 사람 앞에서 밝힐 필요는 없다. 소심한 성격이 유년기에 형성되는 경우가 많은 것과 같이 자기 연민도 역시 어릴 때 형성된 특질일 가능성이 많다.

어린 딸이 조그마한 상처를 내거나 긁히기만 해도 당장 큰일이라도 일어날듯 떠들썩하게 수다를 떠는 어머니는 자신도 모르는 사이에 자기 딸을 자기 연민에 가득 찬 여성으로 기르는 것이다.

끊임없이 '아프다', 고통스럽다' 라며 불안을 호소는 사람, 그리고 늘 주변의 동정을 얻으려고만 하는 사람과 함께 있다면 과연 즐거울까? 나는 그렇게 생각하지 않는다. 사람들은 어쩌면 그런 사람과의 자리를 피하고 나면 자기도 모르게 시원할 것이다. 여러분 자신도 이와 같이 사람들을 괴롭히는 일은 없는지 돌이켜 봄이 좋겠다. 함께 있는 사람들에게 동정을 받기보다는 그들을 즐겁게 하는 편이 훨씬 기분 좋은 일이 아닐까?

불황기의 일이다. 한 세일즈맨이 판매량이 감소하자 자기 연민에 빠져 나를 찾아왔다. 사실 그는 일이 정말 꼬이고 있었다. 나는 그에게 고객을 방문했을 때도 언제나 꼬이는 일과 불경기에 대해서 이야기하느냐고 물었다. 그는 나의 얼굴을 바라보며 이렇게 대답했다.

"그렇습니다. 고객이 요즘 경제동향이 어떠하냐고 물어왔을 때, 거짓으로 경제가 호황이라고 말할 수는 없지 않습니까?" 나는 그에게 거짓말을 하지 않고 어떻게 하면 좋은가를 이야기해 주었다. 불경기 같은 것을 이야기하기보다는 현재만큼 바쁜 적은 없었다고 말할 수는 없는지, 그리고 정말 그가 열심히 일한다면 그것은 결코 거짓이 될 수 없다고 가르쳐 주었다.

그 사람은 며칠 후 기뻐하면서 내 사무실을 찾아왔다. "선생님 말이 맞아 떨어졌습니다." 그는 나에게 자신이 방문한 회사의 간부들은 시종 불경기에 대해 말하는 사람보다는 불경기 속에서도 일을 열심히 하고 있는 사람을 만나는 것을 환영해 주더라는 것이다. 그의 인생에서 불황은 이미 끝나고 있었던 것이다. 왜냐하면 그는 자기 자신으로부터 자기 연민을 쫓아내고 있었기 때문이다.

여러분은 지금까지 자기 연민에 빠진 일이 있었는가? 만약 그런 일이 있었다면 다음의 이야기를 기억해두어라. 다른 사람들이 비관적인 자세로 시종일관 세상에 대한 불평만 늘어놓는 걸 보면 화가 나듯이, 다른 사람들도 여러분이 그렇게 불평만 하고 있으면 화가 치밀기 마련이다.

자기 연민을 없애는 것은 매력적인 사람이 되기 위한 가장 중요한 첫걸음이다. 이것이 진리임을 증명하기 위해서는 주변의 친구를 판단하는 근거에 대해 생각해보면 된다. 예를 들어 여러분이 홈 파티에 초

대할 사람들의 명단을 작성할 때 이런 생각을 하지 않을까?

"그래. 존 군을 부르자. 그는 아주 재미있는 사람이니까. 브라운 부인도 빠뜨려서는 안 되지. 그녀는 언제나 파티의 흥을 돋구거든. 그러나 스미스 부인은 어떨까? 그녀는 아름답기는 하지만 사람을 불쾌하게 하거든. 그녀는 언제나 자신의 처지에 대해 한탄만 한단 말이야…."

만약 여러분이 자신을 점검하여 보았을 때 때때로 자기 연민에 빠져 들어가는 버릇이 있다면 지금 곧 그것을 없애버려야 한다.

다섯째 : 타인에 대한 배려의 부족

이 이야기는 어떤 사람들에게는 별로 중요하지 않은 문제처럼 느껴질 것이다. 고(故) 앨비어트 하버드는 다음과 같은 아주 재미있는 말을 남겼다.

"내가 당신을 사랑하는 것은, 내가 당신을 사랑하는 것을 당신도 사랑하기 때문이다."

이 말을 분석해보면, 결국 여러분도 그 참뜻을 이해하게 될 것이다. 만약 여러분이 무척 자랑스럽게 생각하고 있는 소유물을 사람들에게 보여줄 때, 상대방이 더 좋은 것을 가졌다던가, 아니면 더 좋은 것을 가지고 있는 친구나 친척 이름을 말한다면 그 사람을 좋아할 수 있을까? 그런데 만약 상대방이 보인 그의 소유물을 바르게 평가하여 준다면, 서로의 마음은 따뜻한 우정으로 충만하게 되지 않을까? 이것은

"내가 당신을 사랑하는 것은, 내가 당신을 사랑하는 것을 당신도 사랑하기 때문이다."라고 말한 하버드의 뜻을 잘 알 수 있는 단적인 예이다.

약속 시간을 제대로 지키지 않는 것도 남에 대한 배려가 부족한 것의 한 예이다. 시간 약속을 어기는 것은, 여러분이 상대의 귀중한 시간의 일부를 현실적으로 빼앗는 결과가 되는 것이다. 그리고 만약 시간 약속을 잘 지키는 일 따위는 매력적인 사람이 되기 위한 과정과 아무런 상관 관계가 없다고 생각한다면, 약속시간에 늦은 사람을 기다리느라 추운 길가에서 또는 바람 부는 거리에서 서있던 때의 일을 상기하여 봄이 좋다. 그리고 그 때, 자기가 약속을 지키지않은 사람에 대해 어떻게 생각하였던가를 생각하여 보는 것도 좋겠다.

여섯째 : 친구를 사귀는 것

나는 '친구를 사귀고 싶다면 먼저 내가 친구가 되지 않으면 안 된다'고 생각해왔다. 잠깐동안 이 말에 대해 생각해주기 바란다. 여러분이 생각하면 할수록 얻어지는 것은 클 것이다.

여러분은 친구를 무엇이라고 생각하는가? 친구란 여러분의 마음에 드는 사람이라고 생각하는가? 만약 그렇게 생각하고 있었다면 여러분은 단 한 명의 친구도 사귈 수 없을지 모른다. 만약 여러분이 친구로 지냈으면 좋겠다고 생각하는 사람을 만났을 때는 그 사람으로부터 받을지도 모르는 도움 같은 것은 전혀 생각하지 않아야 하며, 먼저 그 사람을 조금이라도 행복하게 해줄만한 일을 생각해야 한다. 그렇게 하면 자기도 모르는 사이 곧 새로운 우정이 싹터 가는 것을 알게 될 것이다. 그러나 사람에 따라서는 이렇게 말할지도 모른다. "주는 것 뿐이라면 친구를 사귈 필요가 없지 않나?"

　이런 사고방식을 갖고 있는 사람은 친구라는 말의 참 뜻을 아직 모르고 있는 것이다. 우리가 친구를 위해서 뭔가 해주는 것은 그들이 우리들의 친구이기 때문이며, 우리는 우리대로 그들에게 행복을 주는 것 자체에 기쁨을 느끼고 있는 것이다. 사람들을 행복하게 해줌으로써 우리들도 행복을 느낄 수 있다면, 결국 우리는 어떠한 보답을 바라지 않고 자연스럽게 그 일을 즐길 수 있는 것이다. 하지만 이상하게도 사람들이 행복해지기를 바라고 했던 우리의 작은 행동들은 사람들 또한 우리가 행복해지기를 바라고 하는 작은 행동으로 되돌아온다는 사실이다.

　그밖에 기억해 둘 것은 다음과 같다. 알다시피 비즈니스 세계에서 기업은 이른바 자산과 부채를 가지고 있다. 부채가 너무 많으면, 어떠한 사업이라도 도산하게 된다. 인생에 있어서는 "친구"는 자산이며, "적"은 부채다. 너무 많은 부채가 있으면 사업이 도산하여 버리듯 "적"이 지나치게 많으면, 개인의 행복은 파괴되어 버릴 것이다. 만약 여러분이 몇 명의 적을 가지고 있다면, 지금이야말로 적의 우정을 얻기 위해 모든 일을 할 수 있는 최적의 시기라는 것을 잊지 말아라. 이제 여러분의 부채를 줄이고, 자산을 늘리도록 하라.

일곱째 : 증오

매력적인 사람이 되고 싶다면 결코 도외시 할 수 없는 아주 중요한 일이 있다. 여러분은 자기가 타인의 마음을 아프게 할 때마다 용서를 구할 정도로 대범한 마음가짐을 갖고 있는가? 그리고 또 다른 사람이 여러분의 마음을 아프게 했을 때, 그것을 용서해 줄 정도로 너그러운 마음을 가지고 있는가? 우리 마음속에 증오라든가 악의를 가지고 있다면 매력적인 사람으로 살 수 없다는 것을 알고 있는가? 증오는 우리의 건강에 해로운 독소를 뿜어내기 마련이다.

내가 말하고 있는 것이 옳은지 그른지를 알고싶다면, 성미가 까다롭고 비관적인 성격의 친구를 잠깐 생각하여 보는 것이 좋겠다. 어떤 일에도, 또 어떤 사람에게도 반대만 하는 사람이 과연 건강할까? 그런 사람은 언제나 고통스러움을 호소하고 있지는 않은가? 까다로움과 비관은 우리의 건강만 해치는 것이 아니다. 증오는 얼굴에 어두운 그림자를 만든다. 눈은 차갑고 날카롭다. 말에는 친절미가 없고, 음성에는 따사로움이 없다. 그것이 매력적인 사람이 되려하는 여러분에게 어떤 영향을 주는지는 쉽게 상상할 수 있을 것이다. 그것은 물과 기름을 혼합시키려는 것과 같다.

여덟째 : 나쁜 버릇

나는 "인품이란 우리가 느끼는 것이지 눈으로 볼 수 있는 것이 아니다."라고 이 장의 처음에서 말한 적이 있다. 나쁜 버릇은 우리의 느낌을 행동으로 옮겨놓은 것이다. 결과적으로 나쁜 버릇은 어울리지 않는 액자가 아름다운 그림을 손상시키는 것과 같이 훌륭한 인격을 무용지물로 만들어 버리기까지 한다.

매력적인 사람이 되는 법에 대해서 방송을 하던 어느 날, 나는 세상에 존재할 수 있는 나쁜 버릇을 가장 많이 적은 사람에게 상금을 주겠다는 내용의 현장 이벤트를 시도한 일이 있었다. 정말 믿기 어려운 이야기인데 어떤 사람이 제출한 리스트에는 나쁜 버릇이 무려 300가지가 넘게 쓰여져 있었다. 여기에는 있을 만한 나쁜 습관이 모두 망라되어 있었다. 입으로 손톱을 씹는 버릇, 손가락으로 소리를 내는 버릇, 손가락으로 사람을 찌르는 버릇, 코를 만지는 버릇, 머리를 긁는 버릇 등등. 여러분도 아마 그 밖의 많은 버릇들을 생각해낼 수 있을 것이다. 결과적으로 그러한 나쁜 버릇들이 매력적인 사람이 되는데 전혀 도움이 되지 않는 다는 것을 알게 될 것이며, 자기 자신이 가지고 있는 버릇들을 고쳐야겠다는 생각을 하도록 만들게 될 것이다.

나는 이번 주제를 이야기하기 전에 11장이 생각의 씨앗을 제공하기 위한 장이라고 말한 적이 있다. 내가 제시하고자 했던 생각의 씨앗은 바로 여러분 자신의 인격과 인품에 대한 성찰을 위한 마음의 씨앗을 의미한다. 만약 내 이야기를 통해 조금이나마 여러분의 인생을 성찰할 수 있는 기회가 되었다면, 그것만으로도 가치가 있는 일이다. 계속해서 여러분 자신에 대한 연구를 해나가도록 하라. 결코 현재 자신의 인격과 성품에 만족하는 일이 있어서는 안 된다. 우리의 인격은 언제나 개선의 여지가 있기 때문에 하루하루 개선해갈 수 있는 것임을 알아야 한다. 그렇게 하면, 곧 친구들이나 친척들 그리고 여러분 자신조차 여러분의 변화에 놀라게 될 것이다.

인간의 정상적인 수명은 125세

자연이 인간에게 부여한 수명은?

이번에는 색다른 것을 다루어 보자. 나는 **'인간의 정상적인 수명은 적어도 125세이다'**라고 생각한다. 그것은 나의 신념이고, 또 이 신념은 과거의 수많았던 위대한 과학자들의 의견에 의하여 뒷받침되고 있다. 나 또한 이 가설을 증명하기 위해서 이번 장을 할애할 생각이다. 즉, 나는 이번 12장을 통하여 인간은 왜 자연이 부여한 수명을 다하지 못하는가를 밝히고, 우리에게 부여된 수명을 지켜내는 방법과 수단에 대한 이야기를 하게 될 것이다.

개인적인 차이가 있기는 하지만 인간이 신체적인 성장을 마치는 연령은 보통 16세에서 20세이다. 그러나 정신적으로 성숙의 영역에 이르는 데는 50세 가까이까지 걸린다. 그러나 우리는 50세 때 이미 죽음을 준비한다. 내 이야기가 어떤 사람들에게는 놀라운 사실로 받아들여지기도 할 것이다. 하지만 이것을 진리처럼 받아들여지고 있는 우리의 현실이다.

매년 봄이 끝날 즈음에 세일즈맨이나 가게 주인들은 여름 대비에 들어간다. 드디어 경기가 급강하는 여름, 그들은 결코 그것을 피하려 하지 않는다. 오히려 그것에 완벽한 대비를 하려는 노력을 한다. 인간의 수명에 관해서도 이와 같지 않으면 안 된다. 50세부터 우리는 하강하기 시작하고, 60세, 70세의 발소리가 갑자기 다가오고 있는 소리를 듣는다.

어릴 때에는 깨닫지 못했던 아픔이나 괴로움이 "나이 듦"의 확실한 징후로써 우리를 엄습하게 된다. 그리고 우리는 친구들의 선의의 충고를 받는 몸이 된다. 우리는 "몸이 옛날 같지 않아요.", "전만큼 젊은 나이가 아니에요." 이런 이유로 이것도 하지 말라, 저것도 하지 말라고 속박 받게 된다. 즉, 우리에게 나이를 의식시키는 일들이 우리 자신이나 다른 사람에 의하여 겉으로 표현되고 나타나게 된다는 말이다.

우리는 정신적인 성숙에 이르려면 적어도 쉰 살까지 살아야 한다. 태어나 20년은 유년기를 거쳐 사회에 진출하여 자기의 목표를 설정하고 능력을 체험할 수 있는 시기이다. 30~40세 사이에는 운이 좋으면, 많든 적든 자기가 뜻한 사업에 정착해간다. 40~50세에는 경험을 누적시키는데 소비한다. 그리고 쉰…. 우리는 갑자기 나이가 들었다는 느낌을 실감하게 된다. 우리는 50년을 오직 인생을 제대로 살아갈 발판을 마련하기 위한 준비에만 소비하였다. 그러나 무엇 때문에 준비한 것일까? 자연이 우리에게 부여한 인생이 과연 이런 것일까?

나는 그렇게 생각하지 않는다. 자연이 인류 이외의 생명체에 할애한 수명을 살펴보자. 가령 개는 1년 안에 신체적인 성장을 마친다. 즉, 태어난 지 1년 만에 성년이 된다는 이야기이다. 그리고 개는 평균 10세까지 산다. 이것은 태어나면서부터 신체적 성장에 이르는 기간의 10배다. 인간을 제외한 모든 생물의 평균 수명은 태어나면서부터 성숙기까지의 적어도 7배이다.

자연은 모순되지 않은가? 왜 다른 생물체에게는 일정한 수명을 부여하고, 만물의 영장인 사람의 수명은 다른 생물의 반 이하의 수명밖에 부여하지 않았을까? 그럴 리는 없다. 만일 자연이 우리에게 부여한 수명대로 산다고 생각하면, 인간의 정상적인 수명은 125세에 달할 수 있음을 증명하려는 것이 이 장의 목적인 것이다.

할리우드에 있을 때, 나는 인생을 체념한 55세의 남자로부터 편지를 받은 일이 있다. 그는 한때 성공 사업가였으나, 시장의 경기가 나빠져 밑천까지 완전히 날려버렸다. 그런데 그의 생각에 자기는 이미 새로운 직업을 찾거나, 새로운 인생을 계획하기에는 나이가 너무 많다고 느껴졌다.

그의 아내가 타 지역에서 결혼해 살고 있는 딸과 함께 지내기 위해

떠났기 때문에, 그는 자기를 도와줄 아들과 남게 되었다. 인간의 정상적인 수명에 관한 나의 라디오 강연을 듣고 그는 나의 이야기에 대해 진지하고 성실하게 생각해보기로 했다. **'만약 정말로 인간의 수명이 125세이고 나에게도 그 법칙이 적용된다면, 지금 내 나이 55세는 아직 젊은 것 아닌가?'** 생각 끝에 그는 자기가 빠져있던 무기력 상태로부터 탈출하여 새로운 희망과 용기를 가지고, 인생을 고쳐 살기로 마음먹게 되었다. 이 사람에게서 내가 받은 최후의 편지는 참으로 감격에 넘친 것이었다. 그는 몇몇 친구들과 의논하고 새로운 사업을 계획하여 벌써 행복한 출발을 하고 있었다. 그는 지금, 아내와 함께 살기 위한 집을 설계하고 있다고 했다.

인생은 50살부터

사람들은 일반적으로 50세가 되면, 실제로 죽음을 맞이할 준비를 시작한다. 왜냐하면 인간은 미래를 위해 건설적으로 살기보다는, 과거에 집착하며 파괴적으로 살아가기 때문이다. 육체를 쓸대로 써서, 더 이상 쓸 수 없는 낡아빠진 기계로 생각한다. 그리고 기계가 덜거덕거리게 되어 일할 수 없게 된 것을 두려워한 나머지 정상적으로 활동하는 것을 주저하게 된다. 그러나 여러분의 정상적인 수명은 적어도 125세임을 생각한다면 50세인 여러분은 어떻게 느낄 것인가? 아직도 그렇게 힘없는 인생을 살 것인가? 이제 겨우 인생의 50년을 지냈을 뿐이다. 이제까지의 50년은 참으로 건설적인 활동을 하는 앞으로의 50년을 위해 정신적 그리고 육체적인 준비기간이었다고 생각할 수 있을 것이다. 50살부터 100살에 걸친 기간은 인생에서도 가장 중요한 시기가 아니면 안 된다. 인간으로 태어나 인류에게 최대의 공헌을 할 수 있는 것이 바로 이 기간이다. 보통 지식인이 '그동안 나는 얼마나 사물의 본질을 알지 못하였는가'를 깨닫게 되는 때가 쉰 살을 훌쩍 넘은 후이다. 오십이 다되었는데도 알아야 할 것에 비하여 우리의 지식이 너무 부족하다는 사실 자체를 완전히 이해하는데도 참다운 지성이 필요하다.

언젠가, 나는 중서부 지방의 어느 큰 도시에 세미나를 하기 위해 주빈으로 방문한 적이 있었다. 세미나의 제목은 역시 '여러분의 정상적인 수명은 125세이다'였다. 참석자의 평균연령은 대체로 40세부터 60세 정도까지였다. 내 이야기가 끝났을 때 한 남자가 다가와서 나에게 이렇게 말했다.

"스위트랜드 씨, 저는 앞으로 몇 주가 지나면 쉰 살이 됩니다. 젊었을 때, 전 현미경에 대하여 공부하고 싶었습니다. 그러나 재정적인 문제로 좋은 현미경을 도저히 구할 수 없었습니다. 지금은 그것을 손에 넣을 수 있게 되었습니다만, 제가 주저하고 있는 이유는 이제 너무 나이가 들었다고 생각하기 때문입니다. 오늘 밤 말씀을 들은 뒤 저는 이 공부를 다시 시작해보기로 결심했습니다."

그 후 한 아름다운 여성이 찾아와서 자기가 몇 살이나 되어 보이느냐고 나에게 물었다. 물론 답하기 어려운 질문이었다. 나는 마흔 다섯 살 전후일 것이라고 대답했다. 나는 정말로 그렇게 생각했다. 그녀는 도저히 그 이상의 나이로는 보이지 않았다. 그녀는 눈을 빛내면서 자기는 이번 생일로 일흔 살이 된다고 했다. 이 여성은 세 개의 회사를 경영하고 있었다. 그녀는 매일 아침 5시에 일어나 하루종일 열심히 일하고 있었다. 그녀의 말에 의하면, 그녀가 그 마을에 온 것은 50살 때로, 더구나 무일푼이었다. 자기가 건전한 자연의 법칙(인간의 수명은 125세)에 따라 행동하고 있다는 사실을 모른 채, 오직 인생의 성공에 모든 것을 걸로 살았다. 그녀는 자기의 나이에 대한 두려움 자체를 갖지 않았다. 그리고 그녀는 지금의 건강 상태로 미루어 본다면, 특별한 사고나 사건이 없는 한 아마 백 스물 다섯 살의 수명을 충분히 살 수 있을 것으로 보였다.

내가 '장미'라고 말했을 때, 여러분의 마음속에는 무엇이 떠오를까? '장미'라는 글자를 볼까? 아니, 그렇지는 않을 것이다. 6장에서 이야기했듯이 장미를 그림으로 떠올릴 것이다. 이 "마음"이라는 것은 말로 생각하지 않고 영상으로 생각하기 때문이다. 우리는 보고, 듣고, 읽는 모든 것을 마음의 영상으로 바꾸는 것이다. 바꾸어 말하면, 우리는 듣거나 읽는 것을 마음의 눈으로 '보는' 것이다.

잠재의식은 의식의 영향을 받는다. 만약 우리가 소극적인 생각을 가지고 있다면, 우리는 소극적인 사람이 될 것이다. 만약 우리가 적극적인 생각을 한다면, 적극적인 사람이 될 수 있다. 이것은 대단히 중요한 것이므로 반드시 마음에 간직하기 바란다. 우리의 마음속에 새겨지는 모든 것들은 잠재의식에 의해 활동하고, 잠재의식의 영향을 받아 나타나는 참다운 본보기이다. 그것은 건축가에게 있어서는 청사진과 같다.

우리가 125살의 정상적인 수명에 다다르길 진정으로 원한다면, 마음의 상태를 어떻게 해야하는지에 대해 생각해보자. 만약 우리가 힘겹게 살아가는 것은 그리고 너무 빨리 늙어버리는 것은 아주 나쁜 마음의 그림 때문이라고 한다면, 그것은 거짓일까?

무엇보다도 인간은 자연이 인간에게 부여한 수명을 다하지 못하고 있음을 명확히 해두고 싶다. 이 지구상에 서식하는 다른 생물을 예로 본다면, 인간의 수명은 적어도 125살이어야 함에도 불구하고 말이다.

하지만 우리들의 수명이 백 스물 다섯 살임이 당연하다면, 왜 우리는 50년 전후에 벌써 노화 현상이 나타나고, 몇 년 뒤에는 죽어가고 말까? 물론 이것은 타당한 질문이다.

과거에는 인간의 수명이 그만큼 낮았던 이유를 위생 관념의 부족이나 빈곤으로 지적해왔다. 인간의 수명은 인류가 자기 보존에 관한 더 많은 지식을 갖춤에 따라 해마다 늘어났다.

인간은 자연이나 병균을 지배함으로서 장족의 발전을 이루었다. 그리고 노동을 줄일 수 있는 기구의 발명에 의하여 번거롭던 생활 수단을 극히 간단하게 만들었다. 그리고 21세기, 현재 우리는 인생의 가장 중요한 비밀의 하나 —잠재의식의 힘에 대하여 이야기하기에 이르렀다.

이제 "우리는 왜 쉰 살에 노화하는가?"라는 질문에 답해보자. 그것은 "쉰 살이 되면 누구나 늙는다."라는 고정관념에 의한 그림을 우리 마음속 뿌리깊은 곳에 간직하고 있기 때문이다. 다음에 이 사고방식에 대하여 한번 더 설명하겠지만, 우선 이 사고방식에 밀접한 관계를 가지고 있는 생물학상의 사실을 서술하고자 한다.

우리의 신체는 몇 조개에 이르는 세포로 이루어져 있다. 우리의 세포는 끊임없이 노화하고 새로운 세포와 교체되고 있다. 11개월 동안에 육체의 세포는 대부분이 교체된다. 그리고 7년 동안에 세포 전부가 새로운 것으로 교체된다.

새로운 세포는 잠재의식의 지시 하에 생산되고, 이들 세포는 분명히 의식의 영향을 받는다. 따라서 우리가 잠재의식 속으로 '빨리 늙어버리게 될 것'이라는 생각을 전하게 되면 어느새 잠재의식은 새로운 세포 생산을 줄이게 되는 것이다. 이것이 우리가 노령의 그림을 마음속에 갖기 때문에 노화한다고 이야기한데에 대한 설명이다.

이제 인간이 서둘러 노화 현상을 나타내기 시작하는 이유를 쉽게 알 수 있을 것이다. 우리 스스로가 인간의 정상적인 수명이 70살이라고 생각하고있기 때문인 것이다.

우리들의 잠재의식은 의식이 기억하지 못하는 생각들을 "마음의 그림"의 형태로 모두 기억해두고 있다가 몸과 마음에 그것을 재생한다. 우리는 50대에 '내가 60세가 되면, 어떻게 변할까?' 라는 마음의 그림을 가진다. 그리고 60이 되었을 때는 그 그림이 우리 몸과 마음으로 나타나게 된다.

거울은 우리에게 좋지 못한 때가 가끔 있다. 대부분의 사람들에게 거울은 나이를 깨닫게 하는 큰 원인이 되곤 하기 때문이다. 우리는 보통 거울 앞에 설 때는 혼자이다. 자기가 거울에 어떻게 비치는가 볼 때, 우리의 얼굴 표정은 굉장히 신중해진다. 왜냐하면 자기가 타인에게 어떻게 보이는가를 비판적으로 보려 하기 때문이다. 우리가 신중하게 되면, 얼굴 속의 잔주름이 뚜렷하게 나타나고, 그것이 신중한 표정에 심각도를 더하게 된다.

아무튼 거울 앞을 떠나면, 어떤 일이 일어날까? 우리는 최후의 자기를 보았을 때, '내 표정은 심각하고, 얼굴에는 주름만 가득하군' 이라는 마음의 그림을 계속 가지는 것이다. 그 마음의 그림이 어느새 잠재의식 속에 저장되어 우리의 몸에 그것을 재생시키게 된다.

그러나 거울은 우리가 마음만 먹으면 우리에게 도움을 주는 존재가 되기도 한다. 거울 앞에 서서 삶에서 가장 행복했을 때를 생각해 보라. 둘째라면 서러울 정도로 활짝 웃어 보이는 것이다. 아주 유쾌한 일만 생각하고, 웃음을 띄운다. 자기 자신이 아주 젊어 보이지 않는가? 그리고 어느새 자기 자신이 굉장히 매력적인 사람이 되어있지 않은가? 거울에 나타난 모습 그대로를 받아들여라. 여러분은 행복한 사람이다. 만약 이제부터 거울을 들여다 볼 때마다 행복한 표정을 짓는 습관을 만든다면, 여러분은 끊임없이 행복한 인생을 살 수 있을 것이다. 행복에 겨운 잠재의식은 여러분의 몸을 튼튼하게 만들고, 여러분의 정신을 기쁘게 만들 것이기 때문이다.

젊음을 유지하는 다섯 가지 법칙

젊음을 유지하기 위해서 우리가 "젊음"이라는 마음의 그림을 계속 간직하고 있어야 하는 것은 자명한 사실이다. 그런데 그전에 그 "젊음"이란 것이 무엇을 뜻하는지 이해해두어야 한다. 젊음이라고 하는 것은 젊음의 활동력을 향유할 수 있는 마음가짐을 가지고 있으며, 얼굴에 젊음이 넘쳐 불꽃이 튀고 있는 그리고 여러분의 정신이 활동적이고 민첩한 상태를 가리키고 있는 것이다. 그리고 젊음은 무엇보다도 "젊다고 느끼는 것" 그 자체이다.

이제 나는 젊음의 정신적인 면에 비추어보았을 때, 지금 보다 더 젊어질 수 있으며 그 젊음을 유지할 수 있는 다섯 가지 법칙을 이야기할 것이다. 당부하건대 내가 이야기 하고자 하는 "젊음의 법칙"은 그저 읽는 것만으로는 충분하지 않고, 그것을 바탕으로 실행하여야 한다는 점을 명심하여야 한다.

젊음의 첫째 법칙 - 125살이 인간의 정상적인 수명이라는 생각을 받아들이고 그것에 따라 살아라.

자신이 적어도 125살까지 살 수 있다는 보장을 받고 있다는 생각 하에 인생의 설계를 세워야 한다. 만약 여러분이 예전부터 무언가 새로운 공부를 하고 싶다는 욕망을 가지고 있었다면, 현재 자신의 나이가 몇 살인지 상관하지 말고 그것을 실행하면 된다. 예순 살, 일흔 살, 여든 살이 되었다 할지라도 그림이나 저술, 음악, 그리고 과학을 공부하기 시작하여 성공한 사람이 수없이 많다. 무언가를 배우고 새로운 것을 익히기에는 나이가 너무 많다고 할 수 있는 유일한 시기는 여러분이 '내 나이가 너무 많다'고 느끼는 바로 그 때일 뿐이다.

젊음의 둘째 법칙 - 젊음을 의식하라.

이제 여러분은 마음도, 몸도 아직 젊다고 생각해야한다. 현재 자신의 건강 상태가 훌륭하다는 마음의 그림을 가져야 한다. 젊다는 것 이외에 다른 생각은 하지 말아야 한다. 지금, 여러분의 체세포는 끊임없이 새로워지고 있음에 대해 의심하지 말아라.

젊음의 셋째 법칙 - 과거도 현재도 아닌, 미래에 살아야 한다.

이것이 무슨 말인지 이해할 수 있겠는가? 우리에게 과거를 다시 산다는 일은 있을 수 없음을 잘 기억해 두어야 한다. 현재보다도 과거에 더 관심을 두게 되면, 언제까지라도 그 일에 구애받는 삶을 살게 될 것이고, 결과적으로 자기를 불쌍하게 여기게 될 것이다. 과거의 기억은 훌훌 털어 버리고 좋은 경험 한번 했다고 생각해버려라. 그리고 지금부터라도 할 수 있다고 생각하라. 과거에 과오를 범하였더라도, 그것을 한탄하는데 시간을 낭비하지 말아야 한다. 젊어지고 싶다면 무조건 미래에 살아라.

젊음의 넷째 법칙 - 미(美)에 대한 취미를 가져라.

아름다움에 민감하여야 한다. 무엇이든지 아름다움의 관점에서 사물을 보도록 자기 자신을 훈련하라. 나무와 꽃, 산과 바다와 일몰의 아름다움을 의식하라. 여러분이 좋아하는 것을 상상하는 습관을 길러라.

거울을 가까이 하라. 여러분 자신을 바라볼 때마다 거울을 향하여 미소를 던지게 되면, 여러분의 얼굴도 저절로 행복을 위한 얼굴로 바뀌어갈 것이다. 거울 속에서는 신중함도 나이 듦도 내비쳐서는 안 된다. 젊음을 표현하라. 젊음의 아름다움을 자신의 몸과 마음속에 끊임없이 간직하라.

젊음의 다섯째 법칙 - 자기가 가진 지식을 활용하라.

지식은 그것을 활용하지 않으면 아무런 소용도 없다. 자연스럽게 느껴질 때까지 몇 번이고 이 원칙을 반복하여 읽어야 한다. 그리고 이 법칙을 한두 번만 실천할 것이 아니라, 그것이 생활의 일부가 될 때까지 실천해야한다. 우리들은 대부분의 생활을 습관에 의지하여 행하기 마련이다. 이제부터 지식을 활용하는 것을 여러분의 새로운 습관이 되도록 만들어라.

몇 주 뒤에 친구들이 여러분의 변화를 발견하기 시작하면 이 사고 방식에 따르는 일이 훨씬 쉬워질 것이다. 보람이 생기기 때문이다. 노력은 최초의 몇 주간으로 족하지만 여러분의 인생은 좀더 건설적인고 발전적인 모습으로 변모해갈 것이다.

건망증 없애기

사람은 자기가 아는 것을 모두 기억하고 있다

엄밀하게 말하면, 기억력이 나쁘다는 것은 있을 수 없다. 누구든지 생애에 걸쳐 읽거나 들은 것은 잠재의식 속에 기억되기 마련이다. 이렇게 말하면 사람에 따라서는 '만약 우리가 경험했던 모든 것을 기억하고 있다면, 왜 무언가를 잊는 것에 대한 두려움을 갖게 되는 것일까?' 라는 질문을 할지도 모른다. 누구나 한번쯤은 틀림없이 집에 가위가 하나 있음을 알고 있는데, 아무리 생각해도 그것을 둔 곳이 기억나지 않아서 찾을 수가 없었던 일을 겪은 적이 있을 것이다. 이것은 기억에 관한 좋은 설명이 된다. 어떤 사실을 알고는 있는데, 그것을 의식 속으로 다시 불러들이는 일은 도저히 할 수 없는 것이 바로 건망증이다.

우리는 어느새 "나는 어떤 사실을 잊어버렸다!"라고 말한다. 물론 이것은 사실이다. 하지만 만약 그 원인을 탐구하고 이미 배운 지식을 활용한다면, 이미 알고 있던 정보가 의식 속에 되돌아오지 않는 원인을 찾아낼 수 있을 것이다.

여러분은 이 책을 통하여 알게된 마음의 본질에 대하여 돌이켜 생각해봄이 좋다. 이제 여러분은 의식 속으로 들어온 생각은 의식의 명령으로 작용하고 잠재의식에 전달된다는 것을 알고 있을 것이다. '잊어버렸다' 라고 말하는 것은 결과적으로 여러분의 잠재의식에게 그 기억을 애써 되살리지 않도록 만들어 버리는 꼴이 된다. 잊어버렸다는 확고한 생각으로 마음의 문을 닫아버리고 있다. '잊어버렸다' 는 생각대신 "조금만 생각해보면 기억이 되살아날 거야"라고 말해보라. 신기하게도 여러분은 실제로 기억이 되살아남을 느낄 수 있을 것이다. 그것은 여러분 자신의 잠재의식을 깨워 활동하게 하도록 마음을 지배한 결과이다.

많은 사람들은 나이가 들면, 기억력이 나빠진다는 생각을 품는다. 그러나 지금부터 말하는 것을 성실하게 실행하는 사람은 결코 그렇지 않을 것이다.

대부분의 사람들은 나이가 들면, 여러 가지 일에 관심이 많아진다.

한가지 특정한 사건이나 사물에 흥미를 갖고 있다가 마음의 변화로 그 흥미 거리가 다른 것으로 옮겨질 때, 예전의 관심사에 대하여 생각의 실마리를 잃는 일이 틀림없이 자주 있기 마련이다. 이와 같은 기억의 속임수를 경험한 사람은 곧 자기의 기억력이 나빠졌다고 생각해버리는 것이다. 그런 생각은 자기 내부의 무한한 힘, 잠재의식에 전달되어 실제로 그 상태를 더욱 나쁘게 만들어 버린다.

많은 사람들은 자기의 기억력이 나빠지고 있다는 것을 입에 오르내리게 함으로써 점점 기정사실화하고 있다. 이런 사람들에게 나는 다음과 같은 격려의 말을 전하고 싶다.

기억력이 나빠진다는 것은 결코 있을 수 없다. 기억력은 결코 나빠지지 않는다. 여러분이 어릴 때 매던 빨간 넥타이를 기억해냈을 때, 그 빨간색이 분홍색으로 퇴색해버리는 일은 결코 없을 것이다. 또한 여러분이 어렸을 때, 들었던 즐거운 웃음소리를 의식에 재생하였다 할지라도 그 소리가 낮은 웃음소리로 바뀌어 버리는 일은 결코 없을 것이다.

빨간색은 원래와 같은 생생한 색이며, 즐거운 웃음소리는 옛날 그대로 소리높이 들릴 것이다. 가령 기억의 일부가 완전하지 못한 일이 있더라도 기억해낸 것은 최초에 경험한 그대로의 것이다.

최근에 나는 5년 전에 머문 일이 있는 호텔을 방문한 일이 있었다. 호텔 카운터에 들어서자 한 호텔 직원이 나의 이름을 부르며 "스위트랜드 씨, 다녀가신 지 벌써 5년이 되었군요.”라고 말하면서 내가 숙박 명부에 사인을 하고 나니, 그는 “이전에 쓰시던 방으로 하시겠습니까?”라고 물어왔다. 어떤 사람은 이와 같은 기억력에 경탄할지 모르겠으나, 그 호텔 직원은 보통 사람이면 누구라도 할 수 있는 일을 했을 뿐 조금도 이상할 것이 없다.

레코드 숍의 여점원은 몇 천 종류나 되는 레코드가 있는데도 불구하고 그것들이 어디에 있는지 모두 암기하고 있다. 손님이 레코드의 이름을 대면, 그 소녀는 조금의 망설임도 없이 그것이 꽂혀 있는 선반으로 가서 꺼내다 주는 것을 목격한다. 확실히 그녀는 기억력이 좋으나 여러분이나 나의 기억력보다 특별히 좋은 것은 아니다. 내가 하는 말을 좀더 강조한다면 그녀의 기억력은 우리들의 기억력보다 특별히 뛰어나지 않는다는 뜻이다.

누구나 가지고 있는 기억력 되살리기

기억력 훈련에는 크게 두 가지 방법이 있다. 기계적인 방법과 심리적인 방법이다. 기억력을 좋게 하는 기계적인 방법은 연상 즉, 마음속에 기억의 요소들을 하나씩 연상해 나가는 방법이다. 이 방법에 의하면, 보통 하나의 단어 혹은 숫자와 관련된 일련의 그림이 기억된다. 그리고 이들 그림은 기억해야 할 사실을 관련짓는 마음의 열쇠가 되는 것이다.

좀더 구체적으로 설명하기 위하여 꿀벌의 벌집과 부서진 의자 이야기를 하도록 하겠다. 부서진 의자를 기억 리스트 1항에 있는 것으로 하고, 2항은 꿀벌의 벌집이라고 하자. 이제 여러분은 벌집과 부서진 의자를 결부하는 것이다. 이때, 마음속에 색다른 상상을 하면 할수록 오래 마음에 남게 된다. 부서진 의자를 마음에 기억함에 있어서 두 번째 그림인 벌집을 동시에 마음속에 간직한다. 그러면 의자와 벌집을 어떻게 결부시킬까? 여러분은 마음속으로 상상하면 된다. 의자가 부서져 있으므로 꿀벌이 의자의 주위에 떼 지어 있고 부서진 곳에서 분주하게 들락거리는 것을 볼 수 있을 것이다. 결국 나중에 벌을 떠올리면, 벌의 그림으로부터 자동적으로 벌이 떼 지어 있는 부서진 의자가 보이게 된다.

이 방법은 기억하기 쉽고 더구나 재미있게 할 수 있어서 많이 사용되고 있다. 지속적으로 이 방법을 사용하다보면 그것은 습관이 된다. 마치 자신이 해야할 일을 항상 수첩에다 써 놓던 사람이, 적는 일을 하지 않으면 곧 잊어버리는 것과 같다.

이제 기억력을 좋게 하는 심리적 방법에 대해 알아보자. 그 방법에 의하면, 사람은 '자기가 기억력이 좋다는 생각을 할 때, 모든 일을 가장 쉽게 기억할 수 있게 된다' 는 것이다.

즉, 기억력 훈련과 관련한 심리적 방법이란 '나는 기억력이 좋다'

는 의식을 갖는 것이다.

이제 기억력을 높이기 위한 "다섯 가지 간단한 방법"을 알아보자. 이것을 읽으면서 생각하고 기억한 것을 실천한다면, 현재 여러분의 기억력이 어느 정도인가에는 관계없이 기억력이 훨씬 좋아져 있음을 알게 될 것이다.

기억력을 좋게 하는 첫 번째 방법 – 끊임없이 '나는 기억력이 좋다'라는 생각을 해야 하고, 실제로 그러하듯이 행동해야 한다. 바로 지금, 이 순간부터 '나는 기억력이 좋다'고 생각한다. 며칠동안 '나는 기억력이 좋다'는 생각을 몇 번이고 자기 자신에게 들려준다.

사실 그동안 여러분이 '나는 기억력이 나쁘다'라고 생각하고 있었다면, 갑자기 '나는 기억력이 좋다'고 생각을 바꾸는 일은 모순처럼 여겨질 수도 있다. 하지만 이런 생각을 해보는 것은 어떨까? "나는 지금껏 나에 대한 어떠한 고정관념이 있었기에 현재와 같은 것이다. 따라서 나 자신에게 변화를 주기 위해서는 나 자신에 대한 나의 태도를 바꾸지 않으면 안 된다." 여러분이 '나는 기억력이 좋지 않다!'는 생각을 할 때마다, 이미 여러분은 그 상태를 실현시키고 있었던 것이다.

여러분의 행동과 생각의 모순을 극복하기 위해서는 여러분이 그동안 가지고 있던 생각들, 즉, '나는 기억력이 나쁘다', '나는 물건을 잘 잃어버린다.', '나는 기억할 수 없다'는 등의 생각을 버려야한다. 그런 생각은 모두 여러분의 적극적인 생각을 부정하게 된다. 언젠가 여러분이 과거의 기억을 생각해내려고 하다가 그것이 곧 떠오르지 않는다고 해서 '그럼 그렇지, 내 기억력은 원래 이 모양이라니까.' 라는 생각으로 마음의 문을 닫아 버리지 말고, '나는 기억력이 좋으므로 금방 생각해낼 수 있을 거야.' 라는 생각을 하는 것은 어떨까? 이 방법의 현명함을 아는 것은 결코 어려운 일이 아니다. 이 절차에 따르기만 하여도 여러분은 현재보다 훨씬 좋은 기억력을 갖게 될 것이다. 나머지 네 방법은 보다 빨리 기억력을 갖게 하는데 도움을 주기 위한 것이다.

기억력을 좋게 하는 두 번째 방법 – 두 번째 방법의 주제는 "집중"이다.

여러분은 어떤 사람의 이야기를 들으면서 한편으로는 다른 생각을 해본 경험이 있을 것이다. 그런 경우, 시간이 지나면 여러분이 무슨 이야기를 들었는지 도저히 생각나지 않는 일이 많다.

정신의 집중은 기억력을 좋게 하는데 대단히 도움이 된다. 정신의 집중은 처음에 다소 자기 훈련이 필요하다. 여러분에게 다른 사람과 중요한 대화를 나누면서 필요 없는 일을 생각하는 나쁜 습관이 있는 경우는 특히 그렇다.

집중력 훈련의 가장 좋은 방법은 바로 "독서"이다. 사실 많은 사람들이 책을 읽으면서 다른 일을 생각하곤 한다. 결국 책의 내용을 나중에 생각해보면 도통 기억이 나지 않기 마련이다.

그렇다면 이제 책을 통한 집중력 훈련의 방법을 이야기하도록 하겠다. 우선 흥미 있는 책 한 장을 읽은 뒤, 그것을 덮어두고 방금 읽은 책의 내용을 생각해내는 것이다. 만약 한 장을 읽는 것이 조금 길다고 느껴진다면, 한번에 한 페이지씩 읽고 책을 덮은 뒤 읽은 것을 모두 생각해내도록 하라. 이 연습을 1주에서 2주간 하다보면 독서를 통한 집중력 향상이 얼마나 효과적인가를 알 수 있을 것이다.

사람의 이야기를 들을 때는 이야기의 내용에 대해 생각하면서 듣는 습관을 기르도록 하라. 이야기가 끝나면, 여러분이 들었던 내용 모두를 생각해내도록 노력해보라. 이러한 노력을 통해 여러분은 집중력을 강화할 수 있을 것이다.

우리는 누구나 한번쯤 예전에 봤던 사람의 얼굴은 기억이 나는데, 이름이 기억나지 않는 경우를 겪곤 한다. 만약 그러한 일이 없었다면, 그 사람은 극히 희귀한 기억력을 가진 사람 중에 하나일 것이다. 그렇다면 여러분은 왜 이름보다도 얼굴을 오래 기억하게 되는 것인지 알고 있는가? 그 이유는 극히 간단하다. 사람을 소개받을 때 듣게되는 이름이 아주 뚜렷하게 발음되는 일은 별로 없다. 게다가 이름을 이야기하는 그 시간도 1초 내지 2초 정도이다. 그런데 얼굴은 이야기하고 있는 동안 쭉 보게 된다. 그러므로 이름보다도 얼굴을 기억하기 쉬운 것은 조금도 이상할 것이 없다.

그러나 만약 약간의 노력만 기울인다면, 얼굴과 이름을 함께 기억하는 일은 매우 쉬워진다. 다른 사람을 소개받을 때, 그 사람의 이름을 다시 한번 이야기해보라. "뵙게 되어서 영광입니다. 트록 머튼 씨!" 만약 이름이 쉽게 익히기 어려운 이름이라면, "희귀한 이름이군요. 트록 머튼 씨!" 이 밖에도 이름을 기억할 수 있게 하는 여러 가지 방법이 있다. 명함을 받는 방법도 있다. 이렇게 하면 귀로 듣고 기억하는 것 이외에 눈으로 보고 기억할 수 있다는 또 한가지 이점이 있다. 그 이름을 몇 번이고 써보는 것은 기억하는 데에 도움이 될 것이다.

두 번째 방법의 효과를 보기 위해서는 실생활에서 활용하는 것 이외에 더 좋은 방법을 없다. 첫 번째 방법을 통해 이미 여러분의 기억력이 좋아졌다는 사실을 의식하라. 즉, 언제든지 '나는 기억력이 좋다' 라고 생각할 수 있게 된 것이다. 기억력에 관한 여러분의 생각들은 이제 여러분의 잠재의식에 무한한 힘을 불어넣어 줄 것이다. 이제부터 무언가를 기억하고 싶을 때는 '어쩐지 잊고 싶지 않다' 는 등의 소극적인 생각을 버리고, 이렇게 말하는 것이다. **"나는 분명히 이것을 기억하겠다!! 나는 기억력이 매우 좋은 사람이다!!"**

기억력을 좋게 하는 세 번째 방법 – 피아노 레슨을 받을 때, 대개 선생님은 실력과 과정에 맞는 일정한 분량과 과제를 할당하고 그것을 익히는 방법을 가르치기 마련이다. 물론 그것이 잠재의식의 일부가 되기 위해 충분히 연습을 쌓을 때까지는, 어떠한 피아노 연주곡도 자신의 것이 될 수 없을 것이다. 그것은 레슨을 하는 선생님도 크게 강조할 것이다.

첫 번째 방법과 두 번째 방법을 마스터함으로써 이미 여러분은 좋은 기억력을 갖추고 있는데, 그러한 원칙이 여러분이 가지고 있는 잠재의식의 일부가 되기 전까지는 실질적으로 여러분 자신에게 큰 가치를 부여하지 못할 것이다. 그러므로 이 경우도 연습이 대단히 바람직한 것이다. 따라서 세 번째 테마는 기억력 훈련에 대하여 이야기하기로 한다.

이 책을 읽고 있는 여러분들 중 어떤 사람들은 '내가 조금만 더 젊었더라면, 기억력을 향상시키는 일이 더 쉬웠을 텐데….' 라고 생각하기도 할 것이다. 그러나 분명히 말하지만, 나이의 적고 많음은 기억력과 관계가 없다. 30대인데도 기억력이 나쁜 사람이 있는가 하면, 80대가 되어도 뛰어난 기억력을 갖고 있는 사람도 있다. 그것은 연령의 문제가 아니고 활용방법의 문제다.

이제부터 이야기하게 될 기억력 훈련은 첫 번째 방법에서 서술한 좋은 기억력을 갖고 있다는 의식을 더욱 발전시키는 데 도움이 될 것이다. 연습할 때마다 좋은 기억력을 갖고 있다는 느낌이 조금씩 증가할 것이다.

숫자놀이를 하는 것은 기억력을 발전시키는 데 효과적이다. 거리를 걷고 있을 때는 큰 숫자를 찾는다. 자동차의 넘버가 적격이다. 자동차 곁을 지나는 동안에 넘버를 잠깐 보고 그 숫자를 마음에 새긴다. 그리고 번호판에서 눈을 떼고 될 수 있는 한, 많은 수를 생각해내는 것이다. 처음에는 숫자 전부를 기억하기가 약간 어려울지도 모르겠으나,

이 연습을 계속하는 동안 차츰 쉬워진다는 것을 느낄 수 있을 것이다.

근육을 사용하지 않으면 나이가 많든 적든 볼품 없이 축 늘어지게 되는 것처럼, 기억력도 그것을 활용하지 않고 있으면 나이와 상관없이 둔해지기 마련이다. **기억력 훈련은 기억력을 개선할뿐더러 정신을 보다 기민하게 하는 효과가 있다.** 그리고 그것은 집중력 향상에도 큰 도움을 준다.

시를 암송하는 것도 기억력 훈련의 좋은 방법중 하나라고 알려져 있다. 처음에는 짧은 시로 시작하라. 그리고 '이것을 기억하는 것은 간단한 일이다' 라는 생각을 마음에 지속적으로 새기는 것이다. 짧은 시를 간단히 기억할 수 있게 되면, 이번에는 긴 시를 골라서 그것을 마음의 창고에 간직하는 것이다.

여러분은 쇼핑을 할 것이다. 그런데 쇼핑하기 전, 사야할 물건의 리스트를 만드는가? 이제는 쇼핑 리스트를 적지말고 머리 속으로 기억하는 연습을 한다. 쇼핑몰에 갔을 때는 그것을 생각해낼 수 있는지 어떤지에 의문을 갖지 말고, 반드시 기억하고 있다고 확신한다. 자기는 기억력이 좋으므로 충분히 기억할 수 있다는 생각으로 안심하고 있어야 한다.

이야기를 재미있게 하는 사람이란 메모해놓은 것을 그대로 읽는 사람이 아니라 자신의 가슴속에 있는 이야기들을 자유롭고 조리 있게 이야기하는 사람이다. '나는 기억력이 좋다' 는 사실을 의식한 뒤라면, 이와 같은 일도 결코 어려운 일은 아닐 것이다. 그러므로 기억력 훈련을 생활화하도록 하라. 많은 사람 앞에서 이야기하기 전에 '나는 이야기하고 싶었던 모든 내용을 충분히 생각해낼 수 있다' 라는 확신을 가져야 한다.

지금까지 서술해온 기억력 훈련은 역시 기억력 훈련에 관한 모든 것을 망라하고 있는 것은 아니다. 상상력을 약간만 활용하는 것으로도 그 밖의 많은 것을 더 얻을 수 있지 않을까? 중요한 것은 여러분이 기억력 향상을 위한 노력을 열심히 해야 한다는 사실이다.

세 번째 방법을 끝내면서 특별히 일러두고 싶은 것은 즐거운 마음으로 훈련에 임하라는 것이다. 훈련자체를 뜨거운 감자처럼 대하는 것보다는 멋진 게임을 하고 있다는 생각을 한다면 훨씬 즐거운 훈련이 될 것이다. 결국 연습이 싫다고 생각하는 대신 기회가 있을 때마다 연습하게 될 것이다.

기억력을 좋게 하는 네 번째 방법 – 네 번째 방법은 관찰력을 기르는 것이다.

무언가를 보는 사람은 많으나 그것을 관찰하는 사람은 드물다. 잘 보고 있는 것 같아도 본 것에 관하여 아무것도 기억에 남지 않을 때가 많다.

관찰력에 대해 알아보려면, 우리가 살고 있는 근처의 집에 대하여 생각해보는 것이 좋다. 우리 집 근처에 얼마만큼의 집이 있는가? 옆집은 어떤 모양을 하고 있으며 페인트 색은 어떤 색이던가? 파란대문

집의 정원은 어떻게 되어 있는가? 우리는 그 곳에 몇 년 동안 살아 왔고 날마다 그 집들을 봐왔는데도, 주변의 집들에 대한 자세한 정보를 기억하지 못하곤 한다.

벽에 걸어놓은 광고용 캘린더를 보지 않고 거기에 인쇄된 광고주의 이름을 이야기할 수 있는가? 그러한 재치 있는 일을 할 수 있는 사람은 그리 흔하지 않을 것이다.

우리가 무언가를 "관찰하는 것"이 아니라 단지 "보는 것"이라는 것을 증명하기 위한 또 한가지 사례가 있다. 뉴욕 시에 있던 내 사무실에서 일어났던 일이다. 한 방문객과의 대화 중에 나는 그가 뉴욕 시에서 열리고 있는 어느 전람회를 구경하러 갈 생각이 없느냐고 물어봤다. 나는 전람회가 열리고 있는 빌딩의 이름을 댔다. 그것은 마천루(Skyscraper)라고 불리는 커다란 빌딩이었다. 그는 그 빌딩의 소재지를 물었다. 그리고 내가 그것을 가르쳐주자, 그는 약간 난처한 모습으로 몇 년 동안을 하루에 두 번씩은 그 빌딩의 곁을 지나고 있는데도 그런 빌딩이 있다는 것을 전혀 모르고 있었다고 고백하는 것이었다.

관찰력을 개선하는 좋은 방법의 하나는 출근길을 바꾸어보는 것이다. 매일 회사에 출근하고 있는 사람이라면, 매번 같은 길로 가지말고 그것을 바꾸어 보는 것이다. 출근할 때는 직선 도로로, 퇴근할 때는 또 다른 우회 길로 가는 것이다. 이러한 방법을 통해 여러분은 색다른 흥미를 느끼게 될 것이다. 그리고 오고 가는 길의 주변 경관을 자세히 관찰한 뒤 나중에 관찰했던 것을 다시 생각해보는 것이다.

관찰력을 기르는 데는 여행도 꽤 도움이 된다. 여러분은 여행 중에 흥미를 느꼈던 그림으로 마음을 가득 채워 돌아오게 될 것이다.

오늘 이 시간부터 관찰을 생활의 일부로 만들어라. 보는 것은 모두 관찰하도록 자기 자신을 훈련하는 것이다. 이러한 연습을 일주일동안 계속하다보면, 여러분은 틀림없이 놀라게 될 것이다. 여태까지 여러분이 인생에서 잃고 살았던 부분들이 많았다는 것을 비로소 깨닫게 될 것이기 때문이다.

"관찰하는 것"을 터득한 사람은 변명하는 일이 전혀 없다. 쓸데없는 사람과 함께 있는 경우에도 다른 사람을 관찰하는 것으로 그들이 왜 그러한가를 알려고 노력함으로써 즐기는 것이다. 사람들의 행동이나 그것에 대한 반응을 연구함으로서 여러 가지 새로운 것을 배울 수 있다. 버스나 전철을 기다리고 있을 때에도 조급해할 필요가 없다. 여러분의 눈을 활용하면 된다. 건너다 보이는 범위 안에 있는 모든 사물을 관찰하는 것이다. 그렇게 하면, 여러분의 생각이 건설적으로 흐르기 시작하는 것을 알 것이다. 사물이나 사람에 관한 여러 가지 생각들이 여러분의 마음깊이 파고들어 오래도록 기억할 수 있게 된다.

기억력을 좋게 하는 네 번째 방법을 제대로 활용하기 위해서는 매일 밤, 잠깐 동안 여러분이 낮에 관찰한 것을 상기하여 보는 것이 좋다. 여러분은 매일 밤 '세상은 정말 재미있는 곳이군. 그동안 왜 이처럼 재미있는 인생을 깨닫지 못하고 지나쳐 버렸나?' 라는 생각을 하며 반드시 후회하게 될 것이다.

기억력을 좋게 하는 다섯 번째 방법 – 초등학교 시절에 우리는 시각(Sight), 촉각(Touch), 미각(Taste), 후각(Smell) 그리고 청각(Hearing)이라는 오감(Five Senses)에 대하여 배웠다. 기억과 관련하여 보통 사람들은 오감 중에 시각과 청각의 둘을 이용하는 것이 보통이다.

그러나 기억력이 뛰어난 사람을 잘 살펴보면 오감을 모두 사용하던가, 아니면 적어도 기억해야할 사항에 관계 있는 모든 감각을 이용하는 것을 알 수 있다. 시각에 의하여 눈에 보이는 특징, 크기라던가 색깔 그리고 재료에 대하여 미리 기억한다. 촉각으로 구조라던가 겉에 나타나는 세밀한 곳까지 매끈하다던가, 거친 것을 기억의 세포 속으로 새겨 넣는 것이다. 미각은 우리에게 그것이 달다던가 시큼하다던가 맵다는 것을 알려준다. 후각은 그것이 향기롭다던가 냄새가 나쁘다는 것을 가르쳐 주며, 청각은 음이 높다던가 시끄럽다던가 즐거운 소리라는 것을 우리의 기억에 전달한다.

이들 다섯 가지 방법은 모두 제각각인 것처럼 보여도 서로 밀접한 관계가 있다. 이 방법 중 한 가지만을 활용하더라도 기억력을 좋게 하는 데는 더할 나위 없이 도움이 되는 것이 사실이지만, 이 **다섯 가지 감각을 모두 활용한다면 믿기 어려울 정도의 성과를 여러분에게 안겨 줄 수 있을 것이다.**

끝내주는 대화법

잠재의식을 이용한 대화법

사람은 누구나 다른 사람들 앞에서 유창하게 이야기하기를 원한다. 즉, 멋있고 논리적인 화술의 대가가 되길 원하는 것이다. 그런데 많은 사람들은 끝내주는 화술의 재능이 극히 적은 사람들에게만 부여된 특별한 능력이라고 생각한다. 우리는 대화를 훌륭하게 이끄는 사람에게 감탄한다. 그러나 실망할 필요는 없다. 사람이라면 누구나 대화와 연설에 능숙한 사람이 될 수 있다. 그리고 지켜야할 규칙에만 주의를 기울인다면, 그것은 생각하는 것만큼 어려운 일은 아니라는 것을 알 수 있을 것이다.

우리는 항상 자기가 가지고 있지 않은 특질을 가지고 있는 사람에게 경탄하곤 한다. 우리를 가로막고 있는 것은 뛰어난 사람이 아니라, 이러한 사고방식이다. 지금까지 우리는 우리의 의식, 즉 마음의 그림이라고 하는 생각들이 잠재의식화 하는 것을 목격해왔다. 그러므로 자신이 대화에 능통하지 않다는 생각을 가지고 있으면, 그 생각들은 어김없이 잠재의식 속으로 흡수되게 된다. 그런데 만약 자신이 대화에 능통하며 여러 사람들 앞에서도 이야기를 잘 할 수 있다는 생각을 가지고 있다면, 잠재의식은 그렇게 되도록 노력할 것이다. 그리고는 그렇게 만들고 말 것이다. 여기에서 알 수 있듯이 우리가 취해야할 첫걸음은 **'나는 대화를 잘 할 수 있다. 그리고 나는 사람들과 이야기를 능통하게 할 수 있다'는 자각을 하는 것이다.**

대화를 잘하는 사람은 어떤 사람일까? 단지 이야기를 재미있게 이끌어 갈 줄 아는 사람에 불과하다. 물론 그것은 일과 우리의 생활에 도움이 된다. 따라서 이제부터 이야기하는 원칙에 따르려는 노력만 한다면, 여러분이 가지고 있는 대화의 능력이 한층 좋아지게 되는 것을 경험할 수 있을 것이다. 또한 그렇게 함으로서 여러분은 매력적인 사람이 될 수 있을 것이다.

먼저 '나는 대화를 잘 한다' 고 생각해야 한다. 다른 사람과 동석하고 있을 때, 그 대화에서 여러분도 작은 이야기일지라도 이야기의 꽃을 피워라. 이제 여러분의 생각은 자유롭게 흐르고, 여러분이 생각하고 있는 것을 쉽고 재미있게 표현할 수 있다고 인식해야 한다. 처음에는 이러한 생각과 행동들이 어색하고 낯설어서, 좀처럼 쉽게 되지 않을 수도 있다. 특히 여태까지 '나는 정말 말을 못해' 라고 생각했던 사람일수록 낯설음이 심할 것이다. 그러나 행동(Motion)은 감정(Emotion)을 유발한다. '나는 다른 사람들과의 대화가 즐거워!' 라고 믿게 만드는 마음은 이윽고 여러분의 가슴속에 뿌리를 박고 실제로 그런 사람이 되도록 재창조할 것이다.

또한 대화를 잘하기 위해서는 이야기할 재료가 없으면 안 된다. 이야기할 재료는 바로 정보이다. 모든 분야의 정보를 자유로이 입수하여 자기의 것으로 만드는 자세가 필요하다.

대화의 왕이 되려면

첫째, 새로운 사건에 정통할 수 있게 날마다 적어도 믿을 수 있는 신문 한 가지는 정성 들여 읽어야 한다.

대화를 잘 하는 사람은 결코 대화가 싫증이 나지 않게 해야 한다. 그날의 화제를 준비해둠으로써 언제 어디서나 이야기를 할 수 있도록 해두어야 한다.

둘째, 매월 좋은 잡지 한두 권은 읽어야 한다.

그리고 거기에서 문학, 음악, 연극, 미술, 과학 등의 다양한 정보를 얻어야 한다. 정보는 바로 대화를 잘할 수 있게 하는 무기가 된다.

셋째, 라디오 방송의 뉴스는 신문에 나지 않는 뉴스를 알려준다.

다른 사람들은 신문에 나지 않은 화제를 알고 있는 여러분을 무엇이나 잘 알고 있는 사람이라고 생각하게 될 것이다.

넷째, 텔레비전과 영화는 대화를 위한 좋은 화제 거리를 제공하여 준다.

그것을 봄으로써 텔레비전이나 영화의 탤런트들을 알게 된다. 그 연기의 테크닉도 배울 것이며, 세계의 여러 지방과도 친숙하게 되며, 사진술에 대해서도 많은 것을 배울 수 있다.

다섯째, 광고를 읽어야 한다.

광고에는 뉴스 가치가 있다. 의·식·주에 대한 새로운 사실을 알게 되면, 그것은 모두 대화를 위한 화제 거리가 되는 것이다.

여섯째, 대화의 왕이 되려면 질문을 많이 해야 한다.

대부분의 사람들은 다른 사람과 이야기할 때 자신의 무지를 드러내 놓는 것을 두려워한 나머지 질문하는 것을 주저한다. 이것은 올바른 태도가 아니다. 사실 지식이 풍부한 사람 치고 무엇이든 알려고 노력하지 않는 사람은 없다. 학문을 꽤 많이 한 사람도 그에게 가장 흥미 있는 문제에 대해서 모두 다 알고 있다고는 말할 수 없는 것이다. 무언가에 대하여 배우면 배울수록 배울 것이 아직도 무궁하다는 사실을 깨닫게 된다.

상대방이 논하고 있는 문제에 대하여 질문을 하는 것은 이야기하는 사람에 대한 예의이다. 그것은 상대방의 이야기에 관심을 가지고 있다는 표시인 것이다. 또한 질문을 통해 자신이 알고 싶어하던 정보를 얻을 수도 있다.

일곱째, 대화의 왕이 되려면 들을 줄 아는 사람이어야 한다.

잘 듣는 사람이 되는 것은 말 잘하는 사람이 되는 것과 마찬가지로 일종의 성공 법칙이다. 듣는다는 것은 그저 묵묵히 있다는 것이 아니다. 그것은 눈을 이리저리 굴리는 대신 말하는 사람에게 시선을 집중함으로써 상대가 이야기하고 있는 것에 관심을 표하는 것이다.

여덟째, 특정한 문제에 대한 토론을 위한 미팅이 아니라면, 대화에 변화를 주는 것은 좋은 일이다.

하나의 화제가 싫증이 날 무렵 다른 화제로 이야기를 바꾸는 것이다. 상대방을 얼굴 표정과 행동을 잘 관찰하다보면, 그 화제가 참으로 상대방의 관심을 끄는지 아닌지를 알 수 있을 것이다.

대화는 혼자서 하는 연극이 아니다. 의견이나 사상의 교환이다. 상대방에게도 적당히 이야기할 기회를 줄 필요가 있다.

아홉째, 대화의 왕이 되려면 표정과 음성을 부드럽고 따뜻하게 해야 한다.

이야기도 노래하듯이 음악적으로 표현할 수 있는 것이다. 말에 생명을 주는 것이다. 모든 말에 표정을 부여하면서 큰 소리를 내어 읽는 것은 좋은 연습이 된다. 읽고 있는 책에서 한 장을 뽑아내 표현력을 연습하는 것은 좋은 방법중의 하나이다. 음성과 얼굴 표정의 표현력이 날로 좋아지는 것을 느끼게 되면 실로 이야기하는 것 자체가 즐거워질 것이다.

사람과 이야기할 때는 그 사람에게 친밀한 표정을 지어야 한다. 너그러운 표정은 자연스럽게 따사로움이 깃들어 있는 음성을 자아내고, 그것은 다른 사람이 여러분을 좋아하게 되는 원인이 될 것이다.

강연의 법칙

언젠가 여러분이 속한 모임의 미팅에 나갔을 때, 당황했던 적이 있는가? 모임의 리더가 다음 미팅에서 강연을 이끌 멤버를 선정하는 자리에서 말이다. 여러분은 될 수 있는 한, 사람들의 눈에 띄지 않기 위해 의자에 숨는 것처럼 앉아 있었을 것이다. 그리고 '혹시 지명되지

나 않을까?' 하는 생각에 여러분의 심장은 격렬하게 뛰었을 것이다.

그 후 다른 사람이 지명되어 안도의 숨을 내쉬고, 심장의 고동이 진정되어 감에 따라 쑥스러워 주위의 사람과 소곤소곤 이야기하기 시작하였을 것이다.

그런데 그 날 밤, 여러분은 기분이 썩 좋지 않았다는 것을 느꼈을 것이다. 잠을 이룰 수 없었을 정도였을 지도 모른다. 침대 위를 이리저리 뒹굴면서 자기가 연단에 서서 태연한 자세와 유려한 음성으로 열광적인 청중의 주의를 끌고 있는 모습을 상상해보지는 않았는가?

결국 여러분은 '나는 왜 그렇게 할 수 없는 것일까?' 라고 자문했을 것이다. 강연을 준비할 사람이 선정되는 자리에서 조바심을 내던 자기 자신의 모습을 떨쳐버리고 싶었을 것이다.

어쩌면 예전에 들었던 다른 사람들의 일화를 떠올리기도 할 것이다. 이프스위치 부인이 이야기했던 그녀의 남편에 대한 이야기를 생각해낼지도 모른다. 그녀의 남편은 한 회사의 리더십 미팅 자리에서 강연을 하기로 되어 있었는데, 그 강연 준비 때문에 사흘 밤을 새웠다. 가족들은 하루에 12번이 넘는 연습 강의를 묵묵히 앉아서 듣지 않으면 안 되었다. 이윽고 강연을 하기로 한 날의 전날 밤이 되자 마지막 옷차림에는 이웃사람들까지 동원되는 수선을 피웠다. 그만한 준비는 다시 할 수 없을 것이라며 연단에 올라갔을 때, 결국 그녀의 남편은 준비했던 강연의 내용을 모두 잊어버렸다고 했다.

또한 여러분은 젊은 변호사 존스 이야기도 빼놓지 않고 생각할 것이다. 그가 하원의원에 선출되어 하원에서 처음으로 연설하기 위해 했던 피나는 연습 이야기를 말이다.

그리고 여러분은 마음속으로 예전에 읽었던 대화법이나 강연의 원리를 자세히 소개해놓은 책을 떠올릴지도 모른다.

그리고는 결국 '틀렸어. 틀렸어!' 하고 자기 자신에게 말할 것이다. '연설은 나에게 당치도 않은 것이야. 지금 화려한 대화법이나 연설을 잘하는 법을 배우는 것은 불가능해. 그것은 타고난 연설가가 아니면 안 되는 거였어.' 라고 결론짓고 체념해버릴 것이다.

하지만, 그것은 잘못된 생각이다. 이미 우리는 매일매일 다른 사람과의 만남을 통해 대화를 하고 있기 때문이다. 그 대상과 규모가 조금 다를 뿐이지 말을 하는 것, 그리고 대화를 하는 것은 같지 않은가? 두더지 무덤을 산으로 생각하고 오를 것을 두려워하는 것은 시작도 하지 않은 자의 선입견이 아닐까?

무대에 올라 강연을 하기 위한 훈련은 몇 개월 혹은 몇 년을 허비할 일이 아니다. 만약 지금 긴장을 풀고 남은 내용을 서서히 주의 깊게 그리고 생각하면서 읽는다면, 내일부터라도 무대에 올라 훌륭한 강연을 할 수 있을 것이다.

나는 인구 5만 이상의 미주 각 도시에서 수많은 청중을 상대로 강연을 해 왔음에도, 지금까지 한번도 대화법이나 이야기를 풀어 가는 원칙들을 배운 적은 없다. 그런데도 나는 내 강연을 통해 성공의 동기를 부여받았으며, 깊은 영감을 얻었다는 편지를 클럽, 회사, 단체, 그리고 모든 종류의 그룹으로부터 수없이 받고 있다.

언젠가 나는 연단에서 즉흥적으로 쉽게 이야기하는 방법을 알기 위해, 내 이야기 스타일을 분석해본 적이 있다. 사실 나는 매번 강의를 할 때마다 노트에 메모해둔 극히 간단한 줄거리에 따라 이야기할 뿐, 미리 준비하는 일은 거의 없다. 라디오 방송에서 나는 감탄사까지도 완벽하게 준비된 시나리오를 사용하지 않고, 메모만 보고 즉석에서 이야기하도록 허용된 몇 사람 중의 한 사람이다. 이렇게 말하면 나를 대중 앞에서 극히 자연스럽게 행동할 줄 아는 특수한 사람으로 생각할지도 모르겠지만, 그것은 잘못된 생각이다. 서른 살쯤의 나는 오히려 소심한 사람 축에 속했다.

내 이야기의 구성을 연구한 결과 나는 강연을 할 때, 내가 배운 심리적 원칙 몇 가지를 활용하고 있음을 알았다. 그리고 결과적으로 강연을 가장 논리적이고 재미있게 구성할 수 있는 심리적인 방법은 세 가지 기초 위에 서 있다는 것을 알게 되었다. 세 가지 원칙은 각각 세 장면으로 세분된다. 도달한 결론은 너무나 간단했다. 하도 간단해서 혹시 이 원칙에 어딘가에 미비한 곳은 없는지 스스로 체험해보고, '과연 진정으로 도움이 되는가?' 또 '내가 그랬던 것처럼 다른 사람에게도 이 법칙이 통용될 수 있는가?' 에 대해 알아보는 작업에 착수했다. 그래서 나는 샌프란시스코에서 창조적 심리학에 대한 강연을 할 때, 사람들 앞에서 이야기를 잘 하는 법 **〈1, 2, 3의 원칙〉**을 설명하기 시작하였다. 그 결과는 놀라울 정도였다. 1주일도 채 지나지 않았는데, 강연을 들었던 사람들 대부분은 연단에 서서 준비된 강연이 아닌, 즉석 메모만으로 이야기할 수 있게 되었다. 더욱 커다란 성과는 그때까지 클래스 안에서 질문에 답하는 것조차 주저할 정도로 소심했던 한 부인이 훌륭한 연설을 할 수 있게 되었다는 것이다.

〈1, 2, 3의 원칙〉이란

먼저 최근에 들었던 강연을 떠올려보기 바란다. 그 강연 내용을 어느 정도 기억하고 있는가? 아마 세 가지정도의 화제 거리는 기억해낼 수 있을 것이다. 드물게는 그 이상의 것을 생각해낼 수도 있을 것이다. 만약 연사가 강연 중에 많은 이야기를 다루려고 노력했더라도 여러분은 결국 세 가지 이야기 정도만 기억하게 될 것이다. 결과적으로 우리의 마음은 한번의 강연을 들으면, 강연 내용 중 세 가지의 큼직한 주제에 따르는 줄거리는 기억할 수 있다는 것을 의미한다. 이것은 참으로 중요한 원칙이다. 그러므로 한 강연에서 세 가지 이상의 주제에 대해서는 이야기할 필요가 없으며 이야기해서도 안 된다는 명백한 결론이 나온다.

세 가지 이야기를 기억해두는 것은 누구나 조금만 노력을 기울이면 할 수 있는 일이다. 영화를 본 후, 영화의 줄거리를 자상하게 풀어낼 수 있는 능력정도만 있으면 된다. 영화의 경우도 서론과 본론 그리고 결론, 이렇게 세 부분의 커다란 주제만 기억하면 줄거리를 이야기할 수 있는 것이다. 세 가지 주제를 따르는 법칙은 어디에든 적용이 가능한 것이다. 간단하지 않은가? 세 가지 주제의 원칙에 따라 이야기하면, 듣는 사람도 이해하기 쉬워진다. 그리고 친구와 함께 무언가를 이야기하고 있을 때, 꼭 해주고 싶은 이야기를 잊지 않도록 하기 위해서는 **이야기의 실마리, 즉 이야기를 풀어가게 해주는 열쇠 같은 생각**을 적어두는 것도 좋은 방법이다.

그럼 이번에는 듣는 사람의 마음에 강한 인상을 주도록 세 가지 이야기를 확실하게 이용하는 방법을 알아보자. 이 경우에도 〈1, 2, 3의 원칙〉이 적용된다.

유명한 달변가로 소문난 남부 지방의 한 흑인 목사가 설교를 훌륭하게 할 수 있는 비결에 대한 질문을 받게 되었다. 그의 대답은 참으로 조리 있고 훌륭한 것이었다.

"처음에는 내가 그들에게 지금부터 말하려고 하는 것을 이야기합니다. 그리고 나의 머릿속 그리고 가슴속에 저장되어있는 다양한 경험들을 예로 들어 이야기합니다. 마지막으로 내가 했던 이야기들을 정리해줍니다." 굉장히 간단하고 명료하며 논리적이지 않은가? 좋다, 우리들의 대화 속에서도 이 방법을 활용해야 한다. 각각의 이야기를 세 부분으로 나눈다. 도입부와 메인 이야기와 클라이맥스로.

이것이 사람들 앞에서 매끄럽게 이야기하기 위한 〈1, 2, 3의 원칙〉
이다. 손바닥에 들어갈 만한 작은 카드에 이야기를 하기 위한 간단한
메모를 해두는 것이 좋다. 그 카드 안에 하고자 하는 이야기의 세 가
지 중요한 테마를 나타내는 '열쇠가 되는 생각'을 적어두는 것이다.
그리고 만약 필요성을 느낀다면, 세 가지 테마의 밑에 각각 세 개의
좀 더 자상한 메모를 적어둔다. 이렇게 하여 총 아홉 개의 간단한 메
모로 이야기 전체가 구성되는 것이다.

그러면 실례를 들어 구체적으로 설명해보자. 먼저 여러분이 학교의
PTA(Parent Teachers Association)때문에 강연준비를 하고 있는
것을 전제로 하자. 어린이에 대한 깊은 조예를 가지고 있는 여러분은
아동 심리에 대한 이야기를 해달라는 요청을 받은 상황이다. 그렇다
면 이 주제를 세 부분으로 나누어 보자.

예를 들면, 다음과 같은 방법이다.

① **아이가 태어나기 이전의 교육 방향**

② **태어난 후의 교육**

③ **청년기**

이 3대 주요 테마가 다시 각각 세 개의 흥미 있는 부분으로 나누어
진다.

또 다른 모임에서는 최근 멕시코 여행에 대한 강연을 부탁해올지도

모른다. 미숙한 연사라면 '이거 큰일인데'라고 생각할지도 모른다. 그러나 〈1, 2, 3의 원칙〉을 터득한 사람이라면, 지금 바로 연필을 들어 1, 2, 3이라 쓰고, 잠깐 생각한 뒤 그 숫자 옆에 다음과 같이 쓸 것이다.

① **여행**

② **비교 지리학**

③ **주민**

　강연시간은 어느 정도면 좋을까? 이것은 좋은 질문이다. 20분이 지나면 청중은 시계를 보기 시작한다. 30분 뒤에 그들은 시계가 고장 나지 않았나 확인하기 위해 시계를 흔들어보게 된다. 대부분의 사람들이 집중할 수 있는 최대의 시간은 25분 정도다. 따라서 25분 이상 이야기하지 말아야 한다. 청중에게 '어휴, 이제 끝났다' 하고 생각하게 하는 것보다는 조금 아쉽게 끝내는 편이 좋다는 것을 잘 기억해두어야 한다. 그리고 "결론을 말씀드리면…."이라는 말을 몇 번이고 되풀이하지 않아야 한다. 주제에 알맞은 내용을 다 이야기했으면, 단호하게 매듭지어야 한다. 예기치 않은 마무리로 청중은 약간 실망할지도 모른다. 그들은 조금 더 듣고 싶을 것이다. 그것이 이상적인 상태다. 지루함보다는 약간의 아쉬움이 여러분에게는 더 유리한 것이 아닐까?

　음성의 톤은 어떠해야 할까? 어떤 사람과 커다란 방에서 대각선 모서리의 반대편 끝자락에 서서 대화를 해야하는 상황이라면 어떻게 하겠는가? 이런 상황이라면 자연스럽게 여러분은 상대가 똑똑히 들을 수 있을 만큼 음성을 높일 것이다. 이것이 '강연할 때 음성을 어떻게 해야할까?' 에 대한 답이다. 가장 뒤에 있는 사람과 이야기하고 있는 것처럼 이야기하면 된다. 그렇게 하면 여러분의 음성은 자연히 적당한 크기로 조절될 것이다.

강단 위에서의 몸짓과 매너는 어떻게 하는 것이 좋을까? 다른 연사의 몸짓을 흉내내지 말고 자신만의 독특한 개성 있는 몸짓을 개발해야 한다. 즉, 자기 나름대로 자연스러운 태도를 취해야 한다. 몸짓을 자연스럽게 한다는 것은 그렇게 하고 싶다는 생각을 할 때만 되는 것이다.

끝으로 연사로서 훌륭한 한 사람의 위치에 설 수 있는 나의 마지막 노하우를 이야기하겠다. 그것은 청중을 두려워하는 대신 그들을 사랑하는 것이다. 만약 여러분의 이야기를 들으러온 사람들에게 친숙한 정을 가지고 있다면, 음성에는 따사로움이 깃들고 눈빛에는 애정이 가득할 것이다. 결국 여러분의 개성이 넘치는 강연을 진행할 때마다, 여러분이 표현했던 애정이 여러분 자신을 향하여 되돌아오는 것을 느끼게 될 것이다.

사업자여! 사업자여! 고객이여!

세일즈 활동은 상품, 가망고객, 구매이다

세일즈맨은 지상에서 가장 스릴 있는 직업중의 하나이다. 만약 그
것을 일반적인 직업이 아니라 전문 직업이라고 생각한다면 말이다.

누구나 성공적 세일즈맨이 될 수 있다. 이 책을 통해 알게된 세일즈
맨의 근본적 계명들을 이해하고 그대로 실천하기만 한다면 말이다.
사실 세일즈맨이라는 것은 자기 자신이 하나의 기업이 되는 것을 의
미한다. 소수의 대기업을 제외한 소점포 운영자 그리고 무점포 사업
자들 모두가 1인 기업을 지향하는 것이라 할 수 있는 것이다.

세일즈맨에게 있어서 성공의 관건은 가망고객들이 상품과 서비스

의 구매하고 사용하는 것이라 할 수 있다. 그러려면 먼저 가망고객들이 상품에 대해 갖고싶다는 욕망을 가지게 해야 한다. 만약 그들이 여러분의 상품과 서비스를 선택하지 않았다면, 그것은 그가 상품과 서비스에 대해 반하지 않았기 때문이다. 그러므로 여러분은 사업에 임할 때마다 이것을 명심해야 한다. 진정한 사업의 성공은 사업자들에게 달려있는 것이 아니라, 가망고객에게 달려 있다.(The real selling is done on the part of the prospect and not the salesman)

이상하게 들릴지도 모르겠으나, 수많은 사람들이 사업에서 진정한 성공을 거두지 못하는 이유는 상품을 팔려고 노력했기 때문이다. 하지만 이것은 사실이다. 상품이 아무리 좋은 것이라고 해도, 가망고객은 그것에 반하기 전에는 그것을 사지 않는다. 그러므로 여러분은 여기서 다음에 있는 한 가지 원칙을 명심해야 한다. 여러분의 상품이 얼마나 좋은 것인지에 관해서 이야기하느라고 시간을 소비하지 말고, 그 상품이 가망고객에게 어떤 이익을 안겨줄 것인지에 관해서 말해주어라.(Instead of Spending time in talking about how good your product is, dwell on how good your product will make your product)

세일즈 활동을 세 가지로 구성되어 있다. 첫째는 상품, 둘째는 가망고객 그리고 셋째는 세일, 즉 판매와 구매이다. 다시 말해서, 세일즈맨은 상품(혹은 서비스)을 가망고객에게 잘 설명하여 판매와 구매가 성사되도록 만드는 사람이다.

세일즈맨이 지상에서 가장 멋있는 직업들 중의 하나라는 사실을 확인하려면 최고급 세일즈맨의 특징 몇 가지를 살펴보는 것이 제일 좋은 방법이다. 그 특징을 살펴보다 보면 최고급 세일즈맨은 의사, 변호사, 혹은 건축가처럼 신중하게 자기의 전문 직업에 대한 사명감이나 긍지를 가지를 가지고 신중하게 일하는 사람임을 똑똑히 알게 될 것이다.

1. 좋은 세일즈맨은 심리학자이다.

(A good salesman is a psychologist)

그는 사람들에게 영향력이 있는 동기를 부여할 수 있는 것이 무엇인지를 이해해야한다. 그는 그의 가망고객을 이해해야한다. 그래야만 그는 고객의 특성에 부합되는 말을 할 수 있기 때문이다.

2. 좋은 세일즈맨은 외교관이다.

(A good salesman is a diplomat)

가망고객이 그의 말에 동의하지 않을 때, 세일즈맨은 가망고객의 기분을 상하지 않는 범위 내에서 그의 무엇이 잘못 되었는지를 이야기할 수 있어야 한다.

3. 좋은 세일즈맨은 사업가가 되어야 한다.

(A good salesman must be a business man)

대부분의 경우 세일즈맨은 그의 가망고객들과 협상해야 한다. 그래야만 그의 회사가 발전할 수 있으며, 원활한 사업을 진행할 수 있기 때문이다.

4. 좋은 세일즈맨은 프로모션과 광고에 대한 지식을 가져야 한다.

(A good salesman must have a working knowledge of merchandising and advertising)

그는 광고와 프로모션 전략의 캠페인을 이해해야 한다. 그리고 그는 이러한 지식이 그의 사업과 밀접한 관계가 있다는 사실을 알아야 한다.

5. 좋은 세일즈맨은 자원이 풍부하다.

(A good salesman is resourceful)

자연히 가망고객들은 '예' 라고 말하지 않을 것이다. 대부분의 경우 그들은 큰 소리로 '아니요' 라고 말할 것이다! 자원이 풍부한 세일즈맨은 가망고객이 자기의 결정을 변경시켜 긍정적으로 행동하게 만드는 사람이다.

6. 좋은 세일즈맨은 분석적이다.

(A good salesman is analytical)

세일즈 포인트를 찾아내려면, 그 제품을 분석할 줄 알아야한다. 또한 경쟁자 제품도 분석할 줄 알아야한다. 그래야만 그는 경쟁자들을 능가하는 분석력 있는 정보를 제공할 수 있기 때문이다. 그는 통계들을 분석할 줄 알아야한다. 그래야만 그는 그에게 도움이 되는 데이터를 얻을 수 있기 때문이다.

7. 좋은 세일즈맨은 무한한 상상력을 가지고 있다.

(A good salesman has a well developed imagination)

좋은 세일즈맨은 마음의 눈으로 그의 가망고객이 제품을 사용함으로써 얻을 수 있는 이익을 분명하게 그려볼 수 있다. 그래야만 그는 고객의 이상을 실현시킬 수 있는 방법들과 수단들을 찾아낼 수가 있다.

8. 좋은 세일즈맨은 항상 인기가 있다.

(A good salesman is always popular)

그는 심리학에 대한 지식이 있고, 사람들을 이해하는 능력이 있고, 또 그들과 함께 사이좋게 지내는 법을 알기 때문에 어딜 가든 인기가 있다.

9. 좋은 세일즈맨은 대화의 전문가이다.

(A good salesman is a fascinating conversationalist)

그는 날마다 여러 사람들과 만나 대화를 할 때, 그들의 말을 듣기 때문에 수많은 대화 자료들을 수집할 수가 있었다.

10. 좋은 세일즈맨은 책임감이 강하다.

(A good salesman is a man of affairs)

자기의 직업이 전문직업이라고 생각하는 세일즈맨은 자신의 사업과 사업에서의 소득, 즉 수입에 대한 관심이 지대하다. 세일즈맨은 일반적으로 주문 생산량을 근거로 보상을 받는다. 그러므로 세일즈맨들의 보상은 한정이 없다. 왜냐하면 세일즈맨은 판매 시에 기술, 자원, 그리고 열정을 얼마나 투자하느냐에 따라서 보상을 받기 때문이다.

실제로 소매업자는 퍼센트를 근거로 판매할 뿐이다. 그러나 그의 사업에 내포되어 있는 위험을 생각하라. 그가 앞으로 얼마나 많은 이익을 얻을지는 아무도 모른다. 그러나 그는 많은 경비를 지출해야 한다. 예를 들면, 그는 집세, 전기료, 난방비 등을 지불해야 한다. 또, 물론 그에게는 상품 구입비도 많이 있어야 한다. 그리고 빌린 돈이 있다면 그것에 대한 이자도 걱정해야 한다. 그러나 세일즈맨들은 이런 경비나 이자에 대한 걱정을 할 필요가 없다. 그는 어떤 회사에서 근무하든 생활비만 걱정하면 된다.

그러므로 활기차고 자신만만한 세일즈맨을 만나면 그리고 자신의 인생에 만족을 느끼며 당당한 세일즈맨을 만나면 우리는 누구나 부러워한다.

하지만 이제 그런 세일즈맨을 더 이상 부러워할 필요가 없다. 왜냐하면 여러분은 그런 세일즈맨이 되기 위해서 노력하고 있기 때문이다. 훌륭한 세일즈맨이란 신체가 남보다 뛰어난 사람을 의미하는 것이 아니다. 왜냐하면 신체가 허약해도 어떤 이는 훌륭한 세일즈맨이기 때문이다. 훌륭한 세일즈맨이란 교육을 많이 받은 사람을 의미하는 것도 아니다. 왜냐하면 어떤 이는 교육을 많이 받지 못했어도 훌륭한 세일즈맨이기 때문이다. 훌륭한 세일즈맨과 평범한 세일즈맨의 차이점은 간단하다. 훌륭한 세일즈맨이란 자기의 상품을 팔 수 있다는 사실을 알고 있는 사람을 의미한다. 그는 누가 뭐래도 이렇게 말한다. **"나는 할 수 있다!"**

여기에 아직까지도 잘 알려지지 않은 세일즈맨 십에 대한 한 가지 사실이 있다. 훌륭한 세일즈맨은 아무것도 팔지 않는다. 이것을 잘못된 말이라고 생각하는가? 그렇다면 이 말은 어떠한가? 가망고객이 산다(A prospect buys). 세일즈맨이 해야할 일은 가망고객이 상품을 사도록 욕망을 안겨주는 것이다. 다시 말해서, 여러분은 가망고객이 상품 사기를 원하도록 만들어야한다. 어떤 이는 이렇게 물을 것이다. "그렇게 했는데, 왜 사지 않나요?" 원인은 간단하다. 가망고객이 진실로 여러분의 상품을 원해야 한다. 그리고 그는 상품에 반해야 한다. 그러므로 만약 그가 사지 않았다면, 그것은 아직도 그가 상품에 대해서 별로 관심이 없다는 것을 의미하는 것이다. 실제로, 성공적인 세일즈맨은 왜 가망고객이 사야하는지에 대한 여러 가지 이유를 생각한다. 그래야만 그는 가망고객이 상품을 사도록 도와줄 수가 있기 때문이다.

여러분은 이제부터 더 이상 실망하지 않을 것이다. 왜냐하면 여러분은 가망고객을 만날 때마다 더 많은 것을 배울 수 있는 기회를 얻을 수 있기 때문이다. 만약 여러분이 판매를 성사시킨다면, 그것은 미래에 판매에 도움이 되는 것이 무엇인가를 배우게 될 것이다. 그리고 만약 판매에 실패하더라도, 여러분의 열정과 관심을 잃지 않는다면 판매를 성사시키지 못한 원인을 발견하게 될 것이다. 다시 말해서 여러분은 실패를 디딤돌로 사용하게 될 것이다.

여러분은 이제 여러분의 수입을 결정지을 수 있는 능력 있는 사람이 될 수 있다. 만약 여러분이 평균 4건의 가망고객과의 만남을 통해 1건의 판매를 성사시키는 능력을 가졌다면, 그것은 하루에 12건의 만남을 가지면, 하루에 3건의 판매를 성사시킨다는 것을 의미한다. 그리고 하루에 16건의 만남을 가지면, 하루에 4건의 판매를 성사시킬 것이다. 많이 만나면 많은 판매실적을 올릴 수 있는 것은 당연한 일이다. 그리고 그 만남의 횟수는 여러분 스스로가 조절할 수 있는 것이다. 또한 여러분이 시간 관리를 철저히 하면서 가망고객의 심리를 잘 파악한다면, 4건의 만남을 통해 1건의 판매를 성사시키는 사람이 아니라, 3건의 만남을 통해 1건의 판매를 성사시키는 사람이 될 것이다. 그러면 자연히 여러분의 수입은 증가할 것이다.

상품에 대한 지식을 가져라.

세일즈맨은 자기가 팔고 있는 상품이나 서비스에 관해서 전문가 그 이상이 되어야 한다. 예를 들면, 만일 그가 기계를 파는 사람이라면 그는 그 기계에 관한 모든 질문에 대해서 대답을 할 줄 알아야 한다. 그 기계가 무엇을 해낼 수 있는 것이며, 어떻게 작동하는지 알아야 한다. 그것의 경제성, 한계점, 의존성 등을 알아야 한다. 만일 그가 서비스를 파는 사람이라면, 그는 가망고객이 왜 그것을 애용해야 하는지 논리 정연하게 설명할 줄 알아야 한다.

강조해야 할 세일즈맨 십의 유일무이한 근본은 이것이다. 세일즈맨은 그가 팔고 있는 상품이나 서비스를 사랑해야 한다.(A salesman must be sold on the product or service he is selling). 만약 여러분이 상품에 대해서 철저하게 반하지 않는다면, 가망고객을 만났을 때 어떻게 될 것인가를 상상해보라. 가망고객이 여러분의 태도를 통해 상품에 대한 신뢰도와 애정도를 파악하게 될텐데, 상품을 사겠는가? 여러분 스스로가 만족한 상품을 산 고객은 그 또한 만족하게 될 것이다. 그리고 만족한 고객들은 세일즈맨의 크나큰 재산이다. 그들이 없이는 사업을 할 수가 없다.

　이상하게 들릴지도 모르겠지만, 실제로 가망고객은

　여러분의 상품을 사는 것이 아니라, 수많은 상품 중 가장 좋은 상품을 산다.

　그리고 자동차를 사는 것이 아니라, 편리한 교통수단을 사는 것이다.

　또, 광고를 사는 것이 아니라, 확장 된 사업을 사는 것이다.

　약을 사는 것이 아니라, 건강을 사는 것이다.

　돈을 저축하는 것은 이자를 얻기 위해서가 아니라, 돈으로 살 수 있는 것을 얻기 위함이기도 하다 : 보험, 큰집, 여행, 교육 등등 말이다.

　세일즈맨은 그의 상품에 대해서 얼마나 알아야 되는가? 비록 그가 수많은 상품 중에 가장 좋은 상품을 팔고 있다고 해도, 그는 상품과 그것의 제작과정에 대해서 알아야 한다. 예를 들면 다음과 같다.

　　1. 상품 생산업자의 청렴

　　2. 상품을 생산하는 공장

　　3. 재료들과 구성

　　4. 상품 사용법에 대한 지식

　　5. 비용에 대한 지식 : 생산비, 운반비, 수리비 등등

　　6. 상품의 장점

어떤 상품이건 간에 장점은 있다. 그러나 세일즈맨은 자기가 취급하는 상품의 가장 큰 장점이 무엇인가를 알아야 한다. 예를 들면, 교통수단의 경우가 있다. 비행기의 경우 가장 큰 장점은 속력이다. 기차의 경우 가장 큰 장점은 안전성이다. 버스의 경우 가장 큰 장점은 경제성이다. 결과적으로 여러분은 경쟁자의 상품에 비해서 여러분의 상품이 어떤 장점을 가지고 있는지를 알아야 한다. 그렇지 않으면, 여러분은 아무리 많은 가망고객을 만나더라도 주문을 받아내기는 어려울 것이다.

또, 훌륭한 세일즈맨이 되고 싶다면, 시장에 대해서 항상 명심해야 할 두 가지 질문을 알아야 한다. 그 두 가지 질문은 다음과 같다.

1.새로운 시장들을 창조할 수 있는가?
2.새로운 사용법이 발견될 수 있는가?

새로운 시장을 창조하는 것과 새로운 사용법을 발견하는 것은 판매량을 증가시키는 것을 의미한다.

가망고객과의 만남을 항상 준비하라.

가망고객을 만나기 전에는 항상 준비가 필요하다. 판매를 성사시키고 싶다면, 여러분은 계획을 가지고 가망고객과의 만남에 임해야 한다. 나는 **'가망고객과의 계획성 있는 만남'**을 **'세일즈 인터뷰'**라고 일컫는다. 세일즈 인터뷰의 4단계는 다음과 같다.

1. 인사하기
2. 필요성 발견하기
3. 해결안 제시하기
4. 주문 받기

1. 인사하기

대부분의 경우 주문을 받고 못 받고는 세일즈 인터뷰의 첫 단계와 두 번째 단계에서 결정된다. 가망고객은 여러분을 만나자마자 첫인사를 받게된다. 따라서 여러분은 좋은 첫 인상을 안겨주도록 준비해야 한다.

"공포는 공포를 낳는다."는 말은 사실이다. 특히 세일즈맨 십에 관해서 만큼은 더욱더 사실이다. 만약 여러분이 가망고객과의 대화 자체를 두려워한다면, 여러분의 태도와 행동은 그런 공포를 나타내게 될 것이다. 그러면 여러분은 거의 공포에 질려버린 표정과 자세로 가망고객의 집이나 사무실에 들어가게 될 것이다. 결국 가망고객들은 불안을 느낀 나머지 가능한 한 빨리 세일즈 인터뷰를 끝내기를 원할 것이다.

자신 만만한 자세로 여러분의 가망고객과의 만남을 가져라. 가망고객은 소심하고 신경질적인 사람을 만나면 불안을 금할 수가 없다. 만약 여러분이 침착한 모습을 보이면, 가망고객도 자연히 침착성을 가지게 될 것이다.

가망고객을 만나 첫 인사를 할 때, 절대로 부당한 칭찬을 하지 말라. 그러한 발언을 이야기는 자연스러운 대화에 오히려 방해가 된다. 예를 들면, "오늘은 참으로 좋은 날이군요, 그렇지 않습니까?"라는 말보다는 "이 회사의 책임자를 만나게 된 것을 영광으로 생각합니다"라는 말이 더 많은 주문을 받게 만드는 것이다.

2. 필요성 발견하기

가망고객은 어떤 상품이나 서비스이건 간에 그것에 대한 필요를 느끼지 않는 한 그것에 대해서 관심을 가지지 않는다. 따라서 여러분의 상품이 얼마나 좋은 것인지에 대해서 설명하는 것은 시간낭비에 불과한 것이다. 그 대신 여러분은 상품의 필요성에 대해서 설명해주어야 한다. 이왕이면 외교관처럼 설명해주어라. 가망고객은 이방인이 그의 사업에 대해서 간섭하면 화를 낸다.

3. 해결안 제시하기

만약 가망고객이 어떤 상품이나 서비스의 필요성을 인정했다면, 그것은 여러분의 방문에 대한 목적이 분명히 전달되었다는 것을 의미한다. 그 다음에 여러분이 해야할 일은 가망고객의 입장에서 여러분의 상품을 제시하는 것이다. 가망고객에게 상품을 구매하면 어떤 혜택이 있는지를 상세하게 설명해 주어라. 그러면 가망고객은 여러분의 상품이 그를 위해서 특별하게 만들어진 것이라고 느낄 것이다.

4. 주문 받기

만약 여러분이 상품에 대한 필요성을 설명하지 않는다면 즉, 가망고객이 상품에 대해 그의 필요를 충족시키는 것임을 확신하지 않는다면, 그 가망고객은 상품을 어디서 어떻게 주문해야 할 것인지에 대해서 관심을 가지지 않을 것이다.

가망고객이 상품을 살 마음의 준비가 되어있다는 것을 확인했다면, 그 다음 여러분이 해야할 일은 대금 지불 방법과 배달에 대해서 상세히 설명해주는 것이다.

가망고객은 스스로 반한다

이제 여러분은 가망고객이 상품이나 서비스에 스스로 반한다는 사실을 분명하게 알아야 한다. 그러므로 세일즈맨은 자기의 상품이 얼마나 좋은 것인지를 설명하지 말고, 이미 지적한 바와 같이 상품이 가망고객에게 어떤 혜택을 안겨주는 것인지에 대해서 설명해주어야 한다.

가망고객을 스스로 반하게 하려면 먼저 아래에 있는 내면의 질문에 대해서 대답해야 한다.

1. 나는 상품을 살 이유가 있는가?

세일즈맨은 이 경우 가망고객의 마음속에 상품을 살 이유가 있다는 확신을 심어주어야 한다.

2. 추천하는 것을 사는 것은 좋은 일인가?

이 경우 세일즈맨은 그것이 좋은 일임을 증명해야 한다. 세일즈맨은 가망고객이 상품을 구입하면 그의 평판, 능력, 수입, 사회적인 위치 혹은 다른 모든 것이 개선된다는 사실을 보여주어야 한다.

3. 남들이 나를 앞서가는 사람이라고 생각할까?

그는 진보적인 사람이 되기를 원한다. 그는 시대에 뒤떨어지지 않는 사람이 되기를 원한다. 그는 사람들의 지도자가 되기를 원한다. 그는 성공적인 사람이 되기를 원한다. 그러므로 세일즈맨은 가망고객에게 상품을 구입하면 그런 사람이 된다는 것을 강조해야 한다.

4. 지금이 사야할 가장 좋을 때인가?

세일즈맨은 구매를 뒤로 미루는 가망고객을 흔히 볼 수가 있다. "다음에 살게요." 등의 이야기로 말이다. 가망고객이 상품을 좋아한다면, 결국 언젠가는 그것을 살 것이다. 그러므로 세일즈맨은 지금이 사야할 가장 좋은 때임을 명심시켜야 한다. 예를 들면 가격이 인상된다거나, 재고가 별로 없다거나, 상품을 구입하지 않으면 혜택을 입을 수 없다는 사실을 강조해야 한다.

5. 다른 상품이 더 좋은 것일 수도 있다.

경쟁자를 비난하는 것은 크나큰 잘못이다. 그리고 그것은 여러분의 사업에 하나도 도움이 되지 않는 것이다. 그러므로 세일즈맨은 자기의 상품이 최고급이라는 것을 알기 쉽게 설명해주어야 한다. 경쟁자들의 상품에 대한 장점을 칭찬한다면, 가망고객은 여러분을 믿을 수 있는 사람이라고 생각할 것이다.

여기서 나는 한 가지 제안을 하고 싶다. 과거에 다른 누군가가 추천하는 것들 중 구매하지 않았던 것이 있다면, 왜 어떤 것은 사지 않았는지 한번 살펴 보라. 그러면 왜 가망고객이 여러분이 추천하는 것들 중 어떤 것은 사지 않는지를 쉽게 알 수가 있을 것이다. 명심하라! 가망고객은 반하기 전에는 어떤 상품도 사지 않는다. 그러므로 여러분은 가망고객들이 여러분의 상품에 스스로 반하도록 유도해야 한다.

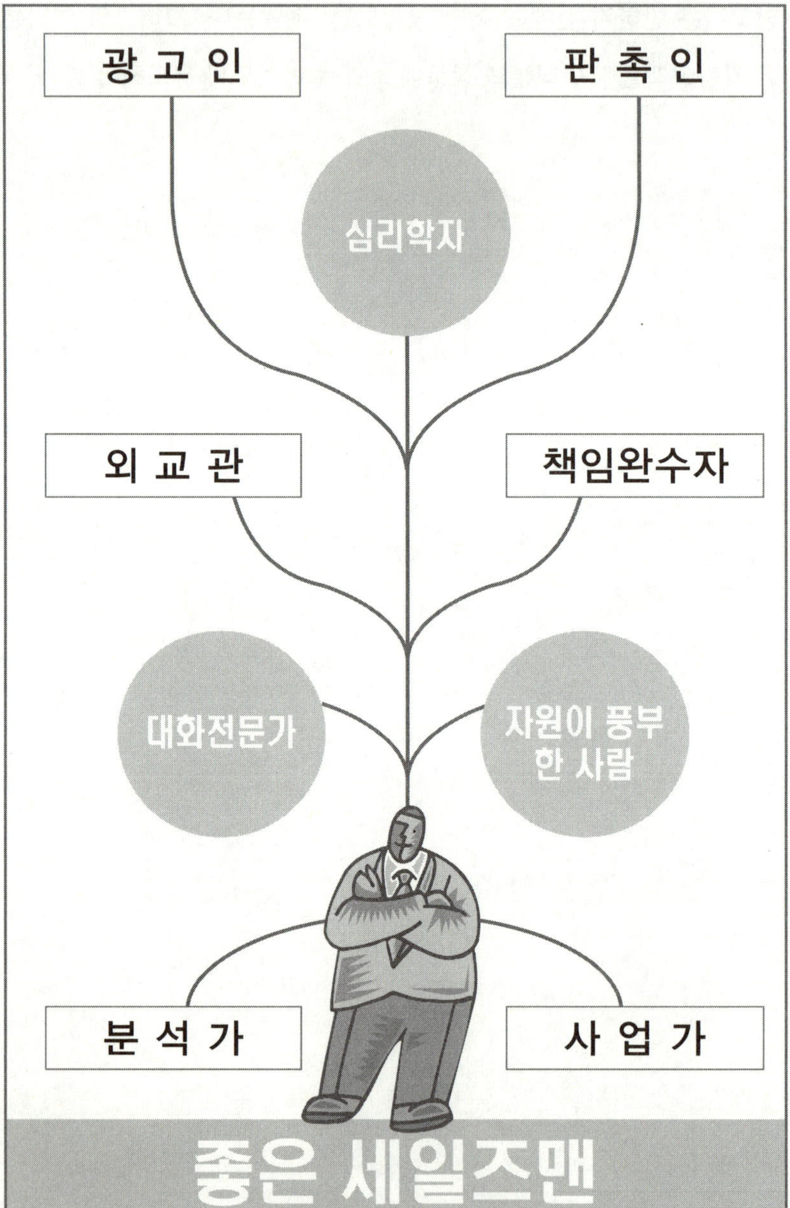

광고인
판촉인
심리학자
외교관
책임완수자
대화전문가
자원이 풍부
한 사람
분석가
사업가
좋은 세일즈맨

때려 치고 싶은 직장,
다니고 싶은 직장

현재의 직장에 그대로 있을 것인가?

러셀 콘웰 박사(Dr. Russell Conwell)는 세계적으로 유명한 그의 저서, 〈다이아몬드의 땅(Acres of Diamonds)〉을 통해서 우리는 바로 우리의 곁에 가장 소중한 것을 지니고 있음에도 불구하고 그것을 멀리서 찾는 경향이 있다는 사실을 말해 주고 있다. 그의 주장은 직장에 관한 문제에도 해당된다. 다음에 있는 이야기도 그것을 대변해주고 있다.

한 남자가 그의 직업에 대해서 심하게 불만을 느끼고 있었다. 그의 이름은 로버트 브라운(Robert Brown)이다. 그는 그의 일을 늘 못마

땅하게 여겼다. 그의 월급은 쥐꼬리만했으며, 회사의 사장은 그에게 부당한 대우를 일삼았다. 이런 이유들 때문에 로버트 브라운은 직장을 옮기고 싶어했으며, 더 좋은 직장을 얻으려면 어떻게 해야 되는지 나에게 묻게 되었다.

그때 나는 로버트 브라운에게 그의 직장에 관해서 장시간 동안 물어보았다. "만약 이런 모든 조건들이 개선된다면, 당신은 행복하게 직장 생활을 할 것이라고 생각하십니까?"

로버트 브라운이 대답했다. "예, 아마도 그렇게 될 것입니다. 그런데 어떻게 이런 모든 조건들이 개선될 수 있단 말인가요? 나는 이번 직장에서 3년 동안이나 근무했습니다. 3년 동안 바뀌지 않았던 것이 하루아침에 바뀔 수는 없는 것 아닌가요?"

로버트 브라운이 이어서 말했다. "실제로 우리 회사에서 사용하고 있는 방법들은 효율성이 없으며, 시대에 뒤떨어진 것입니다. 만약 내가 우리 부서의 책임자라면, 적은 시간과 적은 노동으로 더 많은 일을 더 잘 해낼 수 있는 방법을 보여줄 것입니다." 내가 그에게 하고싶은 말은 다 하도록 허용하자, 그는 10분 동안이나 회사 제조 방법의 개선방법에 대해서 말해주었다.

그 다음 내가 물었다. "당신의 아이디어를 회사측에 설명해주신 적이 있나요?"

그가 거의 비웃듯이 말했다. "아니요, 그럴 필요가 있을까요?"

그가 이어서 말했다. "그러면 그들이 나에게 감사하다고 말할까요?"

약 30분 동안 로버트 브라운과 대화를 나눈 후, 나는 그가 일하는 직장에 대한 약간의 정보를 입수하게 되었다.

그 다음 내가 물었다. "당신이 좋아하는 동료는 몇 명이나 되나요?"

그가 대답했다. "한 명도 없습니다. 내가 왜 그들을 좋아해야 되나요?"

로버트 브라운은 나에게 도움을 청하러 왔기 때문에, 나는 그로부터 동료들을 좋아하라는 약속을 받아낼 필요가 없었다. 나는 그가 현 직장에서 내가 가르쳐준 공식을 실천해보고 효과가 없다면, 다른 직장을 구하도록 도와주겠다고 말해주었다. 그는 억지로 약속했다.

로버트에 대한 그의 동료들의 자세는 그들에 대한 로버트의 자세에 대한 반응에 불과한 것이었다. 만약 그가 사람들을 좋아하지 않는다면, 그들도 그를 좋아하지 않을 것이다. 그래서 나는 로버트 브라운이 가장 먼저 그가 해야할 일은 그의 직장에 있는 동료들을 좋아하는 것이라고 말해주었다. 그들에게 친절한 말과 웃음으로 인사하라고 말해주었다. 그리고 기회가 있을 때마다 그들에게 협조하라고 말해주었다.

나는 로버트 브라운이 두 번째로 해야할 일은 사장을 만나서 그의 부서가 어떻게 하면 일을 더 많이 그리고 더 잘 해낼 수 있는지 설명해주는 것이라고 말해주었다.

긴말 필요 없이, 나는 결과를 말해 주고 싶다. 로버트 브라운은 곧 그의 부서에서 인기 있는 사람이 되었다. 사장에게 그의 아이디어를 제시한 결과 사장은 그가 그의 아이디어를 실천해보도록 그를 부서 책임자로 승진시켰다. 물론, 그의 봉급도 상당히 인상되었다. 과연 지금은 그가 직장을 옮기기고 싶어할까? 그 질문에 대한 대답을 여러분은 이미 잘 알고 있을 것이다. 그는 결국 세계에서 가장 좋은 직장에서 근무하고 있다고 느끼게 되었다.

자기 개선에 대한 욕망은 바람직한 것이다. 그리고 사람은 누구나 그런 욕망을 가져야 한다. 더 좋은 직장을 얻기 원하는 것은 발전적인 정신이다. 그러나 더 좋은 직장을 찾으려면, 먼저 현재 다니고 있는 직장에 대해서 조심스럽게 살펴보아야 한다. 노력한다면 승진할 수 있는가? 현 직장에서 승진하는 일은 다른 회사에 들어가서 승진하는 일보다 쉬운 일이다.

나는 어느 날 한 연쇄점의 사람과 점심식사를 함께 나누게 되었다. 그때 그가 솔직하게 말했다. "여보게, 새로운 상점들이 개업할 때마다, 나에게 생기는 가장 큰 문제들 중의 하나는 이 상점들을 관리할만한 능력이 있는 사람을 찾는 거야." 그는 현재 데리고 있는 수백 명의 종업원들에 관해서 말해주었다. 그리고 그는 그의 종업원들 중에서 승진을 위해 공부하고 준비하는 자들은 소수에 불과하다고 말해주었다.

만약 여러분이 현 직장에 대해서 불만을 느끼고 있다면, 다음의 질문을 통해서 현재의 직장이 여러분이 찾고 있는 더 좋은 직장이 될 수 있는지 없는지를 살펴보기 바란다.

1. 현재 일하고 있는 회사를 좋아하는가?

2. 회사가 제조하는 상품, 혹은 판매하는 상품을 좋아하는가?

3. 회사의 경영진을 좋아하는가?

4. 동료들과 사이좋게 지내는가?

5. 항상 시간을 엄수하는가?

6. 현재 하고 있는 일을 좋아하는가?

7. 여러분의 일을 개선시키기 위해서 계속적으로 노력하는가?

8. 이따금씩 아프다는 핑계로 결근하는가?

9. 봉급이나 임금은 생활하기에 충분한가?

10. 현재 일하고 있는 회사를 떠나고 싶은가?

위에 있는 질문에 대해서 솔직하게 대답해본다면, 여러분은 현 직장에서 그대로 근무할 것인지 아니면 다른 직장으로 가야할 것인지를 쉽게 알 수가 있을 것이다. 이 열 가지에 대해서 구체적으로 살펴보기로 하자.

1. 현재 일하고 있는 회사를 좋아하는가?

좋아하지 않는 회사에서 근무하기는 참으로 어려운 것이다. 일반적으로 말해서, 우리가 회사를 싫어하는 것은 그것에 대한 우리의 자세 때문이다. 죄책감은 종종 우리의 고용주들에 대해서 불친절하게 느끼도록 만드는 것이다. 다시 말해서 최선을 다하지 않는 자들, 열정을 다하지 않는 자들, 하루의 일을 완수하지 못한 자들은 회사와 경영진에 대해서 죄책감을 느끼게 하기 쉽다. 따라서 회사에 대한 우리의 분노는 우리가 우리 자신에 대해서 분노를 느끼고 있다는 것을 의미한다.

고용주와 회사를 친절하게 대하라. 그러면 고용주와 회사도 여러분을 친절하게 대할 것이다.

이런 자세를 가진 자들을 흔히 볼 수가 있다. '사장이 나를 위해서 하는 것이 무엇인가? 내가 왜 그를 옹호해야 한단 말인가?' 이런 자세를 가진 사람이 출세하는 경우는 거의 없다는 것을 잘 알고 있을 것이다. 그러므로 회사에서 승진할 수 있는 한 가지 방법은 회사를 진정으로 좋아하는 것임을 빨리 깨달아야 한다.

2. 회사가 제조하는 상품, 혹은 판매하는 상품을 좋아하는가?

회사의 상품에 대해서 무관심한 사람이 회사에서 크게 발전하는 경우는 하나도 없다. 만약 여러분이 회사를 싫어한다면, 왜 회사가 제조하는 상품, 혹은 판매하는 상품을 싫어하는지를 알아내야 한다. 그것이 바로 여러분이 회사를 싫어하는 이유이기 때문이다. 회사의 상품을 좋아하는 것은 회사를 좋아하는 것이다.

3. 회사의 경영진을 좋아하는가?

어떤 사람들은 회사의 경영진이 일부에게만 잘해주고 있으며, 자기 자신에게는 부당하게 대우한다고 느끼곤 한다. 이것은 경우에 따라서는 사실이다. 그러나 다행히 그런 고용주들은 소수에 불과하다. 사람은 누구나 리더가 되려면, 리더로서의 자질을 갖추어야 한다. 쉽게 말해서, 모든 종업원들을 공평하게 대하지 않는 것은 리더십의 부족을 의미한다.

만약 여러분이 경영진을 좋아하지 않는다면, 이유가 무엇인지를 발견하라. 반성해본다면 정답을 찾아낼 수 있을 것이다.

한동안 회사를 운영하는 사람을 존경하려고 노력하라. 그를 좋아하고, 그를 여러모로 즐겁게 해주어라. 그러면 곧 사장이 경이로운 사장임을 알게 될 것이다.

4. 동료들과 사이좋게 지내는가?

여러분도 알다시피 사람들이 여러분을 좋아하게 하려면, 여러분이 먼저 그들을 좋아해야 한다.

우리가 직장 동료들과 사이좋게 지내지 못하는 이유는 여러 가지가 있다. 예를 들면 질투와 시기가 있다. 만약 다른 동료가 행운을 얻게 되었다면, 그것은 그가 사장의 편애를 얻은 것이라고 느끼기가 쉽다. 그러나 행운을 얻게된 자들을 시기하지 말고, 그런 행운의 주인공이 되기 위해 힘껏 노력해야 한다.

나는 언젠가 누구에게 부탁해도 해낼 수 있는 일을 어떤 직원이 거절하는 경우를 본 적이 있다. 그는 완강하게 반대했다. "그것은 내일이 아닙니다. 나는 그 일을 위해서 고용된 사람이 아닙니다." 그러나 그런 대화를 엿듣고 있던 그의 동료가 결국 이렇게 말했다. "그 일은 저에게 맡기세요. 시간을 내서 그 일을 처리하겠습니다." 사업 조건 상 사장이 인력 감축이 불가피하다고 느낄 때, 두 사람 중 누가 회사에 남아있어야 된다고 생각하는가? 해답은 너무나 분명하다.

동료들이 여러분을 좋아하기를 바란다면, 여러분이 먼저 그들을 좋아해야 한다.

5. 항상 시간을 엄수하는가?

일반적으로 말해서, 항상 퇴근 시간을 엄수하는 사람 치고 출근시간을 지키는 사람이 드물다.

어느 날 나는 큰 출판사 사장으로부터 초대를 받아서 가게 되었다. 그가 말했다. "이 쪽으로 와보세요. 재미있는 것을 보여드릴게요. 우리 직원들이 어떻게 근무하고 있는지를 보여드릴게요." 당시는 퇴근 시간 몇 분전이었다. 사장은 타자실이 내려다보이는 곳으로 나를 데리고 갔다. 타자실에는 약 50여명의 여직원이 고용되어 있었다. 그들은 우리를 볼 수가 없었다.

퇴근 시간을 알리는 종이 5시에 울렸다. 몇몇을 제외하고 큰 기계가 멈추는 것처럼, 모든 동작이 정지되었다. 대부분의 여직원은 타자를 치다가 중지했다. 어떠한 마무리 작업도, 내일을 위한 준비 작업도 없었다. 그들은 그들의 책상을 닫고, 탈의실로 향했다. 그러나 몇 명의 여직원은 타자를 끝낸 후에 내일 아침에 일찍부터 업무를 보기 위한 만반의 준비를 했다.

이 고용주는 소수 여직원의 근무 태도를 중시했다. 그러나 대부분의 여직원은 근무 태도는 좋지 못하면서 승진은 누구보다도 빨리 되기를 바라는 경향이 있다는 것을 이 고용주는 잘 알고 있었다.

6. 현재 하고 있는 일을 즐기는가?

일반적으로 사람은 누구나 근무 시간 보다 휴가 기간에 더 많은 에너지를 소비한다. 그래도 그는 휴가 기간에는 근무 시간보다 피곤을 덜 느낀다. 사람은 누구나 그의 취미에 맞는 상품을 파는 상점에 가면 아침부터 밤까지 쇼핑을 해도 거의 지치지 않는다. 왜냐하면 그런 상점에서의 모든 활동은 "일"이 아니라, "재미" 그 자체이기 때문이다.

일을 즐기기 시작하는 순간부터, 여러분은 그 일을 더 잘 해낼 수 있으며 시간이 금방 가버린다는 사실을 알게될 것이다. 그러면 여러분은 시간이 왜그리 더디게 흐르는가를 원망하지 않고, 시간을 아끼면서 가능한 한 많은 일을 해내려고 노력할 것이다.

7. 일을 개선시키기 위해서 계속 노력하는가?

어느 날 오후 나는 한 친구의 집을 방문했다. 그는 미술용 이젤위에 스케치북을 펼치고는 무언가 열심히 그리고 있었다. 내가 그에게 무엇을 하고 있느냐고 물었을 때, 그는 그가 다니고 있는 공장에서 생산하고 있는 상품을 개선시킬 수 있는 아이디어를 짜고 있다고 말해주었다. 그의 사장은 그 아이디어에 대해서 전혀 모르고 있었다. 이 사람이 집에서 그렇게 열심히 일하고 있었던 것은 자신이 그의 일을 개선시키기를 원했기 때문이다. 그래서 나는 그가 현 직장에서 3년 동안에 4번이나 봉급이 인상되었다는 말을 들었을 때, 전혀 놀라지 않았다. 왜냐하면 그 사람이 그런 대접을 받는 것은 당연한 것이기 때문이다.

어떤 사람들은 퇴근 후에 회사의 이익을 위하여 시간을 보내는 것은 무의미한 것이라고 생각할 것이다. 그러나 그것은 계속적으로 보상을 안겨주는 것이다. 만일 이것이 의심스럽다면, 자문을 해보도록 하라. '내가 사장이라면 항상 회사의 이익을 위하여 시간을 보내는 직원을 나는 어떤 자세로 대해야 하는가?' 여러분이라면 그런 직원을 행복하게 만들고 싶지 않을까? 나는 분명히 회사의 이익을 위해 노력하는 직원을 행복하게 만들 것이라고 생각한다.

자기의 일을 지속적으로 개선하기 위해서 노력하는 자들에게는 그들의 일을 즐기는지 안 즐기는지를 물을 필요가 없다. 왜냐하면 그들은 분명히 그들의 일을 즐기는 자들이기 때문이다.

8. 이따금씩 아프다는 핑계로 결근하는가?

어느 통계에 의하면 자기의 일을 즐기는 사람들에 비해 일을 즐기지 않는 사람들이 아프다는 핑계로 결근하는 일이 3배정도 많다는 사실이 밝혀졌다. 모든 심리학자들은 이것이 전혀 놀라운 일이 아니라는 것을 잘 알고 있다.

오늘날 우리는 마음의 병(psychosomatic illness)이라는 말을 흔히 들을 수 있다. 그것은 마음에 근거한 병을 의미한다. 왜 일을 좋아하는 사람들 보다 일을 좋아하지 않는 사람들이 더 많이 병을 얻는지 아는가? 일하는 것은 정상이요, 일하지 않는 것은 비정상이기 때문이다.

교실에서 시간 보내기를 즐기는 학생들에 비하면 학교를 싫어하는 학생들은 훨씬 더 병에 걸리기가 쉽다. 그러므로 아이의 병을 고칠 수 있는 최선의 길은 그가 공부를 즐기도록 여건을 조성하는 것이다.

만약 여러분이 자주 몸이 아프고 잔병치레를 많이 한다면, 여러분은 회사와 동료들에 대한 자세를 변화시킬 필요가 있다. 그렇게 한다면 여러분의 건강은 개선될 것이다.

9. 봉급이나 임금은 생활하기에 충분한 것인가?

만약 이 질문에 대한 대답이 '아니요' 라면, 여러분은 지금 바로 대책을 강구해야 한다. 명심하라. 대부분의 경우 우리가 얻는 돈은 자기 자신에 대한 믿음에 근거한 것이다. 돈이 많이 필요하다고 느끼는 사람은, 그것을 벌기 위한 수단과 방법을 열심히 찾기 마련이다.

10. 현재 일하고 있는 회사를 떠나고 싶은가?

만약 위에 있는 질문들을 상세히 살펴보았는데도 직장을 옮겨야 할 필요성을 절실히 느끼고 있다면, 다음에 있는 것을 신중히 고려하라.

올바른 직장을 찾아라

때로 직장을 버리기보다는 직장을 얻기가 더 쉽다. 만약 새로운 직장을 찾고 있다면, 영원한 직장, 유익한 직장, 행복한 직장을 찾아야 한다. 아래에 있는 몇 가지 단계는 여러분이 원하는 직장을 얻도록 도울 것이다.

1. 어떤 직장을 원하는가?

불행하게도, 대부분의 사람들은 돈을 많이 주는 직장을 찾고 있다. 그러나 만약 여러분이 회사와 그 회사의 상품을 좋아하지 않는다면, 그 회사에서 높은 자리로 승진에 승진을 거듭할 수가 없다. 올바른 상품이 있는 회사를 찾아라. 그래야만 가장 많은 수입을 올릴 수 있다.

2. 직장이 요구하는 필수적 훈련을 받은 사람인가?

오늘날, 충분한 지식이 없는 사람은 좋은 직장을 얻을 수가 없다. 우리 주위에는 도서관, 대학의 부설 학과, 통신 교육 프로그램, 경제 신문, 잡지, 일반 신문, 라디오 방송, 텔레비전 방송 등이 있기 때문에 사람은 누구나 지식을 얻기가 어렵다는 핑계를 댈 수 없다.

새로운 분야의 직장을 찾는다면, 무조건 직장을 얻어 아무렇게나 근무하기 보다는, 시간을 내어 그것에 대해서 준비하는 것이 상책이다.

새로운 직장을 구하기 위하여

직장을 얻는 가장 효과적인 길은 이력서를 제출하는 것이다. 하지만 하나의 직장을 얻기 위해서 수많은 사람들이 이력서를 제출한다는 사실을 명심해야 한다.

오직 한 회사에만 이력서를 제출하지 말라. 최소한 10개의 회사를 선정하여 이력서를 보내라. 정말로 근무하고 싶은 회사들 말이다. 그들의 사업을 위하여 여러분이 무엇을 해줄 수 있는지를 이력서에 상세히 적어서 제출하라. 며칠 이내에 답장을 받지 못한다고 해도, 실망하지 마라. 다른 편지를 써서 보내라. 매번 그들의 관심을 끌 수 있는 새로운 생각을 적어서 보내라. 그러면 언젠가 여러분은 그들로부터 답장을 받게 될 것이다. 그들은 여러분을 회사로 초청할 것이다. 그때 여러분이 논리적으로 그들의 회사를 위해서 무엇을 해낼 수 있는 사람인지를 말해준다면, 여러분이 원하는 직장을 쉽게 얻을 수 있을 것이다.

잘 나가는 CEO 따라잡기

성공의 뿌리가 되어주는 아이디어

요즈음, 대부분 남성은 그리고 여성들도 자영 사업을 하는 것이 꿈이라고 이야기한다. 그것은 생각보다는 쉽게 실현시킬 수 있는 것이다.

만약 여러분도 자기 사업체를 가지고 싶다면, 이 장을 잘 읽어라. 그러나 자기 사업체를 가지기를 원하지 않는다면, 이 장을 읽을 필요가 없다.

대부분의 사업은 아이디어에 근거한 것이다. 실제로 오늘날 지상에 존재하는 모든 사업은 아이디어에 근거한 것이라 해도 과언이 아니다. 대부분의 사람들은 소수의 사람들만이 아이디어를 창조해내는 것이라고 생각한다. 10명의 사람에게 사업을 시작할 수 있는 어떤 아이디어를 가지고 있느냐고 물어보면, 한두 사람 정도만이 그런 아이디어를 가지고 있다고 말하는 것을 목격할 수 있을 것이다. 대부분의 사람들은 자기의 아이디어에 대한 믿음이 적거나, 믿음이 없다. 아니면 그들은 그것들을 사용하지 않고 있다.

아이디어는 **'성공의 뿌리'**다. 재산, 산업, 심지어는 국가까지도 아이디어에 근거한 것이다. 그러므로 우리는 건설적인 아이디어의 가치를 경시해서는 안 된다. 그러나 이상하게도, 오직 소수의 사람만이 그들의 아이디어를 중시하고 있다.

어떤 사람이 자기가 살고 있는 작은 마을에 점포를 하나 개업하게 되었다. 그는 그의 가게를 기준으로 사방 35마일 이내에 있는 모든 사람들의 명단을 작성하여 그들을 위한 상품들을 가게에서 팔고 있다는 내용이 담긴 광고물을 우편으로 보냈다. 그는 주차장도 큼직하게 만들어 놓았으며 어린이 놀이터도 만들어 두었다. 그는 그 마을에 있는 다른 상인들의 매상을 합한것에 해당하는 300,000달러 이상의 매상을 해마다 올리게 되었다. 한 마디로 말해서 그는 아이디어를 가지고 있었다. 그리고 그는 그것을 사용했다.

아이디어를 개발할 수 있는 5단계는 다음과 같다. 이것들을 조심스럽게 생각하면서 읽어라.

•• 아이디어를 개발하는 1단계

우리는 어떤 것을 해내려면, 먼저 우리가 그것을 해낼 수 있는지를 알아야 한다. 아이디어를 개발할 때에도 마찬가지이다. 그러므로 우리는 **가치 있는 아이디어를 개발시킬 수 있는지 알아야 한다.** 아이디어를 개발하려면 자기 긍정을 통해서 마음을 개발해야 한다. 충분히 휴식을 한 다음에 이렇게 자기 긍정을 하라. '내 마음은 매우 긍정적이고 활발하게 활동하고 있다. 그리고 인류를 위한 건설적인 아이디어를 계속 창조하고 있다.'

•• 아이디어를 개발하는 2단계

호기심을 개발하라. 어떤 것을 보든지 그것을 개선시켰을 때를 생각하라. 무엇을 볼 때에 이렇게 자문하라. 이것을 개선하려면 어떻게 해야 할까?

만약 여러분이 고용되어 있는 사람이라면, 여러분이 하고 있는 일에 대해서 연구하라. 내가 하는 일을 효율적으로 하려면 어떻게 해야 할까? 내가 하는 일을 더 잘 해내려면 어떻게 해야 할까? 호기심을 개발하는 것은 여러분이 고용되어 있을 때만이 아니라, 여러분이 자기 사업체를 가질 때에도 효과적인 것이다. 이런 식으로 건설적인 아이디어를 많이 개발한다면, 수입도 상당히 증가할 것이며 스스로의 일에 만족도 또한 높을 것이다. 이기적인 목적을 위해서만 일을 하려고 하지 말라. 가능한 많은 사람들을 위하여 일을 처리하도록 노력하

라. 그렇게 하면 여러분은 자연스럽게 많은 보상을 얻게 될 것이다.

●● 아이디어를 개발하는 3단계

여러분이 **개발한 모든 아이디어가 실효성이 있는 것인지를 저울질하라.** 왜냐하면 어떤 아이디어는 공상에 불과한 것이기 때문이다. 건전하고 현실적인 아이디어를 골라서 실천하라. 그런 아이디어는 즉시 실천하는 것이 상책이다. 미루면 미룰수록 여러분은 아이디어를 실천하기가 어려울 것이다.

●● 아이디어를 개발하는 4단계

아이디어 수첩을 만들어라. 어떤 아이디어가 떠오를 때마다 그것을 하나의 수첩에 적어두어라. 그래야만 여러분은 많은 실효성 있는 아이디어를 놓치지 않을 것이다.

●● 아이디어를 개발하는 5단계

여러분이 **직접 사용할 수 없는 아이디어는 그것을 사용할 수 있는 어떤 개인이나 회사에게 넘겨주어라.** 그것은 이미 여러분의 아이디어이므로 그에 대한 충분한 보상을 받을 수 있을 것이다.

오! 나의 사업이여!

자신의 사업을 하려면 그리고 그 사업에서 성공하려면 아래에 있는 몇 가지 질문에 대해서 먼저 대답해야 한다.

1. 어떤 사업을 좋아하는가?

이것은 기본적인 질문임에 틀림이 없다. 그러나 가장 중요한 질문이다. 자기 사업체를 가질 수가 없다고 불평하는 사람을 흔히 볼 수가 있다. 그러나 그들은 어떤 사업을 좋아하는지 물으면 대답을 하지 못한다.

2. 경험이 있는가?

여러 가지 연구를 통해서 밝혀진 바에 의하면 사업 실패의 원인은 두 가지가 있다. 하나는 자료 부족이요, 다른 하나는 경험 부족이다.

경험을 얻는 길은 다양하다. 무엇보다도 여러분의 관심분야에 대한 좋은 책들을 읽어라. 관심분야에 대한 잡지들 중에서 하나나 그 이상을 선정하여 정기적으로 구독하라. 그리고 기회가 있을 때마다 알게 된 지식들을 실행하라. 파트타임으로 여러분이 관심을 가지고 있는 업체에서 부업을 하는 것도 경험을 얻는 한 가지 방법이다. 결론적으로 사업에서 성공하려면, 사업에 대한 이론과 경험이 풍부해야 한다.

3. 자기 사업을 시작할 수 있는 충분한 자본이 있는가?

수많은 사람들은 나에게 자기 사업체를 가지지 못하는 유일한 원인은 돈이 부족하기 때문이라고 말하곤 한다.

어느 날 한 청년이 나에게 찾아와서는 "저는 제 자신이 아니라 남들을 위해서 일하기 때문에 매우 비참한 사람입니다."라고 말했다. 그는 봉급이 적기 때문에 한 푼도 저축할 수가 없다고 말했다. 그는 약간의 돈을 저축해도, 갑자기 질병이나 어떤 일이 생기기 때문에 저축해둔 돈이 모두 다 사라진다고 했다.

그가 말하고 있는 동안에 나는 그의 곁에서 작은 종이 상자 하나를 발견했다. 나는 그것을 집어서 위쪽에 작을 틈을 내고 이런 말을 썼다. '내 사업을 시작하기 위한 기금' 나는 그에게 그가 가진 모든 동전을 내놓으라고 부탁했다. 그는 그렇게 했다. 그 다음 나는 그의 모든 동전을 종이 상자 속에 집어넣은 후 그 상자를 그에게 안겨주면서 말했다. "자네의 사업을 시작하기 위한 기금이 이미 모이기 시작했네. 따라서 자네는 언젠가 자네가 주인이 되는 사업을 가지게 될 걸세." 나는 그로부터 앞으로 받는 봉급 중에서 일부는 그의 사업체를 위한 기금으로 상자 속에 집어넣겠다는 약속을 받아냈다.

간단히 말해서, 얼마간의 세월이 흐른 후에 그는 자기 사업체를 가질 수 있는 충분한 돈을 모으게 되었다. 그것은 자력에 의해서 생긴 것이었기 때문에 그는 만족을 느끼지 않을 수가 없었다. 상속받은 돈이나 빌린 돈으로 사업을 시작하는 것보다는 자기가 직접 저축한 돈으로 사업을 시작하는 것이 더 바람직하지 않은가?

위대한 사업가들의 경험담이 들어있는 책들을 읽는 것도 도움이 되는 것이다. 수많은 사업가들은 처음에 그들의 집에서 사업을 시작했다.

예를 들면 뉴저지 주에 있는 어느 유명한 부동산 회사는 두 명의 어린이를 가진 어느 어머니가 자기의 집에서부터 사업을 시작한 것이 발전한 것이다. 그녀는 대부분의 거래를 전화로 했다. 종종 그녀는 그녀의 무릎 위에 한 아이를 잠 재워놓고 고객에게 집을 구입하는 문제에 대해서 전화로 말해주었다.

인생에서 가장 값진 재산

어떤 사업이건 간에 가장 중요한 재산은 "자신감"이다. 그것이 있다면, 어떤 것도 성취시킬 수 있다. 그것이 없다면, 아무리 좋은 아이디어가 있다고 해도 그리고 아무리 자본이 충분하다고 해도 실패를 면할 수가 없다.

남편과 아내는 훌륭한 사업 파트너가 될 수 있다. 한 가지 목적을 위해서 함께 협동해서 행동하는 남편과 아내는 인생 속에서 돈과 행복을 동시에 얻을 수 있다.

내가 아는 사람들 중에 장난감 사업을 하는 부부 한 쌍이 있다. 그들의 장난감 생산 공장은 그들의 집이었다. 남편은 장난감을 디자인하고 제조했고 그의 아내는 장난감들에게 페인트칠을 하고 장식했다.

이미 언급한 바와 같이 자기 사업체를 가지려면, 원하는 사업을 결정하라. 그리고 경험을 쌓아라. 자본을 확보하라. 그리고 가장 중요한 자신감을 가져라.

물론 자기 사업체를 통해서 돈을 벌어야 하는 것은 기본이다. 그러나 그것은 자신만의 사업을 운영하고 있다는 긍지에 비하면 그 다음인 것이다.

나쁜 버릇과의 결별

흡연이여! 안녕~

엄밀히 말하면 나는 이번 장에서 습관을 지배하는 방법을 말할 뿐 습관을 버리는 방법에 대해서 이야기하지는 않을 것이다. 만약 여러분이 습관을 통해 얻는 즐거움이 습관 때문에 잃게되는 것보다도 크다고 생각한다면, 그 습관을 계속함이 좋다. 그러나 여러분의 습관을 진심으로 극복하고 싶다면, 이제부터 내가 서술하는대로 하면 정신적, 육체적 고통 없이 그 습관을 극복하는 방법을 배울 수 있을 것이다.

자, 그러면 담배에 불을 붙이고 휴식하며 흡연에 대한 이야기를 시작하기로 하자. 아니, 나는 담배를 피우지 말라고 말하려는 것은 아니다. 만약 담배 피우는 것을 즐기고 있으며 그것을 그만두고 싶지 않다면, 그대로도 좋다.

나는 꽤 오랫동안 담배를 피워 왔다. 여러분이 태어나기 전부터 피워왔을 것이다. 마침내 하루에 50개비나 피우게 되었었다. 이것은 무척 많은 양이었다. 어느 날 밤, 나는 이제까지 내가 피운 담배의 길이가 얼마나 되는지 계산하여 본 일이 있다. 맙소사! 나는 40km나 되는 담배를 피우고 있었던 것이다. 당시는 킹사이즈의 담배가 그리 보급되지 않았는데, 만약 킹사이즈로 따진다면 이 길이는 적어도 5분의 1정도 더 길어졌을 것이다. 그렇다고 해서 이것이 금연을 해야하는 논거가 될 리는 없다.

내가 라디오 방송을 하게 된 얼마 후, 한 젊은 부인이 어떻게 하면 금연할 수 있겠느냐고 나에게 질문해 온 일이 있다. 만약 그녀가 담배 연기로 그을린 내 폐의 상태를 눈으로 직접 확인한다면, 그런 질문을 나에게 하지는 않았을 것으로 생각했다. 그러나 나는 그 방법을 이용하지 않고 담배를 끊는 좋은 방법을 알고 있었다. 그래서 나는 내가 알고 있는 금연의 방법을 적은 내용의 편지를 그 부인에게 보내주었다.

그리고 4개월 후, 나는 이 라디오를 통한 친구로부터 한 통의 편지를 받았는데, 그 편지는 감사에 넘친 것이었다. 그녀는 담배를 끊었으며, 그 일에 관해서는 아무리 감사하더라도 그 뜻을 다 표현할 수 없다고 말해왔다. 나는 그녀에게 도움이 된 것을 알고 진심으로 감동을 받았으나, 그 방법을 나 자신에게 활용하려는 생각은 조금도 하지 않았다.

수개월 후, 나는 또 다른 편지를 받았다. 이 편지도 어떤 젊은 부인으로부터의 것으로 역시 같은 내용이었다. 이번에 나는 편지로 회답을 보내는 대신 많은 사람들이 듣고 활용할 수 있도록 방송으로 이야기하기로 했다. 하지만 정작 나는 담배를 피울 대로 피우고 있으면서 담배를 끊는 방법을 사람들에게 전파한다는 것이 모순처럼 느껴졌던 것도 사실이었다.

그래서 나는 다음과 같이 이야기함으로서 양심에 구실을 붙였다. "저는 여러분에게 '이렇게 하십시오!' 하고 명령하고 있는 것이 아닙니다. 만약 여러분이 담배 피우는 것을 즐기고 있다면 그 또한 여러분의 뜻입니다. 제가 말해두려는 것은 습관을 극복하려고 생각하는 사람들을 위해서입니다."

한 주가 지난 뒤, 내가 이야기한 방법을 시도해보고 그로 인하여 담배를 끊을 수 있었다는 사람들로부터의 편지가 속속 날아 들어왔다. 물론 이것은 나에게 기쁜 일이었지만, 나는 여전히 담배를 피우면서 약간의 죄책감 같은 것에 시달리게 되었다. 성공담이란 곧 여기저기로 전해지기 마련이다. 내 이름이 금연하려는 사람에게 알려지는 데는 그리 오랜 시간이 걸리지 않았다. 확실히 금연하는 방법을 한번 더 가르쳐 달라는 편지가 더욱 많아졌다.

나는 담배를 끊는 방법에 대해 한번 더 방송하게 되었는데, 물론 이 번에도 "이 방법은 담배를 끊으려고 맘을 단단히 먹은 사람들을 위한 것입니다."라는 부언을 잊지 않았다.

그 후, 나에게 일어난 일은 나의 담당 아나운서에게도 일부 책임이 있다고 믿고 있다. 나는 그가 기자에게 "전 스위트랜드 씨에게 완전 히 속았어요. 그는 청취자에게 담배를 끊는 방법에 대해 얘기하고 있 으면서도 방송이 끝나면 재빨리 담배에 불을 붙이거든요!"라고 말하 는 것을 들었다. 그러나 나의 양심은 이에 의하여 흐려진 것은 아니 다. 왜냐하면 나는 금연을 하고 싶은 사람에게만 이 방법의 공식을 이 야기하였기 때문이다.

그리고 나는 '담배 피우는 것을 그만두고 싶지 않다' 라는 사람들의 부류에 들어가기로 생각했기 때문이다.

이 메시지를 금연하는 방법에 대한 '과학적' 이고, 동시에 '고백적' 인 것으로 하기 위해 나는 "나는 담배를 피지 않습니다."라고 말하는 사람을 참으로 훌륭하게 느끼고 있다는 것을 부언하여 두고 싶다. 사 실 나는 다른 사람이 활용하여 효과를 거둔 방법을 내가 직접 시도하 는 일은 두려워하고 있었다.

파도타기를 하는 것이 얼마나 즐거운 것인가를 알고는 있으나, 몸에 잠기는 것을 주저하고 있는 소심한 해수욕 객과 같은 것이었다. 지금까지도 기억하고 있는 일이 한 가지 있는데, 내가 자려고 옷을 벗은 뒤 담배가 없는 것을 깨닫고는 다시 옷을 주어 입고 차를 타고 나가서 몇 갑의 담배를 사온 일이 바로 그것이다. 다음 날 아침, 가게문도 열지 않은 이른 시간에 피울 담배를 준비하여 두기 위해서였다.

그렇게 담배 피우는 것을 즐기던 내가 이 방법으로 나의 못된 습관을 고쳐보려고 생각한 것은 내가 어느 방송에서 이야기 한 약간의 철학적인 발언 때문이었다. 어떤 이야기를 하다가 나는 '인간이라는 존재가 정신을 갖고 있는 육체가 아니고, 육체를 가지고 있는 정신이다' 라는 말을 하게 되었다. 이 말이 진리임을 마음에 상기하면서 나는 내 몸에 대해서 어머니가 아들에 대하는 것처럼 하려고 결심했다. 나는 나 자신이 바로 내 몸의 주인이어야 함을 알고 있었으면서도, 육체가 나를 지배하는 것을 허용하고 있었던 것이다.

그때까지의 내 습관은 아침에 일어나면 세수를 하기도 전에 담배에 불을 붙이는 것이었다. 만약 아침 신문에 무언가 주의를 끌만한 기사라도 있으면, 아침 식사를 하기 전에 담배를 두 개비나 세 개비쯤 피워 버리곤 했다. 그러던 어느 날 아침 담배 갑을 집으려할 때, 이런 생각이 나의 마음을 스쳐갔다.

'이 습관을 극복하기 위해서 왜 나는 내 자신이 생각해낸 방법을 사용하려 들지도 않았는가?'

이 질문에 대하여 논리적으로 반론을 제기하기는 불가능했다. 지금부터 나는 여러분도 같이 할 수 있을 정도로 쉬운 몇 단계의 처방전을 제시하겠다. 두려워하던 나도 결국 조금의 곤란도 느끼지 않고, 처음 단계를 시작하고 다음 단계로 진행해갔다. 지금까지의 습관을 버리는 일이 너무도 쉬워서, 나는 실제로 내 습관이 오랫동안 나를 지배하도록 내버려두었던 것에 대해 당황함을 느낄 정도였다.

이제 여러분 역시 진심으로 담배를 끊겠다는 생각을 하고 있다면, 다음 절차에 따를 것을 권고한다. 그러나 만약 여러분이 '누군가가 도와줄 것이므로' 라는 태도로 이것을 시도하는 것이라면, 다시 담배 한대를 피워 물고 다음을 읽기로 하자.

담배가 여러분에게 주는 영향력에는 육체적인 것과 심리적인 것의 두 가지 면이 있다. 지금까지 여러분이 금연을 시도했을 때는, 두 힘이 여러분에게 상대적으로 작용하고 있었던 것이다. 여러분의 마음이 '나는 담배를 끊을 수 없어' 라고 여러분에게 알려주면 육체는 습관화해 온 담배를 구해왔던 것이다. 이 두 힘의 결합은 대단히 강력한 것으로 여러분에게 작용하여 다시 한대의 담배에 불을 붙이면서 자기의 연약함을 합리화하는 구실을 찾게 되어 버리게 되는 것이다.

먼저 담배 피우는 습관의 육체적인 면에 대하여 생각해보기로 하자. 여러분은 담배를 처음 피웠을 때의 일을 기억하고 있는가? 처음 한 모금을 빨아들이면서 혹시 불쾌함을 느끼지는 않았는가? 사실 처음 담배에 손을 댄 후 몇 차례는 기분이 나빴을 것이다. 그러나 여러분은 계속 피웠다. 담배를 피우는 것은 틀림없이 멋있는 일이라고 생각했던가 누군가 흡연이 신경을 안정시키는데 좋다고 말하였을 것이다. 만약 최초에 여러분의 마음이 던졌던 경고의 메시지에 따랐다면, 여러분은 지금 이 장을 읽을 필요도 없었을 것이다. 여러분의 육체와 정신은 아마도 처음에는 담배연기 속에 함유되어 있는 기분을 나쁘게 하는 성분에 반항하여 그것이 유해하다는 것을 여러분에게 알렸을 것이다. 그런데도 여러분은 그것에 아무런 주의도 기울이지 않고 계속 피워왔던 것이다.

그렇다고 여러분의 마음과 육체는 복수할 생각은 가지고 있지 않다. 무언가 좋지 않은 일이 있으면, 여러분에게 당장 벌을 주는 대신 의학상으로 저항력이라 불리는 것을 만들어 여러분을 어떻게든 도와주려고 한다. 바꾸어 말하면, 여러분의 조직이 실제로 담배에 의존하여 그것이 결핍되면 어떻게든지 그것을 바라도록 육체적 조건이 만들어지는 것이다.

285

담배 피우는 습관의 육체적인 면에 대해서는 다른 견해도 있다. "움직임의 본능"이라는 견해다. 인간의 신체는 가만히 있는 일이 드물다. 신체의 어딘가를 움직이고 있는 편이 자연스러운 것이다. 담배를 피우는 일은 니코틴을 신체의 조직에 공급하는 것 이외에 사람에게 여러 가지 동작을 창출시킨다. 호주머니에서 담배 갑을 꺼내고 거기에서 담배를 한대 뽑아내어 불을 붙여 줄곧 그것을 입에 가져간다. 그리고는 재를 떤다. 이러한 모든 과정은 일정한 시간적 간격을 갖는 동작이다.

그렇다면 흡연의 심리적인 면은 무엇일까? 여러분도 때때로 흡연의 악영향에 대한 심각성을 깨닫고는 일시적으로 끊어보려고 노력한 일은 있을 것이다. 그러나 신체의 조직이 끊임없이 니코틴을 요구하고, 손이 무언가 동작을 하려고 애를 쓰기 때문에 습관을 극복하는 데는 현재 자기가 가지고 있는 이상의 힘이 아니고는 도저히 될 수 없다고 단정하여 버린다. 여러분은 그 습관에 매달리게 되어 이제 어쩔 수 없다는 식으로 생각해버리게 된다.

여러분이 담배를 끊으려고 노력했을 때, 어떤 반응이 일어났는지 기억하는가? 먼저 여러분의 신체의 조직이 근질근질해옴을 느낄 것이다. 그것은 배가 고프면 배고픔을 알리는 것과 같이 니코틴이 떨어져있음을 줄곧 여러분에게 상기시키는 것이다. 여러분의 손은 담배를 피울 때의 동작을 끊임없이 추구하고 있다. 여러분의 잠재의식은 의식 쪽으로 '난 할 수 없어. 난 담배를 끊기에는 너무 연약해. 담배에 이미 중독되어 있는 걸.' 이라고 전달함으로서 금연은 도저히 불가능한 것처럼 생각하게 하는 것이다.

그러나 그렇지 않다. 여러분은 정신적으로나 육체적으로 약간의 곤란함도 없이 습관을 지배할 수 있다. 여기에 그 방법이 있다. 담배를 끊기 어렵다고 생각하는 대신 그것을 참으로 증오해야한다. 그 따위 것에 지배당하고 있다니 참으로 말도 안 되는 일이며 어처구니없다고 마음속으로 생각 해야한다. 담배에 대하여 어느 작가가 '한 쪽 머리에는 불을, 또 한쪽 머리에는 바보를 지닌 마법의 작은 종이 마름' 이라고 한 적이 있다. 이렇듯 어떤 대상에 대한 새로운 시각을 찾는 것은 중요한 일이다. 그것은 결과적으로 잠재의식을 지배하는 하나의 생각이 되기 때문이다. 다음의 이야기는 담배에 대한 새로운 마음가짐을 가지는 데에 도움이 될 것이다.

(1) 여러분을 자주 귀찮게 하는 가래침에 대하여, 그리고 여러분의 맑은 음성을 투박하고 거칠게 만든 장본인에 대하여 생각할 것.

(2) 조금만 신체를 움직여도 곧 숨이 차다면, 그것이 다름 아닌 담배 때문이라고 생각할 것(담배를 끊은 뒤, 내가 가장 처음 깨달았던 좋은 점은 숨이 차지 않고 가파른 길을 올라갈 수 있는 것이었다).

(3) 자존심의 상실에 대하여 생각할 것. 이렇게 작은 습관을 지배할 수 없다는 것은 여러분의 자신감을 잃게 한다. 이런 사소한 담배에의 욕구도 지배할 수 없는데, 인생의 보다 커다란 일을 어떻게 지배할 수 있겠는가하고 생각할 것.

(4) 그리고 보다 가치 있는 일을 생각할 것. 새 구두, 모자, 셔츠 등 가지고 싶은 것이 있는데도 살 수 없다면, 담배를 사는 돈으로 그런 것은 얼마든지 자유로이 살 수 있다고 생각할 것. 또한, 담배 피는 돈을 아껴 자기 계발을 위한 책 한 권을 더 사보겠다는 생각을 할 것.

(5) 병 속에 담배 연기를 불어넣고 몇 시간 동안 그대로 놓아둔 후, 그 냄새를 맡아 볼 것. 단 한번 불어넣은 것으로 이 정도의 악취가 난다면, 폐 속은 어떤 상태로 되어 있겠나 생각하여 볼 것.

(6) 흡연에 의하여 일어나는 혼란과 파괴에 대하여 생각할 것. 집안이 온통 재 투성이가 되고 융단이나 의자나 옷에는 담배 구멍이 나있으며 테이블에는 그을음이 나있다. 꺼지지 않은 담뱃불로부터 일어난 화재로 재산이나 산림이나 때로는 생명까지도 잃는다는 것을 명심할 것.

(7) 흡연으로부터 야기된 '태만' 때문에 여러분의 발전이 얼마나 방해받고 있는가를 생각할 것. 여러분이 '무언가를 생각하는 시간'을 회상해 보자. 여러분은 어떤 일을 하고 싶다고 생각하면서 담배에 불을 붙인다. 한대를 피우고 나면 또 한대를 피워 문다. 이렇게 하여 '담배를 피우고 생각하는' 단계를 한 걸음도 더 나가지 못하게 된다. 오랜 시간이 지난 후에야 비로소 여러분은 담배를 끄고는 다음 단계로 나아갈 준비를 한다. 그 시간의 낭비는 다 어떻게 보상받을 것인가?

만약 여러분이 아침 식사 전에 한두 개비의 담배를 피우지 않고는 견디지 못하는 끽연가였다 하더라도, 꼬박 1주일 동안만 아침 식사가 끝날 때까지는 절대로 담배를 피우지 않겠다는 다짐을 하도록 하라. 이렇게 하는 것은 그리 어려운 일은 아닐 것이다. 왜냐하면 여러분은 아침 식사만 끝나면 피울 수 있을 것이라는 생각에 그 욕망을 참을 수 있기 때문이다.

다음 주에는 점심 식사를 끝낼 때까지 피우지 않기로 한다. 이것도 역시 그다지 어렵지는 않을 것이다. 왜냐하면 첫 주에 견딘 훈련으로 여러분은 자신의 정신력이 그 정도는 견딜 수 있을 것이라는 자신감을 얻게 되었을 것이다. 아무튼 점심 식사 때까지는 두세 시간밖에 남지 않았다. 누구든지 그 정도는 기다릴 수 있다고 생각해버리는 것이 좋다.

이제 여러분은 3주 째에는 어떻게 해야할지 이미 알고 있을 것이다. 금연 다짐 3주 째에는 저녁 식사를 할 때까지 피우지 않기로 결심한다. 그때까지는 여러분은 자기의 능력에 벌써 자랑스러움을 느끼고 있을 것이다. 그리고 그 주간의 과제도 전주와 같이 어렵지 않게 해낼 수 있을 것이다. 곁들여 말한다면, 그 즈음에는 여러분의 육체의 조직은 매일 적은 양의 담배만으로 지낼 수 있게 길들여져 피우고 싶다는 욕망은 그리 느끼지 않게 되었을 것이다.

3주 째가 끝날 무렵, 여러분은 사실상 습관으로부터 자유가 된다.

즉, 습관을 지배하게 된 것이다. 이때부터는 '최후의 급소를 찌르는' 일만 남았다. 저녁 식사까지 꼬박 1주일간 금연을 계속한 뒤, 이번에는 하루를 건너뛰는 것이다. 꼬박 하루를 건너뛰고 피운다. 이틀 동안 건너뛰고, 그리고 피운다. 사흘을 건너뛰고 난 뒤 피운다. 그리고 계속해서 이것을 반복하는 것이다. 내 경우에는 나흘을 건너 뛴 뒤에는 담배를 뽑아 들고 싶은 욕망이 완전히 사라지고 말았다.

담배 없이 지낼 수 있게 완전히 습관화될 때까지는 담배가 생각날 때마다 입에 넣을 수 있는 작은 먹거리 같은 것을 가까이 놓아두는 게 좋다. 사람에 따라서는 껌을 씹는 사람도 있으며, 레몬사탕의 시큼한 맛이라든가, 박하의 시원한 맛을 좋아하는 사람도 있다.

자! 이것으로 충분하다. 만약 여러분의 육체가 정신을 지배하도록 허용하는 대신 육체를 지배하는 것이 얼마나 즐거운 일인가를 알고 싶다면, 지금 실천하라. 이상의 절차를 모두 끝내버린 뒤에는 어떠한 것이라도 이룰 수 있을 것이며, 어떠한 정점에라도 오를 수 있을 것이다. 왜냐하면 여러분은 정복되는 대신 정복하는 방법을 알고 있기 때문이다.

술을 끊으면 인생이 편해진다

담배를 끊기 위해 서술했던 원칙이 술을 끊기 위해서도 활용될 수 있다.

먼저 처음에 술에 대한 뚜렷한 혐오감을 만들어야 한다. 그 정도를 술에 손을 댈 때마다 자기 자신에 분노를 느낄 때까지 높이는 것이다. 다음의 사고방식은 술에 대한 혐오를 가지게 하는데 도움이 될 것이다.

(1) 신문을 읽고 술에 의한 범죄의 수를 체크할 것. 살인, 자동차 사고, 싸움, 가끔 이혼으로까지도 발전하게 되는 가정의 말다툼 등도 있다.

(2) 술이 그 사람의 평판에 미치는 영향에 대하여 생각할 것. 인간이란 술을 마시며 자신이 견디기 힘들만큼의 창피한 행동을 하게 된다. 그 후 멀쩡한 정신으로 그 사람을 만나게 될 때는 쥐구멍이라도 찾고 싶다고 중얼거린다.

(3) 1년 동안 알코올에 소비되는 돈을 계산하여 볼 것. 일주일에 20달러는 가볍게 없어진다. 이것만으로도 연간 1,000달러가 되며, 새 집을 살 경우에는 월부금에 해당된다. 나는 수천 달러에 상당하는 가치가 있는 동물 장난감 컬렉션을 가지고 있다. 이 컬렉션은 한 잡지로부터 가치를 인정받아 1등 상을 받은 적도 있는데, 이것은 내가 술과 담배를

끊어서 절약한 돈으로 사 모은 것이다.

월요일 아침에 무거운 머리로 어째서 그렇게 많이 마셨을까하고 후회하는 대신 나는 취미를 만들어 건설적인 주말을 보낸 덕택으로 정열적이고, 행복한 기분에 넘쳐 있다.

(4) 이 습관 때문에 사업에 실패해 버린 수많은 사람들에 대하여 생각할 것. 틀림없이 많은 사람들이 술을 잘 통제할 수 있으며 결코 술이 사람을 지배하는 일은 없을 것으로 생각하고 있으나, 악성 알코올 중독에 걸리는 사람도 처음에는 모두 한 잔으로 시작되는 것이다.

(5) 자존심의 상실에 대하여 생각할 것. 억제할 수 없어서 술에 손을 댈 때마다 여러분은 그만큼 자존심을 잃고 있는 것이다.

습관의 극복을 통해 자신감을 회복하라!

대부분의 사람들은 술의 맛을 즐기기 위해 마시는 경우가 극히 드물다. 술 마실 때의 많은 사람들의 얼굴을 가만히 살펴보고 있노라면, 술을 마시는 주된 목적은 결코 그것을 맛보기 위한 것이 아님을 알 수 있다. 알코올은 정신적 마취제다. 그것은 정신을 마비시키고, 우리를 끊임없이 따라 다니는 오만가지 잡생각으로부터 우리를 해방시키는 작용을 한다. 그러므로 우리는 '어려운 처지'를 벗어나기 위해 술을 마시고 성실한 생각으로부터 일시적이나마 자유로와 지려고 하는 것이다.

보통 그동안 고질적으로 해왔던 자신의 생각으로부터 자유롭게 되기를 원하는 사람은 일에 실패한 사람이거나, 아니면 과거라든가 현재의 행위에 죄책감을 느끼고 있는 사람이다.

때로는 절반 이상이 정신적 도피의 원인일 수도 있다. 아무것도 할 일이 없다는 것은 정신적 불행의 원인이 되고, 술은 자책하는 마음을 무책임한 마음으로 바꾸는 수단이 되기도 한다. 그리고 정신적인 태만도 일역을 담당하는 수가 있다. 정신적인 노력을 필요로 하는 활동은 아무것도 하고 싶지 않다는 태만함 때문에 알코올은 정신을 진정한 생각으로부터 해방하기 위한 일역을 담당하는 것이다.

무언가 그것과 대체할 것이 없으면, 아무것도 제거할 수 없다. 왜냐하면 자연은 진공 상태를 극도로 싫어하기 때문이다. 만약 여러분이 술을 기어이 끊고 싶다면, 그것을 대신할 수 있는 무언가를 준비해두는 것이 지름길이다.

영화배우와 텔레비전의 탤런트로 잘 알려져 있는 레지널드 데니는 할리우드에서 수집가, 특히 모델 비행기에 흥미를 가지고 있는 사람들을 위한 가게를 경영한 일이 있다.

알코올 중독 환자인 데니의 친구가 이 가게를 방문하였다. 이 사람은 하루 종일 일하고, 집에 돌아가면 곧 술병을 들고 밤새도록 마시고 곤드레가 되어 침대에 기어 들어가는 생활을 되풀이하고 있었다. 이런 생활의 반복으로 일의 능률도 떨어지고, 해고 직전에 이르렀던 것이다.

레지널드는 그 친구를 독려하여 모형 비행기를 만드는 데 흥미를 갖게 하였다. 비행기를 만드는 데 사용되는 작은 부품은 그것을 조립하기 위한 튼튼한 손이 필요했다. 그러나 그 친구가 집에 돌아가서 술이라도 마시면 극히 세밀한 작업을 요하는 어려운 조립 과정에서 손이 떨리고 마는 것이었다. 그러나 그는 그것에 흥미를 가졌다. 다음 날 밤은 그는 술을 마시기 전에 그 일에 손을 댔다.

그리고 몇 시간 동안 술 없이 지내봤다. 그가 마시고 싶은 욕망을 갖지 않게 된 것은 그로부터 얼마 지나지 않아서였다. 알다시피, 그는 술을 대신할 수 있는 것을 발견한 것이다. 그것은 매일 밤, 그가 하고 있던 정신적인 지각 상실보다도 그에게 아주 중요한 것이었다. 그리고 또 그가 얻은 보답은 그것만이 아니었다. 매일 술을 마시던 습관을 극복하고서부터 그가 절약한 돈으로 가족들에게 무언가를 조금 더 해 줄 수 있게 되었다. 그리고 더욱 귀중한 성과는 그의 가정에 새로운 행복이 찾아 온 것이었다.

음주의 습관을 극복하는 것도 흡연의 습관을 극복하기 위하여 권한 것과 같은 방법으로 하는 것이 좋다. 즉, 한 걸음 한 걸음씩 밟아 가는 것이다. 먼저 하루만 술 없이 지내고, 이어서 2일, 3일, 4일로 계속하여 간격을 늘려간다. 그리고 마시고 싶은 욕망이 완전히 없어질 때까지 이 기간을 연장하여 가는 것이다.

술을 끊게 됨으로서 얻게되는 것을 활용할만한 무언가를 생각해두어라. 술 마시는 데 쓰이던 돈을 모아서 새 목표를 이루는데 보탤 수도 있는 것이다. 목표는 새로운 자가용일 수도 있을 것이고, 양복이 될 수도 있을 것이며, 최신 모델의 텔레비전이 될 수도 있고, 새로운 집이 될 수도 있을 것이다. 예상보다 많은 돈이 모이는 것을 체험하고는 놀라게 될 것이다.

습관을 극복하는 것은 여러분의 단순한 만족으로 끝나는 것이 아니다. 여러분의 건강이 개선된다. 그리고 여러분의 일이나 사업은 물론 여러분의 경제적 지위 향상에도 크게 기여하게 될 것이다.

두 영혼이 만날 때

행복한 결혼의 3대 요소

어느 젊은 여성이 나에게 찾아와서 다음과 같은 질문을 한 일이 있다. "어떻게 하면 좋은 배우자를 만날 수 있을까요?" 그리고 내가 "배우자를 구하는 최선의 방법은 찾아 헤매지 말아야하는 것입니다."라고 대답했을 때, 그녀는 무척 놀랐었다. 나는 이 대답에 이어 배우자를 찾아 헤매는 대신 남편이 없더라도 충분히 행복할 수 있도록 자신의 인생을 완전하게 다듬어내는 것이 선결 문제라고 이야기해주었다. 그리고 나는 남성이 아내로서 맞이하고 싶을 만한 타입의 여성으로 가꾸어 간다면, 이윽고 그녀는 자기가 원하는 사람들 중에서 충분히 선택할 수가 있다고 이야기하여 주었다. 그녀는 내가 한 말을 이해하고 이에 따랐다. 그녀가 '이 마을에서 가장 훌륭한' 남성과 약혼을 한 후 행복해하는 모습을 보게 된 것은 그로부터 얼마 후의 일이었다.

이것은 남자에게 있어서나 여자에게 있어서도 진리이다. 혈안이 되어 찾아 헤맨다면, 남편이 되었건 아내가 되었건 어설프게나마 제 짝을 만날 수는 있지만 이런 만남에 의하여 이루어진 결혼은 오래 계속할 수 없을 것이다.

혼기를 맞아 결혼하고 싶어 서두르고 있는 사람은 오히려 좋은 배우자를 만날 수 없다는 이야기는 이상하게 들릴지도 모르나, 진리임에는 틀림없다. 반대로 남성은 훌륭한 부인으로서의 자격을 충분히 갖춘 데다가 혼자 살아도 무방할 정도로 만족스러운 삶을 영위하고 있는 여성을 보면, 어떻게 해서든지 그녀를 손에 넣고 싶게 되는 것이다. 여성도 재빨리 프로포즈하려고 기다리고 있는 남성보다 결혼에 대해서 의연한 태도를 취하고 있는 남성에게 항상 흥미를 갖기 마련이다.

행복한 결혼은 세 가지 요소 위에 이루어진다. 정신적, 육체적, 종교적인 면이 그것이다. 삼각의자의 세 다리 중 하나만 빠져 있어도 넘어져 버리듯, 결혼에 있어서도 이 세 가지 면에 기초를 두고 있지 않으면 실패하고 만다.

정신적으로 일치한다는 것은 반드시 두 사람이 모든 생각과 의견을 같이 한다는 것을 뜻하지는 않는다. 그것은 각자의 사고방식에 서로 만족하고 있다는 것을 의미한다. 만약 남편이 착실하게 노력하는 타입으로 1년 내내 같은 일을 하는 것으로 만족하고 있는 사람이라면, 기민하고 진취적인 여성과는 결혼생활을 원만하게 이끌어 가지는 못할 것이다. 그 반면, 활동가 타입의 남성은 소극적으로 항상 근심만 하고 있는 부인을 비난할 것이다.

하지만 의외로 내향적인 성격의 사람과 외향적인 성격의 사람은 원만하게 살아갈 수 있다. 외향적인 남편은 밖에서 하루종일 활동한 뒤, 내향적인 부인이 기다리는 집에 돌아가 정신적인 위안을 받는데 기쁨을 발견할지도 모른다. 내향적인 부인은 외향적인 남편과 때로는 밖에 나가서 그의 단조로움을 깨는 것을 기뻐할지도 모른다.

종교적으로 일치한다는 것은 반드시 그 부부가 같은 종교를 갖지 않으면 안 된다는 것을 의미하는 것은 아니다. 그것은 그들의 종교적 관심에 대해서 동등해야 한다는 뜻이다. 너무 종교에 대한 믿음이 없는 남성은 항상 교회 활동만 하고 있는 아내에게 싫증을 느낄지도 모를 일이다. 그리고 물론 아내 또한 교회활동에는 조금도 관심을 갖지 않는 남편과 사는 것이 행복할 리가 없다.

그러나 기억해두기 바라는 것은 어떠한 불변의 원칙에도 예외라는 것이 있기 마련이라는 점이다. 나는 주변에서 잉꼬부부라는 이야기를 들고 있는 아주 원만한 부부를 알고 있는데, 그 남편은 한번도 교회 안에 들어가 본 일이 없는데도 아내는 매주 여러 가지 교회활동에 열심이었다.

결혼의 육체적 측면은 대개의 결혼에 있어서 유감스럽게도 다른 두 가지 면보다도 더 중요하게 생각되고 있는 면이다. 서로가 열중하게 되는 것은 대개 육체적 접촉에 의한 흥분으로부터 일어난다. 손을 잡는다, 키스한다, 포옹한다 등. 이들 모두가 우리가 사랑이라고 부르는 감정 상태로 이끈다.

확실히 육체적 접촉에 의한 흥분은 필요하긴 하지만 거기에 정신적, 종교적인 조화가 수반되지 않으면, 그 결혼은 조만간 파탄을 면치 못할 것이다.

수많은 남편들이나 아내들은 상대방의 냉정함을 서로 비난한다. 그들은 결혼 초기엔 그렇지 않았었으나 날이 갈수록 애정 같은 것은 전혀 느낄 수 없다고 말한다. 결혼이 정신적, 종교적, 육체적인 세 가지의 본질적 요소에 기초를 두고 있을 때에 각 요소가 다른 둘을 활발하게 하는 것이다. 하지만 어느 한쪽으로 치우치게 되면 혹은 상대방의 성에만 관심을 가지게 되면 어린이에게 장난감을 주었을 때와 같이 결국 신선미를 잃고, 후에는 아무 것도 남지 않게 된다. 그러나 정신적, 종교적으로 긴밀한 조화를 이루어 나가면 육체적으로도 언제까지고 그 활동력을 유지하게 될 것이다.

여자가 놓쳐서는 안 될 남자의 조건

만약 인간이 자기의 배우자를 고르는 데 자동차를 고를 때만큼이나 주의를 기울인다면, 이혼율은 크게 감소될 것이다. 자동차를 사는 경우에 사람들은 겉만을 훑어보지 않고 내구성, 운전성, 경제성 등등 여러 가지를 검토한다. 남녀의 경우에 있어서는 상대방에게 무언가 한 가지 마음에 드는 곳이 있으면, 곧 열중하게 되어 사랑을 느껴 버린다.

사실, 배우자에게서 모든 것이 완벽하다는 것을 발견하고 있는 사람은 아무도 없다는 점을 지적해둘 필요가 있겠다. 상호간의 인격이 건전한 기초에 바탕을 두고 있는 경우에는 이 사실을 이해하는 것이 쉬울 것이다.

어떤 젊은이가 회사에서 함께 일하고 있는 여성과의 관계에 대해 상담하기 위해 나를 찾아온 일이 있다. 그는 여러 면에서 그녀를 좋아하고 있었으나 몇 가지 사소한 점이 마음에 들지 않아 결혼을 청하는 데까지는 이르지 못하고 있었다. 그녀가 좋은 여자임은 그도 인정하고 있었다. 매력적인 곳도 많았고, 요리도 잘하며 경제관념도 있고, 좋은 주부가 될 만한 소지가 많았다. 그리고 그 여성에게서 맘에 들지 않는 부분들에 대해 이야기하는 것을 듣게된 나는 이 남자가 완벽한 여성을 원하고 있다는 사실을 깨달았다. 그래서 나는 다음과 같은 질문으로 그를 놀라게 했다. "자네는 이 여성이 완벽한 인간이기를 원하고 있는 게로군?"이라고 물었다. 그는 주저함이 없이 아니라고 대답했다. 그리고 자네에게 맞추기 위해서 이 여성이 완벽해져야하며, 그럴 권리가 자네에게 있다고 생각하는가하고 물었다. 그는 내 말을 이해하고 그 여성과 결혼했다. 그리고 내가 알고 있는 바로는 두 사람은 행복하게 살고 있다.

진정한 사랑이 있을 때에는 사소한 결점을 너그러이 이해할 수 있음은 물론이고, 사실상 곰보도 보조개로 보이는 상태가 되어 사소한 결함이 오히려 매력적으로 보이게 되는 수도 없지 않다.

인생의 반려자로서 받아들이는 중대한 결정을 하는 경우에는 감정에만 치우치지 말고 심사숙고하는 편이 안전하다. 만일 내가 여자라면 결혼을 목적으로 하여 남성을 평가하는 경우에는, 다음과 같은 장점을 특히 배려할 것이다. 전에도 말했듯이 나는 그들에게 완벽한 인간이 되기를 기대하는 것은 아니다. 단지 각각 그 장점을 생각함으로써 인생에 반려자를 맞이하는데 보다 깊이 생각하게 되기를 희망할 뿐이다.

1. 세 가지 요소

다른 무엇보다도 중요한 것은 정신적, 종교적, 육체적 면에 있어서의 조화를 중시한다. 이 점에 대하여 타협하는 것은 위험을 초래하는 결과가 될 것이다.

2. 성실

여성이란 자기의 남편을 믿고 의지할 수 있으며, 사람들로부터 존경받는 성격을 가지고 있는 사람이기를 바란다.

3. 근면

근면한 남성과 결혼한 아내는 불안을 느끼는 일이 없이 산다. 사람에 따라서는 1년 내내 일만하고 보낼 정도로 근면한 사람도 있다. 이런 남성은 결혼 초기에는 아내를 다소 실망시킬지도 모르겠으나, 결혼의 만년에 가서는 편안한 노후를 맞이할 수 있는 타입의 사람일 때가 많다. 그러나 벽시계 추는 한쪽으로만 움직이는 것이 아니고, 그 반대방향으로도 움직이는 것이다. 너무 열심히 일하는 것은 방탕한 생활과 같은 과오를 저지르게 될지도 모르므로 주의가 필요하다.

4. 야망

야망과 근면은 다르다. 꽤 근면하긴 하지만, 너무 야망이 없는 사람도 있다. 이와 같은 사람은 자기개선을 시도하려 하지도 않고, 오랜 세월을 같은 일에만 종사하며 만족하고 있는 사람이다. 나는 여성들이 남성의 야망에 큰 관심을 갖고 있는 것으로 믿고 있다. 자기 남편이 끊임없이 더 나은 인생으로의 개선을 위해 노력하는 모습을 보는 것은 여성으로서 굉장한 행복일 것이다.

5. 일에 대한 능력

근면하고 야심만만한 사람이더라도 좋은 돈벌이가 없는 남성도 있다. 집안 살림에 쓰는 돈을 쥐꼬리 만큼밖에 주지 않으면서 아내에게는 식사에 대한 불평이나, 가족들이 입을 것도 살 수 없다는 불평만 늘어놓는 남성도 있다. 보통 여성에게는 자기의 신변을 처리할 돈을 벌기 위해 일하는 것은 반드시 어려운 일만은 아니다. 그러므로 언제나 자기 혼자라도 벌 수 있을 정도의 생활비밖에 받을 수 없을 경우에는 그녀는 결코 행복할 수 없을 것이다. 자기의 직업을 가지고 독립된 수입을 벌어들이고 있는 부인들도 많다. 그러나 그렇다고 해서 이 일은 가족의 의·식·주를 해결하기 위해 벌어들이는 남편의 책임을 면제하는 것은 결코 아니다.

6. 너그러울 것

부인에게, 그녀가 당연히 받아야 할 안도감을 주기 위해서는 남편은 검소한 사람이 되어야 한다. 그러나 남자가 검소한 것과 마음이 너그러운 것은 결코 양립될 수 없는 것은 아니다. 만일 그가 자기의 수입에 적절한 예산을 세워 운영한다면, 너무 인색하지 않더라도 장래를 위해 적당량은 저축해놓을 수 있는 것이다. 그리고 너그럽다는 것은 반드시 경제적인 면에만 한정되는 것은 아니다. 사람은 사랑, 애정, 우정, 그리고 협력 등에 관해서도 너그러워야 할 것이다.

7. 이해심

나는 사랑의 사전 속에서 아마 이 말이 가장 중요한 단어일 것이라고 생각한다. 우리는 이 단어가 의미하는 강력한 정의를 알아야 한다. 이해가 있는 곳에는 오해가 일어날 수 없다. 좀더 확실히 말한다면, 대부분의 말다툼은 이해의 부족에서 온다고 한다. 인간이란 표면에 나타난 행동으로만 사람을 판단하고, 행동의 배후에 숨겨있는 동기에 대해서는 간과하고 마는 경향이 있다.

모든 행동은 그 행동이 취해진 시점에서는 그 행동을 한 사람의 마음속에서 정당화되는 것이다. 이것은 살인자를 포함한 모든 사람에게 적용되는 말이다. 모든 행동이 다 옳다는 것은 아니다. 그 행동에 책임성을 가지고 있는 사람은 그 당시에 그러한 일을 행하는 것이 올바르다고 생각하고 있음을 말하는 것이다. 도둑은 세상이 나쁘기 때문에 이런 짓을 한다고 생각하고 있다. 그들의 행위는 물론 잘못된 것이지만, 그들의 마음속으로는 그렇지 않다.

남편이 밤에 잔뜩 화가 나서 집에 돌아오는 일이 있을지도 모른다.

아내는 그것을 고통스럽게 받아들여 그런 남편의 태도를 비난하는 일도 있을 것이다. 그러나 이해심 있는 아내라면, 남편의 태도에 불만을 표시하기 전에 남편에게는 낮에 참을 수 없는 문제가 있었던 것은 아닐까 하고 생각해볼 것이다. 그런 아내는 절박한 이야기는 피하고, 남편의 기분을 전환시켜 낮에 있었던 말다툼을 잊게 하기 위해 온 힘을 다할 것이다.

그러므로 미래의 남편을 평가할 때에는 이해력의 유무를 체크하는 것도 필요한 일이다.

8. 성벽

한 부인이 자기의 약혼자 때문에 나에게 상담을 요청한 일이 있다. 그녀는 그의 성벽 몇 가지를 나에게 들려주었다. 그녀는 그에게 그러한 성벽을 지적해보았지만, 그가 곧 이성을 잃어버려서 그것을 도저히 말할 수가 없다는 것이었다. 약혼자의 그런 기질을 알고 있으면서도 그녀는 그와 결혼하려하고 있었다. 여성들은 결혼을 하면 남성들의 성격이 달라질 것으로 크게 잘못 생각하고 있는 것 같다. 사실 결혼으로 사람의 인생과 성격이 바뀌기는 하나, 언제나 좋은 방향으로만 바뀐다는 법은 없다. 만일 그가 결혼하기 전에 나쁜 성벽을 가지고 있다면, 결혼 후 그것이 더욱 악화될 수도 있다.

좋지 못한 성벽은 사람이 가질 수 있는 가장 나쁜 결함 중의 하나다. 육체적 결함이 있는 사람과는 행복하게 살 수 있는 가능성이 많지만, 나쁜 성벽의 사람과는 결코 행복하게 살 수 없다.

물론 그러한 좋지 못한 특성도 바뀔 수는 있다. 좋지 못한 특성은 원인이 아니고, 결과인 것이다. 그리고 만약 그 원인이 무엇인가를 알 수 있다면, 그것을 고치는 일은 결코 불가능한 것도 아니다. 그러나 그렇다고 해서 저절로 고쳐질 수 있는 것으로 낙관하는 것은 금물이다. 만일 여러분이 좋지 못한 특성의 원인을 찾아내어 그것을 고치는 데 도움이 될 수 있다면, 그것은 그것으로도 좋은 일이다. 그러나 여러분의 장래의 행복을 위해서는 그것이 틀림없이 바뀌지 않는 한, 주의를 소홀히 해서는 안 된다.

9. 습관

여성들 중에는 결혼 전에 남자 친구와 나이트 클럽이나 바에 가서 그가 취한 채 괴상한 술버릇을 나타내는 것을 보는 것이 그럴 수 있는 일로 생각하고 있는 사람도 있다. 그러나 이건 결혼 후에 술에 빠질 인생의 전조로 생각하는 편이 좋을 듯하다. 수입을 술 마시는 데 다 써 버리고, 가난한 생활을 할 수밖에 없는 부부가 많이 있다는 것은 참으로 비참한 일이다. 그러므로 결혼의 가능성을 생각하는 경우에는 여러분의 행복을 빼앗을 만한 습관을 상대방이 가지고 있는지의 여부를 확인해두어라.

10. 부모로서의 태도

그는 좋은 아버지가 될 수 있을까? 이러한 질문은 당연한 것이다. 왜냐하면 대부분의 여성은 어머니가 되기를 바라는 것이 극히 자연스러운 일이기 때문이다.

한 부인이 남편이 아이 낳는 것을 싫어하기 때문에 아이가 없다고 이야기한 적이 있었다. 그리고 그녀는 슬픈 얼굴로 항상 어린이들이 뛰노는 가정을 기대해 왔었다고 말했다. 나는 그녀에게 결혼 전에는 아이에 대한 그의 태도가 어떠했느냐고 물어보았다. 그녀는 그런 일을 결혼 전에 그와 한번도 상의해 본 일이 없었음을 인정하였다.

만약 여러분이 자녀가 있는 가정을 기대하고 있다면, 여러분이 택한 남성도 같은 마음가짐을 하고 있는가 확인해두는 편이 현명하다.

11. 건강은?

아무도 병든 사람을 나무랄 수는 없다. 서로 진정한 애정을 갖고 있는 아내나 남편은 병을 가지고 있다하더라도 더욱 더 굳게 결속되는 수도 있다. 물론 이것은 결혼 후에 걸린 병의 경우이다.

사람에 따라서는 건강을 무시하거나 생활 방식이 좋지 못한 탓으로 가끔 병에 걸리는 사람도 있다. 만일 여러분의 남자 친구가 언제나 병으로 앓고 있는 사람이라면, 좀 주의하는 편이 현명하다.

12. 그는 공정한가?

이제까지 열거한 장점을 모두 갖춘 남성이라도 자기의 배우자에 대하여 공정하지 않으면, 그것이 걱정의 원인이 되는 수가 있다. 예를 든다면, 내가 알고 있는 어느 남성은 값비싼 총과 낚시 도구의 훌륭한 컬렉션을 가지고 있다. 그는 거의 주말마다 낚시를 하고 있었는데, 물론 항상 혼자 서였다. 그는 아내에게 미싱, 전기 청소기, 세탁기 등의 가정용품은 전혀 사주려 하지 않았다. 그는 지붕이 있는 집과 충분한 먹거리 그리고 옷을 제공하고 있으므로 자기는 공정하다고만 생각한다. 부부는 수입은 공동의 것으로 생각해야하며, 남편은 자기가 하고 있는 것과 같은 사치의 몇 분의 일 이라도 아내와 나눌 의무가 있다는 생각을 가져야할 것이다.

공정치 못한 행동은 이밖에도 여러 가지가 있다. 남성이란 가정이나 자녀를 돌보는 일이 본분이다. 물론 결혼 전에 이와 같은 점을 간파하기는 쉽지 않겠으나 남성을 잘 살펴본다면, 그 사람이 공정한지 어떤지는 어느 정도 알 수 있을 것이다.

지금까지 서술하여 온 것으로 바람직한 장점을 모두 이야기했다는 뜻은 아니지만, 이것으로 미루어 보아 남편으로서 바람직한 남성상을 선명하게 부각할 수 있을 것이다.

남자가 그냥 넘어가기 쉬운 여자의 조건

남성의 경우 행복한 결혼 생활을 위해 여성이 갖추어야 할 장점을 그리는 일은 쉽다.

1. 세 가지 요소

남성과 마찬가지로 여성의 경우도 역시 결혼의 정신적, 종교적, 육체적인 면의 완전한 조화가 필요하다. 이것은 대단히 중요하다.

2. 이해심

이 항목은 여성에게 기대하는 특질 중에서는 남성의 경우 보다 순서가 훨씬 앞당겨 있다. 그만큼 중요하다는 이야기인데 이것은 당연한 것이라고 생각한다. 나는 "이해심"이 여성이 갖출 수 있는 가장 귀중한 장점중의 하나라고 믿고 있다. 한 남성이 자기는 결혼한 지 10년이 넘었는데도 여태껏 한번도 아내와 다툰 일이 없다고 말했다. 그리고 이렇게 덧붙였다. 만약 부부싸움을 했다한들, 그것은 물어볼 것도 없이 자기(남자 쪽)가 나빴기 때문이라고 한다. 그는 그 이유에 대해 "나의 아내는 이제까지 만난 사람 중에서 가장 이해심 많은 여성이기 때문입니다"라고 설명한다. 이것은 어진 아내에게 주어진 아름다운 찬사다.

3. 가정의 관리

이것은 모든 결혼 생활에 있어서 아내에게 주어진 중요한 임무다. 가령 돈이 많은 부자라 할지라도, 건전한 가정 관리의 필요성은 항상 존재하는 것이다. 이런 능력은 타고나는 것이 아니라 배워서 익히는 것이다. 그러므로 가정 관리에 필요한 지식을 아직 갖추지 않은 여성은 이것을 배우도록 해야 한다.

4. 요리

나는 여성이라면 음식을 맛있게 요리하는 방법을 알고 있어야 한다고 생각한다. 요리가 필요치 않은 외식 생활의 가정으로 만들기 시작하는 부부가 있는데, 남편이 성공하면 자기의 집을 갖게 될 것이고 당연히 요리가 필요하게 될 것이다. 그리고 또 요리사를 고용할 만큼 부유한 신분이 됐다 하더라도 아내가 요리법을 알고 있는 것은 역시 바람직하다. 내 친구는 목요일 저녁 식사가 언제나 즐겁다고 말하고 있는데, 그것은 그 날이 요리사의 정기 휴일로 그의 아내가 손수 요리하는 날로 되어 있기 때문이라고 한다. 요리를 입에 맞게 잘하는 것은 그리 어려운 일은 아니라고 생각한다. 남편들의 반찬투정을 흉보지 말고, 간단한 요리책을 사보는 것은 어떤지….

5. 수입의 범위내에서 생활하는 능력

상당한 수입이 있는 사람이 자기들의 재산에 대해서는 아내가 일체

맡아서 처리하고 있다고 말한 일이 있다. 그는 그녀가 항상 가계를 돌보고 수입의 범위 안에서 생활할뿐더러 저축도 하고 있다고 말했다. 그런가 하면, 어느 젊은 비즈니스맨은 자기의 아내에게 회사에서 일어난 일을 절대로 말하지 않는다는 것이다. 어떤 달은 무언가 좋지 못한 일이 있어서 그 일을 아내에게 말하면, 그녀는 남편의 회사와 남편에 대해 형편없이 비평하고, 보너스를 받는 등의 무언가를 좋은 일이 있던 달에는 즉시 가게에 달려가서 그의 수입보다 훨씬 많은 것을 외상으로 산다는 것이었다.

가정 경제의 경영은 부부 어느 한 사람만의 일은 절대로 아니다. 남편들 중에는 대개 저축을 할 여유가 없는 사람이 있는가하면, 아내의 돈 씀씀이가 헤퍼서 걱정하고 있는 남편도 있다.

6. 질투

남성이여! 만약 여러분이 사랑하고 있는 여성이 다른 무언가에 대해 질투로 느껴지는 감정을 표현했다고 해서 결코 기뻐해서는 안 된다. 질투는 무엇보다도 결혼의 행복을 빼앗는 것이다. 이 문제에 대해서는 다음 장에서 더 자세히 서술하게 될 것이다.

7. 남편의 일이나 문제에 관심을 가질 것

세계의 거장들의 배후에는 언제나 거장보다 더 위대한 그 무언가가 있다. 그것은 극진한 아내의 내조이다. 여러분의 일에 아무런 관심도 나타내지 않는 여성이라면, 그것은 결혼의 핸디캡이 되는 것이다. 그녀는 여러분이 일에 전념하는 것도 이해하지 못할 것이다. 그리고 남편으로부터 일과 가족 그리고 집안에 대해 아내와 상의하는 즐거움도 빼앗아 버리는 여성이 될 것이다.

8. 좋은 어머니

세상에는 자식 없이 지내기를 바라는 여성도 없지는 않겠지만, 어머니가 되기를 바라지 않는 여성을 찾기란 쉽지 않다. 여러분이 아이를 좋아하는 남성이라면 특히 이 점을 분명히 해둠이 좋다.

9. 청결과 정돈

남성보다는 여성이 청결한 것을 좋아하는 사람이 많다. 그런데 만약 여러분이 결혼하려고 택한 여성이 깔끔하고 청결하지 못하다면, 그녀와 결혼하기 전에 약간 생각하여 보는 편이 좋을 것이다.

10. 나쁜 습관

여성들도 남성과 마찬가지로 좋지 못한 습관에 빠지곤 한다. 그런데 나는 몇 가지 이유로 습관에 관해서 만큼은 여성이 남성보다도 훌륭한 면을 갖추길 바란다. 남성들은 대개 여성의 나쁜 습관을 보고도 관대하게 허용한다. 나쁜 습관을 괜찮을 것으로 생각하는 것은 절대 금물이다. 결혼하기 전에는 아무렇지도 않게 느껴졌던 그녀의 습관이 결혼 후에는 대단히 혐오스럽게 느껴질 수도 있기 때문이다.

이 장의 첫머리에서 서술한 사고방식을 되돌아보자. 함부로 이성의 뒤를 따라다니는 것은 삼가는 편이 좋다. 만약 여러분이 여성이라면, 어떤 남성이든지 아내로 맞이하고 싶을 만한 타입의 여성으로 자신을 가꾸어야 한다. 그리고 여러분이 남성이라면 자신이 원하는 여성이 남편으로 맞이하고 싶을 정도의 남성으로 자신을 가꾸어야 한다.

여러분의 문제는 배우자를 찾는 길이 아니고, 여러분을 원하고 있는 사람들 중에서 가장 좋은 사람을 고르는 것이다.

결혼의 십계명

신부에게 전해 주고 싶은 한 마디

결혼 생활을 평화롭고 사랑스러우며 성공적으로 영위하고 있다는 것은 이 지구상에서 가장 위대한 제도의 하나를 지휘할 수 있는 능력을 증명하는 것이다.

그러나 출발도 하기 전에 장래를 걱정할 필요는 없다. 만약 결혼을 약속한 커플이 앞으로 결혼 생활을 하면서 행복을 증진하도록 설계된 일정한 규칙에 따라서 서로 언쟁은 피하기로 맹세하였다면, 해를 거듭할수록 두 사람은 더욱 더 서로를 사랑하고 아껴주는 좋은 관계가 유지될 수 있을 것이다.

이 장의 첫 부분은 처음으로 결혼 생활을 시작하려는 사람들을 위한 조언으로 구성되어 있다. 그리고 가운데 부분은 이미 결혼한 사람들에게 하는 충고와도 같은 이야기를 하게 될 것이며 마지막으로 모든 기혼자를 위한 행복한 결혼 생활을 위한 십계로 마무리지을 것이다.

남성이건 여성이건 상대방의 이름을 부르고 모습을 생각하는 것조차 너무 떨려서 맥박이 빨라지고 얼굴을 붉히는 약혼기에 이르면, 그리고 헤어져 있는 것이 참기 어려워서 밤에는 사랑이라든가 구애의 꿈만 꾸는 시기가 되면 이것은 지상의 천국에 가장 가까워진 때다.

이 축복된 시기에는 서로의 영혼이 긴밀하게 소통할 것이며, 어떤 것도 서로를 갈라놓을 수 없고, 둘 앞에는 죽음도 문제될 것이 없다고 느끼게 된다. 그리고 서로의 사랑은, 그런 영혼의 주고받음은 언제까지나 계속될 것으로 생각하게 된다.

그러나 현실적인 통계는 놀랄 만큼 냉정하다. 결혼 전에 느꼈었던 하늘에 오를 것 같은 상태는 함정이었고, 무엇에 홀렸던 것에 불과했음을 보여주고 있다. 모든 결혼의 적어도 4분의 1은 이혼 아니면 별거로 끝나고 있다. 그리고 그렇지 않은 사람일지라도 대부분은 '다음에는 이 사람과 절대 결혼하지 말아야지' 라고 생각한다고 한다.

결혼식의 선서로 맺어진 뒤에, 여성은 자기가 결혼한 매력적인 왕자가 사실은 평범한 남자에 지나지 않음을 발견할지도 모르며, 남성은 남성대로 자기가 결혼한 여성에 대한 환상이 흔적도 없이 사라져 있음을 발견할지도 모른다. 얼마나 슬픈 일이겠는가? 결혼이란 멋모르고 들어간 사람의 마음을 조이기 위해 장치한 올가미일까?

사실 그렇지도 않다. 결혼이란 제도가 나쁜 것이 아니고, 그 곳에 들어가는 사람의 태도에 과실이 있다. 만약 결혼이 첫째로 서로의 올바른 사랑에 의하여, 둘째로 결혼의 의무와 책임에 대한 바른 이해에 의하여, 그리고 최후에 그것을 성공시키려는 굳은 결의에 의하여 행해진다면, 결혼은 약혼 시절의 감각적 스릴의 종착지에서 더욱 더 증대되고 심화된 행복한 생활에의 문을 열게 하는 최후의 천국이 될 것이다.

나의 이야기 속에는 불가능한 일이나 마술적인 일은 아무것도 없다. 그러나 여기에는 행복을 누리기 위해 그리고 이미 누리고 있는 행복을 지속시키기 위해 필요한 누구나 이행할 수 있는 원칙이 포함되어 있다.

결혼 생활이라는 신성한 속박에 들어가려 하고 있는 여러분은 이 장을 진지하게 생각하고, 또 생각하며 읽어야 할 것이다. 그리고 결혼 상대자와 서로 이에 대하여 상의해야 한다. 결국 맹세를 다짐하고 행복으로 축복된 길을 출발해야 한다.

'신혼부부'라는 이름을 듣는 것만으로도 꽃으로 장식된 배일에 하얀 가운을 쓰고 웨딩마치의 연주로 맞이한 청초한 여성의 아름다운 그림이 떠오른다. 결혼이란 "나는 지금 여러분들 두 사람이 남편이며, 아내임을 선언합니다"라는 하늘로부터 울려오는 듯한 음성으로 상징되는 것처럼 새로이 찾아낸 행복을 나타내고 있다. 우리는 결혼이라는 '최고점에 이르는' 우정에 대하여 이야기한일이 있는 데 '정상(Culmination)'이라는 단어의 의미를 생각한다면, 이것은 진실이라는 생각이 들 때가 가끔 있다. 웹스터 사전에 의하면, 정상이라는 것은 '최고점에 이른다'는 것이다. 어떤 일이든지 정상에 달하면 그 다음은 내리막길 밖에 없다. 그러나 바람직하게 이루어진 결혼은 정상이어서는 안 된다. 그것은 기쁨과 이해의 아득히 먼 전망이 있는 높은 곳으로 이끄는 '신성한 출발점'인 것이다. 결혼한 후 해가 거듭할수록 남편과 그 아내는 긴밀하게 맺어지고 두 사람의 사랑은 나무줄기가 가지를 튼튼하게 받치고 있는 것처럼 서로를 의지해야 한다. 자녀가 생기면 그들은 책임이나 의무가 늘어나는 것으로 생각하는 대신 결혼에 대한 축복으로 감사해야한다.

약혼 중에 상대방인 남성은 애정을 표하기 위해 여러 가지 애칭을 사용하여 여러분을 부를 것이다. 이런 애칭들은 말할 것도 없이 그가 여러분에게서 발견한 것에 바탕하고 있다. 그는 여러분을 육체의 눈으로 보기보다는 마음의 눈을 통하여 보고 있다는 것이다. 결국 진실한 자아는 육체적인 것이 아니다. 그것은 눈으로는 볼 수 없는 것이다. 내가 전에도 말한 것처럼 여러분이 〈내가〉 혹은 〈나에게〉라고 자기에 대하여 말할 때는 여러분의 육체, 여러분의 팔, 다리, 몸, 머리 등을 가리키는 것은 절대로 아니다. 여러분의 정신적 내지는 종교적 자아를 가리켜 그렇게 말하고 있는 것이다.

여러분은 육체적으로 매력이 있는 사람인지도 모른다. 그리고 참으로 여러분을 알기 전에 여러분의 남자 친구는 그 상상력을 통하여 여러분 속에 자기가 발견하고 싶어하는 모든 장점을 여러분에게 주어버렸을 지도 모른다. 이것은 그가 사랑하고 있다고 생각하는 것이 그 일부는 그 자신의 창작이라는 것을 의미하고 있다.

그가 여러분에 대해 더욱 깊이 있게 알아감에 따라, 그가 여러분에게 준 특징을 훌륭하게 발휘하게 되면 그 교제는 우정으로 진전되고, 다시 정겨운 사랑으로 발전하여 갈 것이다. 그러나 여러분이 그가 부여해준 창작적 특징을 살리는 일에 실패한다면, 그는 환멸을 느끼고 결혼의 종이 울리는 것을 들을 사이도 없이 그 교제는 종막을 고하게 되어 버릴 것이다.

나의 마지막 이야기에 여러분은 약간의 두려움을 느낄지도 모른다. '내 남자 친구가 나를 깊이 알아감에 따라, 환멸을 느낀다니! 과연 그런 일이 있을 수 있을까?' 하고 의아해할 것이다. 그러나 특히 여러분이 그렇게 되는 것을 막으려고 마음에 굳게 다짐하고 있다면, 반드시 그렇게 된다는 법은 없다.

　내가 아는 한 여성이 도저히 배우자를 맞이할 길이 없다고 호소한 적이 있었다. 그녀는 진정으로 결혼을 하고 싶어했지만, 어찌된 일인지 조금도 진전되지 않았다. 육체적 조건이라면, 그녀는 매우 매력적이었다. 입고 있는 의상도 훌륭한 것뿐이었다. 교육도, 교양도 말할 나위 없었다. 그러나 그녀는 결정적으로 남에게서 호감을 받지 못하였다. 그녀는 샘이 많고 질투심이 강하고, 이기적이면서 자기 자랑이 많았다. 게다가 인격적 성품도 좋지 않았다. "만약 당신이 남성이라면, 당신과 같은 사람과 결혼하고 싶겠습니까?" 나는 이렇게 물어 봤다. 그녀는 잠깐 생각에 잠기더니, 이윽고 얼굴을 붉히며 "결혼하지 않겠지요."하고 대답했다. 그리고 나는 앞장에서 다른 사람에게 한 것처럼 남편을 찾아 헤매는 대신 훌륭한 남성이 아내로 맞이하고 싶은 여자로 자기를 가꾸도록 노력해야 한다고 충고해주었다. 그녀는 이 충고에 따르게 되었는데 꽤 매력 있는 남성이 나타나서 그녀에게 결혼을 청해 온 것은 그로부터 얼마 후의 일이었다.

　여러분도 그 중의 한 사람일지도 모르겠으나, 여성들 중에는 남자 친구가 자기를 어떻게 생각하고 있는가를 알고는 놀라는 사람들이 많다. 나는 지금부터 여러분을 놀라게 하는 일을 말하려고 한다. 사람들이 자기를 어떻게 생각하고 있는가를 알려고만 하지말고 자기 자신에게 다음과 같은 질문을 해보자. '나는 나 자신을 어떻게 생각하고 있을까?' 라고. 그러나 자기 멋대로 이 질문에 답하려고 해서는 안 된다. 그렇게 한다면 대답이 사실보다 욕망에 의하여 변질되어 버리기 때문이다. 자기의 내면을 깊이 관찰하여 여러분의 장점, 여러분의 기질, 여러분의 관용, 이해심 등 모든 것에 대하여 생각해보아야 한다. 그리고 만약 여러분이 발견한 자아에 대해 자기 스스로도 만족스럽다면, 다른 사람이 자기를 어떻게 보느냐를 걱정할 필요는 조금도 없다. 그들도 역시 여러분을 좋아하게 될 것이다.

나는 지금부터 생각해볼 가치가 있는 두 가지 점에 대하여 이야기하려 한다. 그 하나는 **관용**이다. 사람에게 인색하거나 결점을 캐내는 것은 관용이 없는데서 오는 수가 많다. 그리고 여러분도 알고 있는 바와 같이 관용이 없으면, 행복했던 가정이 파탄을 일으키는 수가 실로 많다. 우리가 서로 깊이 사랑하고 있을 때는 무엇이든 완전무결하게 보인다. 〈곰보도 보조개〉의 예와 같이 우리들의 감정이 애정에 의하여 흐려지고 있는 동안은 결점까지도 장점으로 생각되는 것이다. 그러나 결혼한 후에 장미색 안경을 벗고 자기 배우자의 참 모습을 바라보게 되면, 역시 결점은 결점으로 평가되고 노골적으로 그것을 지적하게 된다. 여러분이 완벽한 사람이 아닌 것처럼 여러분의 남편도 완전한 사람이 아님을 알아야 한다. 남의 결점을 찾기에 열중하기보다도 자기의 결점을 없애려고 노력하는 편이 더욱 중요한 것이다.

이해하는 것도 부부 생활에는 대단히 중요한 일이다. 이해한다는 것은 '사람이 왜 그와 같은가' 를 알아야 하며, 그렇게 함으로써 사람들에게 비판적으로 되는 대신 긍정적인 애정을 줄 수 있는 것이다. '네가 보는 것이 너다' 라는 격언이 있다. 이 격언은 깊은 뜻을 가지고 있다. 우리가 사람들이나 사물의 결점을 볼 때, 그것은 보통 우리 내면에 가지고 있는 생각이 그대로 반영된 것이라고 보면 된다. 만약 우리가 다른 무언가에 대해 비판적인 태도를 취하려면, 자기에게도 같은 결점이 없는지 확인하기 위해 멈춰 서서 잠깐 돌이켜보는 것이 좋다. 자기의 단점을 먼저 생각함으로서, 상대를 비판하려는 태도가 바뀌는 일이 놀라울 정도로 많을 것이다. 믿어지지 않으면, 스스로 시험하여 보기 바란다.

두 번째는 **성격**에 대한 이야기이다. 자기와 똑같은 성격을 가지고 있는 사람을 여러분은 좋아하게 될까? 만약 대답이 예스라면, 여러분은 다른 사람이 자기를 어떻게 생각할 것인가 대해 너무 걱정할 필요가 없다. 그러나 자기가 좋아하지 않는 상대자와 당면하게 되었을 때 불쾌한 심정을 곧 나타내버리고 마는 사람이라면, 여러분의 행복한 결혼 생활을 위해서 그러한 성격을 바꾸지 않으면 안 된다. 불쾌함은 화장품으로도 가릴 수 없을 만큼 미용에 유해하다. 눈이나 입 언저리에는 굳은 표정이 나타난다. 목소리는 차갑게 울리게 된다. 얼굴은 언짢은 표정이 된다. 그리고 불쾌함을 표현하는 것은 가장 소중한 사랑과 존경을 잃게 한다.

완벽함은 대단히 좋은 상태이긴 하나, 자기의 배우자에게만 그것을 구해서는 안 된다. 말버릇, 먹는 버릇, 일하는 방법에 이르기까지 결점만을 찾는 완벽주의자가 되는 것은 결혼 생활에 위기를 초래하게 될 것이다. 그것을 개선하려는 경우도 두 사람이 협력하여 개선하도록 해야 한다. 서로 자기 개선의 의욕을 가지는 것은 조화로운 상태를 가져다준다. 남편에게만 개선하도록 하는 것은, 두 사람 사이에 존재하여야 할 친근감을 파괴하여 부부 생활에 찬 물을 끼얹게 된다. 여러분도 이에는 동감할 것이다.

청결의 필요성은 구태여 서술할 필요조차 없다. 여러분은 즐겁고 우아하며 여성다운 모습을 통해 여러분에게 귀중한 사람들의 칭찬과 사랑이 끊이지 않을 것이라는 사실을 이미 깨닫고 있을 것이다.

신랑에 전해 주고 싶은 한 마디

이 장의 마지막에 행복한 결혼을 위한 십계를 마련하였다. 수천 쌍의 부부가 이 행복한 결혼의 십계에 의하여 참다운 행복을 발견하고 있다. 별거 상태에 있던 몇 쌍의 부부가 내가 제시한 사고방식을 자기들의 생활에 응용함으로써 결혼 생활의 기쁨을 되찾고 있다.

결혼 생활이 익을 대로 익은 중년의 부부뿐만 아니라, 이제 막 결혼 생활을 시작하는 부부들도 십계를 따름으로서 보다 행복하고 관계가 탄탄한 부부 생활을 영위할 수 있을 것이다. 만약 여러분이 결혼 선서문 속에 이 원칙을 삽입한다면, 예상 이외의 큰 행복을 차지할 수 있을 것이다.

여기에서 인간 본성의 약점을 하나 지적해두는 것도 무의미하지는 않을 것이다. 대부분의 사람들은 좋은 충고를 들었을 때, 그것이 해당되는 다른 누군가를 생각한다. 우리는 특히 그것이 자기에게 해당되는 것은 아닌가하는 문제에 대해서 좀처럼 생각하려하지 않는다. 십계에 관해서도 마찬가지다. 많은 사람들은 그것을 읽고 거기에 해당하는 누군가의 이름을 곧 생각해내려 할 것이다. 이제는 여러분 자신의 일만을 생각해야한다. 여러분의 삶에 십계를 대입시켜야 할 것이다.

이 장은 특히 여러분 자신을 위해 쓴 것이며, 십계는 여러분에게 행복한 결혼 생활을 보장하여 주기 위해 쓴 것이다. 그러니까 먼저 십계를 주의 깊게 읽어야 한다. 그리고 하나하나 여러분이 택한 사람과 함께 그것을 지켜 나갈 것을 약속하고 진정으로 지켜나가야 한다. 그렇게 하면 여러분은 평생을 행복한 결혼 생활을 보내게 될 것이며, 행복한 해를 거듭함에 따라 보다 아름답게 승화되어 갈 것이다.

어떤 조직 즉, 어떤 그룹이나 마을, 사회 그리고 국가에는 리더가 필요하다. 그것이 없으면, 굉장한 혼란이 초래될 것이다. 그 본질에 있어선 공동생활인 결혼에도 리더가 필요하며, 남편은 그 중요한 역할을 맡아야 할 인물이다.

여기서 결혼을 제도로서의 특질이나 권리, 의무라는 관점에서 생각해보는 것도 헛된 일은 아니라는 생각이 든다. 뛰어난 리더란 조직에 속해있는 사람들의 협력이나 존경, 그리고 애정을 얻을 수 있도록 성심 성의껏 그들에게 봉사하는 것이 그 임무다. 이것은 자동차나 세탁기를 만들고 있는 회사에서부터 큰 규모의 조직과 국가에 적용되는 것과 마찬가지로 결혼 생활에도 적용되는 것이다. 전제적으로 자기의 의사를 강요하는 리더는 조화와 행복을 얻을 수 없으며, 오래도록 권좌에 남아 있는 사람도 드물다.

대부분의 사람은 자기가 권좌에 앉을 날을 기다리고 있다. 남편의 자리에 앉는다는 것은 이 지상에서 가장 중요한 일의 하나를 인수하는 것이다. 그리고 결혼 생활을 원만히 성공시킨 사람은 이 지상에서 가장 위대한 제도를 지도하는 리더십이 있음을 증명하는 것이 된다. 사랑하는 사람의 행복은 신과 인간 앞에 선서한 남편에게 달려 있다. 그리고 또 좋든 나쁘든 주위에 넓혀간 가족의 영향도 남편에게 달린 것이다. 좋은 남편이기 위해 범상치 않은 힘과 고도의 극기심을 갖지 않으면 안 된다. 만약 가정을 꾸려 가는데 있어서 예상했던 만큼의 행복을 얻을 수 없다면, 이런 저런 결점을 들어 자기의 아내를 비난하는 대신, 넓은 도량으로 자기의 능력에 부족함은 없는지에 대해 깊이 생각해보아야 할 것이다. 그리고 끊임없이 먼저 반성하고 책임을 회피하지 않아야 하며 남편으로서 참다운 힘은 자기에게 그 생활을 맡기고 있는 사람들에게 베푸는 친절과 상냥함에 있다는 사실을 인식해야 할 것이다.

남성에 대하여 내가 연구 대상으로 한 곳은 비즈니스의 세계로, 유명한 정계 혹은 재계의 거장일수록 가정에는 아주 부드러운 사람이었다. 그리고 비즈니스의 세계에서 무능력한 사람일수록 가정에 돌아가서 위세만 부리는 폭군이 많다. 이러한 사람은 다른 사람에 대해서는 자기의 권리를 주장하고 강인한 성격의 힘을 갖지 못하면서, 피지배자가 있다는 자부심을 만족시키기 위해 아내나 가족에 대하여 폭군처럼 날뛰는 비겁한 짓을 한다.

세계적인 동기부여가 앤드류 카네기는 전에 "나에겐 절름발이 개가 담을 넘으려 하는 것을 도우려는 것과 같이 헛된 시간은 없다"라고 말한 일이 있다. 그런데 이것은 스스로 돕는 자를 돕는 일은 결코 시간의 낭비가 아니라는 것을 바꾸어 말한 것이다. 여러분이 마지막장까지 이 책을 읽어 온 사실이야말로 결혼 생활을 훌륭하게 일구어 나가겠다는 여러분 자신의 성실성의 증거다. 그리고 여러분과 같은 사람들은 나는 진심으로 돕고 싶다.

앞의 '신부에게 주고 싶은 한 마디'에서 불쾌함이라는 테마를 잠깐 다루었는데, 신부들은 그 충고를 지키는 일이 현명하다는 것을 깨달았을 것이라고 나는 믿고 있다. 이 문제에 대해서는 몇 가지 사고방식이 있다. 그리고 전혀 다른 각도이긴 하나 나는 다시 한번 남성들에게 전해주고 싶다.

남성, 특히 화를 잘 내는 남성일수록 가정을 이끌어 가는 리더십에도 꽤 도움이 되는 자제심을 발휘하지 않으면, 정신의 균형을 잃는 경우가 얼마든지 있다. 그리고 이른 아침에는 자칫하면, 최고조에 이를 수 있다. 새벽녘에 화를 내는 원인은 잠자리가 편치 않았기 때문이라는 의견이 가장 우세하다. 심리학적 관점에서 보면, 우리들이 화를 내는 원인은 사실 아주 약간 눌어버린 아무런 죄도 없는 토스트 한 조각에 있는 것도 아니며, 약간 식은 커피에 있는 것도 아니다. 사랑하는 사람의 눈에 눈물을 머금게 하고, 여러분의 하루를 엉망이 되게 하여 가정의 평화를 파괴하는 '신경질'은 사실 여러분의 성질을 폭발시키고 있는 사소한 일에 의한 것이 아니고, 마음의 상태로부터 일어나고 있는 것이다. 만약 여러분이 그런 소동을 불러일으킨 마음의 힘을 이해한다면, 그 원인을 고쳐서 그와 같은 일이 일어나는 것을 미리 방지할 수 있지 않을까? 나는 여러분의 결혼 생활뿐만 아니라, 인생에도 커다란 성공을 안겨주기 위하여 지금부터 잠자리를 편치 않게 하는 원인을 몇 가지 예로 들겠다.

잠자리가 편치 않아지는 원인은 크게 세 가지이다. 보통 그것이 나타나는 순서에 따라서 적어 보면,

첫째

일을 완전히 끝내지 않고 중도에서 버려 두는 것은 결코 유쾌한 일이 아니다. 세상에는 시작은 좋으나 끝이 흐린 사람이 많다. 이러한 사람은 언제나 일을 시작은 해놓고, 그 일이 좀 어려워지면 곧 다른 일을 시작한다. 항상 미완성의 일을 눈앞에 두는 것은 정신의 균형을 잃게 하는 원인이 된다. 특히 이른 아침에는 그것이 더욱 심하다. 우리가 아침에 일어나서 우리에게 비난의 화살을 던지고 있는 미완성의 일을 오늘도 보지 않으면 안 된다고 생각하니 갑자기 정신이 산란해지는 것이다. 그런데 유감스럽게도 우리는 우리를 진정으로 화나게 하는 것이 무엇인지 모른 채 화를 낸다. 결국 우리는 울적한 기분을 터뜨릴 수 있는 대상을 무의식중에 찾게 된다. 이것이 토스트나, 커피나 계란이 눈의 가시가 되는 이유이다. 무엇보다도 먼저 벌여 놓은 일을 끝까지 관철하는 습관을 붙여야 한다. 그 대가는 결코 적지 않을 것이다. 여러분은 더욱 더 많은 일을 할 수 있게 되고 결혼 생활의 불화의 원인 하나를 제거할 수 있을 것이다.

둘째

괴로움은 평화로운 마음을 해치는 것이다. 사람이 괴로워하고 있으면, 그 괴로움은 그 사람이 잠들어 버렸을 때도 그 주위를 맴돈다. 그의 잠재의식은 의식이 없어졌을 때도 계속 일한다. 아침이 되어 그는 잠재의식에 의해 불쾌하게 눈을 뜨게 되는데, 보통 그때는 아주 사소한 자극에도 짜증이 나고 결점만 보게되는 상태가 된다. 그리고 더욱 좋지 못한 것은 이런 환경에서 남편은 사랑하고 있는 사람을 향하여 신랄하게 비난의 화살을 던지게 되는 수가 많아진다. 괴로워한다 해서 상태가 좋아질 리는 없으므로 괴로워하는 대신 괴로움의 원인이 된 문제의 해결책을 발견하는데 시간을 할애해야 할 것이다.

셋째

떳떳치 못한 마음은 무엇보다 불쾌함의 원인이 되는 수가 있다. 그러나 그 일을 여러분은 너무나 염려할 필요는 없다. 서둘러 미리 앞날을 걱정할 필요는 없으며, 남편으로서 인생을 출발함에 있어 여러분의 건전한 판단력이 양심을 괴롭히는 일은 하지 않도록 지켜줄 것이다.

아침 10시까지 행복을 유지하고 미소지을 수 있으면, 그 날의 나머지 일과는 자연히 별탈 없이 지낼 수 있다. 남성은 이것을 자기의 원칙으로 삼아서 스케줄에 따라야한다. 결혼 생활은 편의주의로부터 온 것이어서는 안 된다. 여러분은 여러분이 결혼 생활의 리더임을 자기

자신에게 그리고 크게는 세간에 증명하기 위해 부부 관계를 맺고 있
다. 남성에게 바쳐지는 가장 커다란 또 하나의 이름은 바로 "그 사람
은 좋은 남편이고 좋은 아버지이다"라고 불리는 것이다. 그가 좋은
남편이고 좋은 아버지라는 것은 그가 좋은 사람, 즉 믿을 수 있으며
쓸모 있는 사람이라는 것을 증명하는 것이다.

남성과 남편의 역할에 대하여 논함에 있어서 나는 유쾌한 일에 대
해서만 너무 길게 설명했는데, 그것은 그것이야말로 남편이 갖추어야
할 가장 훌륭한 특징의 하나이기 때문이다. 친절하고, 부드럽고, 이해
심이 많은 남편은, 아무리 많은 재산을 가지고 있다 해도 화를 잘 내
는 사람보다 더 많은 행복을 아내나 자녀에게 누리게 할 것이다.

행복한 결혼 생활을 위한 십계명

당부해두고 싶은 것은, 내가 지금부터 제시하게 될 십계를 아주 진
지하게 읽어달라는 것이다. 그 후 여러분의 신부, 그렇지 않으면 장래
의 신부에게 엄격하게 그것에 따라 살아가겠다는 여러분의 열성을 보
이도록 하라. 그리고 실천하라. 나에게는 신부, 신랑에게 내가 줄 수
있는 모든 조언들을 충실하게 읽어달라는 것밖에 더 권할 말이 없다.

내가 제시한 행복한 결혼 생활을 위한 십계를 따라서 살고 있는 부부라면 틀림없이 행복한 결혼 생활을 누릴 수 있다는 것에 여러분도 곧 찬성하게 될 것이다. 여러분은 또 여러분이 행한 과오를 재빨리 인정하고 그것을 바르게 하는 방법도 알 것이다.

그러므로 먼저 남편이나 아내 된 사람도 지금부터 곧 다음에 열거한 십계를 주의 깊게 읽고, 그리고 금후 60일간 그 각 조항에 따라라 살아야 한다. 여러분의 행복은 더없이 큰 것이 될 것이다. 어떤 일이 있어도 이전의 생활 방식에는 되돌아가고 싶지 않을 것이다.

(1) 끊임없이 웃음을 선물하라.

여러분은 결혼 전에는 상대방에게 항상 웃어주었을 것이다. 상대를 보면 사랑하는 마음에 절로 웃음이 나왔기 때문이다. 사랑한다면 결혼 후에도 지속적으로 상대에게 웃음을 선물하라. 이것은 쉬운 일이지만 효과는 클 것이다.

(2) 받는 것보다 주는 것에 보다 많은 기쁨이 있다.

주는 경우에는 그 반대급부를 생각해서는 안 된다. 주는 것 자체가 보답이 된다. 행복은 행복을 줌으로써 온다.

(3) 결혼으로 개인의 성향을 파괴해서는 안 된다.

결혼 생활을 한다는 것은 협력 관계를 맺는 것으로써 한 사람의 개성을 다른 한 사람이 소유하는 것은 아니다. 목에 걸린 멍에는 드디어 그 사람의 목을 갉아내기 시작할 것이다.

(4) 배우자의 사사로운 일을 들추어내지 말라.

호주머니나 핸드백이나 편지, 그리고 화장대의 서랍 등은 그 주인의 사물이다. 사람을 의심하는 일은 불화를 일으키고, 드디어 불행한 종말에 이른다.

(5) 두 사람 사이에 의견의 차이를 그대로 두고 잠자리에 들지 말라.

밤 인사는 어느 가정에 있어서나 반드시 지켜야 한다. 그렇게 함으로써 작은 의견의 차이가 크게 확대되어 가는 것을 막을 수 있다.

(6) 날마다 서로 칭찬하라.

날마다 마음으로부터 상대방을 칭찬함으로써 배우자의 좋지 못한 곳을 보는 대신, 좋은 곳을 보는 것을 즐겨라. 칭찬의 중요성은 아무리 강조하여도 모자란다.

(7) 질투가 여러분의 가정에 들어오는 것을 허용하지 말라.

질투가 심하면 사랑이 식어버린다. 질투와 사랑은 양립하지 않는 것이다. 배우자를 신뢰하면 할수록 그 신뢰는 보답되는 것이다.

(8) 진실한 사랑의 편지를 써라.

부부가 결혼하여 수년이 지난 뒤, 때때로 사랑의 편지를 쓰는 것은 사랑의 불꽃을 찬란하게 피어 올리는 데 도움이 된다.

(9) 계획을 세워서 가계를 꾸려가라.

금전상의 트러블은 가정의 조화를 깨뜨리는 일이 많다. 가계를 건전하게 이끌어가도록 하라. 수입이 적으면 지출을 줄이고, 조금이라도 저축해야 한다. 부부는 서로 관대하지 않으면 안 되겠으나, 서로 존중하는 것 또한 중요한 일이다.

(10) 인척에게 잘 하라.

인척, 즉 결혼에 의한 친척은 두 갈래가 있다. 만약 여러분이 배우자의 인척에게 사랑과 존경을 나타낸다면, 여러분의 배우자도 똑같이 할 것이다.

행복한 부부 생활을 위한 우리의 맹세

우리는 여기에 오늘부터 우리의 모든 능력을 다하여
행복한 결혼을 위한 십계에 따라 살아갈 것을 우리 자신에게
서로 맹세한다. 만약 우리가 일시적 혹은 일방적으로나
공동으로 이 십계에 위배되는 행위를 하는 일이 있으면,
그 후에는 그것을 충실하게 지키도록 더욱 더
노력할 것을 약속한다.
만약 우리들 중 어느 한 사람이 과거에 저지른 과오가 있다
면, 그와 같은 과오를 마음으로부터 용서하고
금후에는 되풀이하거나 들추어 내지 않기로 한다.
우리 서로의 사랑은 순수하고 우리의 결혼 생활을
훌륭하게 이끌어나가고자 하는 두 사람의 소망은 진정한 것
이다. 그리고 행복은 사람에게 행복을 주는데서 우러나오는
것이므로 우리는 다른 부부가 이 행복한 결혼 생활을 위한
십계에 따라 살고 있는 우리를 본보기로 배우도록
우리의 온힘을 다하여 노력할 것이다.

신부(혹은 아내) ....
신랑(혹은 남편) ....
날　　짜 ....

변화를 겁내는 95%에서 벗어나라

1판 1쇄 인쇄/2002년 9월 11일
1판 1쇄 발행/2002년 9월 16일

지은이/밴 스위트랜드
옮긴이/안희연
발행인/박창조
발행처/아름다운 사회

등록일자/1995년 7월 19일
등록번호/제5-180호

경기도 하남시 감북동 344-10 (우)462-180)
대표전화/(02)488-4638 팩시밀리/(02)488-4639
홈페이지/http://www.bizbooks.co.kr
E-mail/bizbooks@naver.com

ISBN 89-89724-09-O(03320)

값 10,000원

※ 잘못된 책은 교환해 드립니다.

독자 카드 / 우편 엽서

보내는 사람 :

수고스럽겠지만
우표를 붙여서
보내주세요

받는 사람

경기도 하남시 감북동 344-10번지
도서출판 아름다운사회

전화(02)488-4638 팩스(02)488-4639
e-mail//scj2000@naver.com www.bizbooks.co.kr

4 6 5 - 1 8 0